中学数学教学设计

韦　宏　主编

中国科学技术出版社
·北　京·

图书在版编目（CIP）数据

中学数学教学设计 / 韦宏主编 . -- 北京 : 中国科学技术出版社 , 2024. 12. -- ISBN 978-7-5236-1243-9

Ⅰ. G633.602

中国国家版本馆 CIP 数据核字第 2025F7370K 号

策划编辑	王晓义
责任编辑	徐君慧
封面设计	郑子玥
正文设计	中文天地
责任校对	张晓莉
责任印制	徐　飞

出　　版	中国科学技术出版社
发　　行	中国科学技术出版社有限公司
地　　址	北京市海淀区中关村南大街 16 号
邮　　编	100081
发行电话	010-62173865
传　　真	010-62173081
网　　址	http://www.cspbooks.com.cn

开　　本	710mm × 1000mm　1/16
字　　数	329 千字
印　　张	21.75
版　　次	2024 年 12 月第 1 版
印　　次	2024 年 12 月第 1 次印刷
印　　刷	涿州市京南印刷厂
书　　号	ISBN 978-7-5236-1243-9 / G · 1084
定　　价	89.00 元

本书编委会

主　编　韦　宏

副主编　陈蔚凝　黎秋苗　姜书琴　周美嘉　王境炜
林小丽　卢恒因　伍　萱　白林玉　吕月婷
姚　珩　刘心怡　马丽娜　刘　欢　杨　楠
金世健　苏文杰　张昕乐

前　　言

数学教学设计与教育学、课程与教学论、数学学习心理学、数学教育评价等课程一样属于师范院校数学与应用数学专业课程，是培养学生核心专业能力的必备课程。本书依教学设计、教学实施、教学评价三大核心内容建构框架，体现了理论性与实践性相结合的学科特点，旨在使学生通过课程学习了解数学教学的要素、数学教学设计的基本原则、教学设计的模型，并能结合教学案例分析模型的利与弊。

数学教学设计课程的基本任务是解决中学数学课堂的教学问题，为数学课堂教学制订出科学的教学方案。课程内容包括以下五个部分：第一，数学教学设计概述，介绍数学教学设计的内涵与意义，以及数学教学设计的基本理论与基本方法；第二，数学教学设计的基本内容，介绍教材分析与教学内容的处理，教学目标、重点、难点、策略、过程等设计的基本思想；第三，数学教学设计的前期准备，这里包含基本的专业意识、专业知识以及专业阅读等；第四，基于数学课型的数学教学设计，针对数学概念课、数学命题课、数学问题解决课、数学思想方法课、数学其他课型以及数学活动课等不同的课型，介绍基本数学课型的教学设计策略以及案例分析；第五，教学设计过程中的创新行为，数学教学设计实训评点与案例评析，一方面进行优秀典型的数学教学设计视频观摩与案例研析，另一方面进行数学教学设计技能实训，包括作业分析、评点与交流。

数学教学设计的学习要求如下：第一，深入理解课程内容的本质含义，洞察数学教学的本质；第二，了解数学教学设计的理念、思路、理论依据；第三，熟悉各种课型的教学设计内容；第四，会写出各种课型教学设计并用于试讲；第五，对特定的教学案例能进行深入分析；第六，能有效备课、上课、说课、评课。学习重点包括：第一，中学数学教学设计的基础知识；第二，基于教学目标的数学教学设计方法；第三，基于数学课型的数学教学设计方法。学习难点包括：第一，如何基于学习科学的基本理论与学生的实际情况科学地进行数学教学设计？第二，如何有机地将现代教学理论渗透和运用到数学教学设计当中？

怎样才能学好《数学教学设计》？这里提出几条建议。第一，应充分认识学习该门课程的意义和重要性，端正学习态度，努力提高自己数学教学设计的理论水平和修养。数学教学设计是连接数学教学理论和数学教学实践的桥梁，要全面完成数学教学的任务，除了牢固掌握数学基础知识，教师还必须掌握数学教学设计理论和数学教学设计方法。第二，学习相关学科，拓宽知识面，为学习本门课程奠定良好的基础。数学教学设计是一门多学科相互渗透、相互交叉的综合性学科。该学科立足数学，面向教育，并综合运用哲学、教育学、心理学等学科的基本原理和基本方法对数学教学问题进行分析研究。只有掌握了相关学科的基础知识、基本内容和基本方法，才能顺利地学习并深刻地理解中学数学教学设计的有关内容。第三，重视实践环节，结合实践深刻理解和掌握课程的知识内容。理论联系实际是学好本门课程的关键。中学数学教学设计与案例分析的研究范围比较广泛，它既要研究数学教学原理，揭示数学教学中存在的普遍规律，又要深入探索具体的数学教学方式和方法，解决数学教学实践中面对的实际问题，是一门理论性和实践性都很强的学科。

目　录

第 1 章　数学教学设计概论

教学设计模式是由英国学者肯普提出的，它强调教学目标、教学资源、学习者特征教学评估和学习者特征四大要素，教学目标是教学设计的核心内容。后来，加涅在《教学设计原理》一书中提出，教学设计可以分为四个层次：课程级、科目级、单元级、课时级。以“学”为主的教学设计主要研究学习环境与教学设计模式的研究，美国教育设计的三大领袖之一大卫认为，要保证学生的学习效率，就必须创造一个良好的学习环境。

教学设计是教师运用系统模式解决教学过程中可能出现的问题，全面规划教师与学生之间的交流的一种控制活动，也是一种组织管理。教学设计是教师高效地进行课堂授课的保障，是科学与艺术相结合的行为。

1.1　数学教学设计概述

1.1.1　数学教学设计的内涵

自教学设计的概念提出后，有关数学教学设计的研究成果便如雨后春笋般涌现。近些年不少学者对数学教学设计的定义作了阐述。

张奠宙将数学教学设计在数学教学过程中的作用表述为：“如果把一般教育学理论比作建筑理论，那么数学教学设计就是建筑工程。数学教学设计是为数学教学活动制定蓝图的过程。”奚定华从数学教学设计的角度对数学教育进行了界定：“数学教学的设计就是以数学学习论、教学论等理论为指导，系统地分析数学教学中的问题，整理数学问题，从而确定教学目的、制订策略方案、试行方案、评价试验结果和修正方案的过程。”翁小勇提出：“数学教学设计就是一种基于数学本身的特点，以系统化的方式结合各种教育内容，将各种教育资源进行有机的整合，并对其进行综合组织的一种构想。”

虽然学者们对于数学教学设计所给出的定义各不相同，但本质趋于一致，即数学教学设计是指教师综合运用各种知识与技能，运用数学教育理论，运用系统化的方法分析教学目标，制订教学方案并评价和修改方案。数学教学设计是沟通数学教学理论与教学实践的桥梁，教师能否正确运用数学教育理论组织数学教学活动和提高数学教学课堂的效率，主要取决于教师教学设计水平的高低。

1.1.2 数学教学设计的核心

数学教学设计主要是教师根据学生已有知识的实际情况和教材的特点，采用相应的教学方法，使教师教与学生学的互动活动和谐、协调地进行。它能充分发挥学生的主体性，发挥教师的引导作用，保证教学目标顺利、有效地实现。

数学教学设计是为数学教学活动设计的蓝图。教师在完成数学教学设计的过程中要从教学目标、设计意图和教学过程三方面考虑。

（1）明确教学目标。课堂教学必须完成课程标准设置的课程目标。教师应针对学生的学习要求，从总体上掌握教学活动的基本流程，根据教学环境和受教育者的特征来选择合适的教学目标。数学教学目标的确定包括教学目标分解、教学任务分析、教学起点落实和教学目标编写四个基本步骤。

（2）形成设计意图。这是数学教学设计的核心，教师要根据教学目的，合理地选用合适的教学方法与策略，形成科学合理的、实用的、艺术化的设计意图。这是一个富有个人特色的创作过程，要求教师具有丰富的知识和独立的个人见解。

（3）教学流程的制定。这需要根据教学目的，采用可操作的、有效的教学手段，营造一个较好的教学环境，有序地实施各个教学环节，制定切实可行的教学评估计划，以保证教学的正常进行，从而达到预定的教学目标。

下面重点阐述数学教学设计的核心，即形成设计意图这一部分。设计意图的形成和工程设计一样，必须遵循一定的设计准则和设计师的个人设计理念。这就要求教师不仅要有正确的课程观，还必须要有自己的思想。教师在形成教学设计意图的过程中一般要考虑三方面：一是需要整体设计，二是需要分析教学内容的重点和难点，三是需要分析学生的状况。

（1）需要进行整体设计。教学的各个环节是相互联系、相互影响的。这就需要将教学体系中的各要素进行匹配、协调，并实现最佳的结合，使教学目标得以实现。一节数学课就像一幢建筑，一定要与周边的环境相适应。也就是说，一节好的数学课不仅要与上一节课保持联系，还要为后面的一节课做好准备。

（2）对课程内容的重点与难点进行分析。确立教学目标之后，要对教学内容中的重点与难点进行分析。这也是教学计划中的一个重要环节。

教学的重点应该放在能贯穿全局、广泛应用、对学生认识结构起关键作用、在学生今后的学习中起桥梁作用的知识上。而教学的难点是由于学生的知识水平、接受能力与新知识之间存在矛盾而产生的。教学的关键在于帮助学生掌握重难点知识，以及提高他们解决问题的能力。

（3）要对学生的情况进行分析。教学目标是按照数学课程标准来确定的，对于同一年级的学生来说是一样的，但学生在学习水平上存在差异。因此在进行教学设计时要考虑到学生在数学能力和认知能力上的差异；同时，要留意到有多少优等生和学困生，并把重点放在他们的特定需求上。

1.2　数学教学设计的理论依据

数学教师在教学设计中必须充分认识数学教育，并理解数学教学设计的理论依据，这有利于教师选择教学策略，强化对教学目标、教学过程、教学原则的认识。数学教学设计的理论依据主要有现代数学教育观、现代学习理论和新课程的教学理念这三大方面。

1.2.1 现代数学教育观

数学观和教育观是数学教育观的基本组成部分，其中教师的价值取向是由教师的数学观和教育观二者共同决定的。

自 19 世纪中期开始，非欧几里得几何、非交换代数以及一系列重大的数学学科相继出现，这就导致了数学的基本概念、数学基础的本质以及数学知识的性质等方面的变化。当代的数学发展表现出前所未有的内在统一，其各个方面都是如此。根据张奠宙、宋乃庆等学者对数学观的研究，目前数学观的变化主要表现在三方面。①智能化与自动化。随着人工智能和机器学习技术的发展，未来数学可能会更加智能化和自动化。例如，通过算法优化和数据分析，可以更加高效地解决复杂的数学问题。②跨学科融合与创新。未来数学可能会与其他学科更加紧密地融合，共同推动科技创新和社会发展。例如，数学与物理学、化学、生物学等学科的交叉研究可能会产生新的科学发现和技术突破。③普及化与大众化。随着教育水平的提高和数学文化的普及，未来数学可能会更加普及化和大众化。越来越多的人将能够理解和欣赏数学的魅力，数学将成为人们日常生活和工作中不可或缺的一部分。

数学教学观可以划分为传统数学教学观和现代数学教学观。在传统的数学观中，数学被视为一种静态的、绝对真理的集合，强调数学的严谨性、逻辑性和确定性。随着数学研究不断深入，以及数学应用越来越广泛，现代数学观逐渐兴起。现代数学观强调数学的动态性、发展性和多元性，认为数学不仅是一门科学，更是一种文化、一种思维方式。数学不再仅仅是解决问题的工具，而是成为一种探索未知、理解世界的有力手段。这就要求我们不仅要教授学生基本的数学知识，还要教他们如何用数学思维来解决问题，从而为社会提供高素质人才。为此在数学教学中，应注意德育与智育并重、理论与实际相结合、传授知识与培养能力相结合。

1. 德育与智育并重

《九年义务教育全日制小学写字教学指导纲要（试用）》明确提出，要把思想道德教育与课程内容相结合。这是一项非常重要的工作，它对于提高学生的综合素质有着非常重要的作用。在教学过程中，要深入挖掘教材所蕴含的对学生进行道德教育的内涵。比如讲述祖冲之如何成为世界上第一个把圆周率的值精确到 7 位小数的人，比国外数学家得出精确数值的时间早 1000 年。这些内容可激发学生的求知欲望，同时让学生感受到中华文化的源远流长，进而增强学生的民族自豪感及培养学生的爱国主义精神。

2. 理论与实际相结合

数学是一门具有高度抽象性、严密逻辑性和广泛应用性的学科，理论与实际相结合是数学教学原则之一。但在实际教学中有一种现象，那就是一些比较实用的内容教师根本不讲，主要是因为这些内容在学生的升学考试中不考，比如统计、测量等应用性较强的知识，这就偏离了数学教学的初衷。教师在教学中要恰当地运用数学概念、数学定理，选用恰当的教学方式把数学知识运用到实际问题中去，让学生感受到数学与生活的紧密联系。例如，在教授有理数概念时，可以引入“表示零上 5℃和零下 5℃的气温”“表示东行 10km 和西行 10km”等实际问题。这种方式可以帮助学生加深对数学的认识，并逐渐增强其对问题的解析能力，从而促进学生的数学学习。

3. 传授知识与培养能力相结合

传统的数学教育观认为，学生的大脑就像一个装知识的口袋，教学质量的好坏取决于学生掌握知识的多少。这忽略了学生的先前经验，反映在教学中主要表现为教师讲得多，学生练得少，只讲结论而不讲过程；要求学生有较强的机械记忆能力从而忽视了学生独立思考的能力。例如，教师在教学过程中可以设计一些启发性问题，引导学生进行思考和探索。这些问题可以是与现实生活相关的应用题，也可以是具有挑战性的数学问题。现代数学教育观与传统数学教育观的根本区别之一在于对能力培养的重视程度，因此教师要有意识地挖掘能力培养要素，引导学生理解数学知识中所蕴含的数学思想和方法，从而培养学生学习数学的能力。

1.2.2 现代学习理论

现代学习理论主要有行为主义学习理论（联结主义学习理论）、认知主义学习理论、建构主义学习理论和人本主义学习理论四个学习理论流派。下面主要介绍认知主义学习理论和建构主义学习理论。

1. 认知主义学习理论

认知主义学习理论主要包括布鲁纳的发现学习理论、奥苏伯尔的认知同化学习理论和加涅的信息加工学习理论。认知主义者把外显行为与心理过程有机地结合起来，他们认为学习是个体与环境相互作用的结果，是学习者积极主动地形成认知结构的过程。认知理论把学习的实质看作是学习者的感知和精神世界的重组。人类通过自身的内在构造，主动地处理外界的潜在刺激，感知外部世界，并通过不断地选择来调整自身内在的心理构造。所以，学习是人类认知结构不断发展的一个过程，是把新观念、新知识融入现有认知结构的信息处理过程，而新的认知架构总是由个体的、固有的认知架构所决定。

2. 建构主义学习理论

维果茨基、皮亚杰是建构主义的代表。建构主义认为，学习是学习者内在心理表征的建构过程和主动建构知识的过程；学习者根据自身的经验背景，通过与外界的互动来获取和建构新的知识。它强调教学是在教师的引导下进行的，强调学生在认知过程中的主体作用。在建构主义的观点之下，教师已不仅仅是一个传授知识的人，而是成为知识构建者的助力和推动力量，使学生从消极的受教育者转变为信息处理的主体。

传统数学教学强调教师“教”与学生“练”：教师直接向学生展示数学知识，由学生记忆，学生直接运用数学知识进行练习。这种属于刺激—反馈型机械式教学。在传统数学教学活动中，教师是教学活动的主体，学生只是被动地接受知识。他们认为学生只能机械地记忆、解决问题，不能自主地理解和应用知识。这样显然对学生数学能力和数学思维的提高作用不大。

在建构主义的指导下，数学教学设计突出学生主体地位，以学生为中心，教师在其中起着引导和促进作用。在数学教学中，教师要创造一个恰当的情景，使学生能够独立地构建数学知识的含义，并通过恰当的提示使其将数学知识与现实经验相结合，从而对数学知识进行分析和验证，建立新知识与老知识之间的关系。同时，在学生的学习过程中，教师要根据实际需要向学生提问，并进行讨论和沟通，以促进学生进行思考、分析和探究，发现数学内容的规律，从而提高学生的数学认知水平，使学生的数学学习更有意义。

1.2.3　新课程改革的教学理念

素质教育强调以人为本，关注学生的全面发展。它不仅仅关注学生的知识和技能，更重视学生的情感态度、价值观、创新能力和实践能力等多方面的发展。这种教育理念认为，学生是一个完整的个体，他们有自己的思想、情感和需求，教育应该尊重并激发学生的这些潜能。课程理念形成于对现实教育的深刻分析和对未来教育的展望，它是课程的灵魂和支点。

新课程改革的核心理念是“以人为本”和“以学生发展为本”，即“一切为了每一位学生的发展”。这一理念强调了教育应关注学生的个体需求和发展，体现了对学生主体地位的尊重。以人为本的教育理念强调在教育过程中，应以学生为中心，关注学生的全面发展。这要求教育者在制定教育教学方略、选择方式方法时，都要建立在以人为本的基础上，以促进学生的健康成长为目标。在新课程改革中，以人为本的理念体现在多方面，如课程内容的设置、教学方法的选择、教育评价的改革等，都旨在更好地满足学生的需求，促进学生的发展。所以，新课程改革要面向所有的学生，要充分认识到每一个学生的长处，正确看待学生的短处，发掘他们的潜力，发展他们的专长，让他们拥有自己的专长，让他们每个人都能在不同的道路上，成为不同层次、不同规格的有用人才。同时，要注重学生的全面和谐发展。学生是一个整体，我们不应该将他们看作一个单纯的知识载体。素质教育关注的是整个的人，而不是作为产品的人。学生的发展不是片面的发展，而是全面、和谐的发展。新的课程体系从知识与技能、过程与方法、情感态度与价值观三个层面出发，将知识与思维训练同人格健康有机地联系起来，以促进学生全面发展。

2022年，教育部颁布《义务教育课程方案和课程标准（2022年版）》，强调以发展学生核心素养为导向，为今后十年甚至更久的基础教育提供了新的指导方向。2001年、2011年颁布的国家课程标准只有课程内容标准，也就是知识点标准。这在当时也是里程碑式的进步，它超越了教学大纲的内容要求。而2022年新修订的课程标准专门有一个学业质量标准，因此新课标的内容包括课程内容标准、学业要求和学业质量。相比于之前的教学目标，以核心素养为纲是对传统教育目标的重大突破：首先，素养并非学科专家素养，而是公民素养、学生素养；其次，培养学生的核心素养绝不是不重视知识的学习，但知识的学习拒绝碎片化和孤立化，我们需要有结构的知识的学习；最后，核心素养强调学习知识和技能后能做什么，能解决什么问题。核心素养并非评价，而应是可教、可学、可评的。

新课程的教学理念倡导以下观点。

第一，教学是师生交往、积极互动、共同发展的过程，教师应由知识传授者向促进学生发展转变，教师应注重激发学生的内在动机，培养学生的学习能力和积极的个性，并以学生的学习为中心。教师要从课堂主导者向学习活动的组织者、指导者、合作者转变。教师要在课堂上组织同学们寻找、收集和利用教学资料，给学生创造开放、互动的课堂环境，使学生保持积极的学习态度。与其他研究者相比，一线教师一般积累了丰富的教学经验，可以很容易地发现教学中的问题，并能花时间去探究、反思、改进教学行为，提高教学智慧。

第二，教学不仅要让学生知道结论，还要让学生亲身体验求知过程。教学最根本的目的就是把所学到的知识转移到新的环境和问题中去，使学生能够创造性地解决问题。在数学新课程改革中，则是更注重对学生动手能力与创造力的训练。在数学教育中要做到：全面展示思想的生成、揭示结果的发现、揭示问题的思维探究。

第三，教师在教学中，既要重视学生知识的学习，也要重视学生学科能力的培养，更要重视学生的个性和品德发展。在课堂上，教师要尊重每个学生的尊严与个性，给予他们信任与欣赏，使他们树立自信心并在学业上取得进步。

在数学教育的设计中，教师要从传统的知识灌输者向学习者、指导者、促进者和合作者转变。数学教师要善于掌握课本知识、掌握教学理论、强化教学素养、注重学生的学习经验、提高学生的分析和解决问题的能力、提高学生的数学思维能力、提高学生的学习成绩。

1.3　数学教学设计的基本框架

1.3.1　数学教学设计类型及特征

根据所依据的原则和理论，数学教学设计可以分为经验型教学设计、程序型教学设计和系统型教学设计。①经验型教学设计。经验型教学设计是以教学经验、知识水平、教学环境为基础的。这种设计方式不仅受限于教师自身的经验和学识，还需要长时间的实践积累。②程序型教学设计。程序型教学设计是指一种能让学生以自己的速度和水平，学习自我教学性材料（以特定顺序和小步子安排的材料）的个别化教学方法。从 1840 年开始，斯金纳等人按照刺激—反应学习的原理，对教学内容进行了序列化，编写了一系列的教学程序。即用程序教学机、程序教学书、电子计算机等来执行教师的功能，从而完成教学任务。③系统型教学设计。系统型教学设计强调以学生为中心，注重学生的实际需求和个体差异，通过科学合理的教学安排和有效的教学手段，达到良好的教育效果。其核心思想在于将教学视为一个系统，追求系统的整体优化，将事物看作由相互关联的部分所组成的具有特定功能的整体。系统型教学设计先是运用传播与学习的基本原理，以及系统化的视角与方法，对课堂教学中存在的问题与需求进行分析；然后在此基础上，结合教学目的与资源对各要素之间的关系进行探讨，并对各要素进行合理的组合；最后对教学设计加以评估，使其达到最佳的教学效果。

教学设计的类型是由课程的类型和结构所决定的，课程分为两种：一种是按主要的教学方式划分，有讲课、练习课、演示课、复习课和实验课；另一种是按教学任务划分的，有新授课、巩固课、技能课和检查课。按照课程种类，我们可以把数学教学设计分为：新课教学设计、复习课教学设计、实验课教学设计、检查课教学设计。这些教学设计的基本内容和作用如下。①新课教学设计。内容包括对新课程教学目标的掌握，对新知识的深度、广度、重点和难点的掌握。首要任务是传授新的知识。②复习课教学设计。重点是提出复习的范围及要求。作用是引导学生巩固和掌握现有知识，帮助学生实现知识的系统化和网络化，加深学生对知识的理解。③实验课教学设计。主要内容是提出技能技巧的具体内容，包括实验原理的讲解、教师的示范操作、实验教学的自主实验、技能训练、严谨的科学态度、掌握实验操作的基本操作。④检查课教学设计。主要内容是提出检查（形成性评价、诊断性评价、终结性评价）的具体目的和要求。主要工作是对学生的学习状况进行调查，以便为下一步的教学设计提供指导。

数学教学设计还可以按照用途划分为详细教学设计（简称教案）、表格式教学设计（简称简案）和课堂实录教学设计（简称实案）。详细教学设计的内容一般包括：课时、课题、教学目标、教学方法、教具（包括学具）、教学过程（包括反馈检测题等）、教学的重、难点、补充教材、教材前后知识点的衔接、板书内容、当今科技动态等。

数学教学设计有六个特点。①系统性。教师为达成教学目标而对教学过程和教学中的要素进行系统性的规划。②严谨性。数学教学设计的整体过程是环环相扣的，每一个环节都要经过周密的安排，以使下一个环节的呈现更加自然、更加可接受。③可操作性。数学教学设计是针对某一个数学内容进行教学的计划，而数学教学中的对象往往是极其抽象的，难以直观感受和精确把握，这就需要教师通过数学教学设计将抽象的内容直观化、具体化，转变成具有可操作性的对象呈现给学生。④生成性。教学设计是一种针对课堂教学的计划，是教师提前对教学内容、教学过程，甚至对学生在课堂中的疑问进行预设。由于学生对数学知识的学习过程是动态的，数学教学设计应该也是一个动态、发展的概念，要根据学生的学习情况进行适当的调整。⑤过程性。教学设计是一个设计教学的过程，过程性也是教学遵循的原则之一。⑥层次性。数学教学内容的实施具有层次性，这就需要对知识要素进行分级处理。在进行数学教学设计时，要保证根据内容层级进行层次性设计，加强对知识要素的分级处理。

1.3.2　数学教学设计的基本步骤

为了提高数学教学设计的可操作性，掌握数学教学设计的基本步骤就显得十分有必要。根据系统论的观点，教师需要先了解数学教学设计所涉及的基本要素，再具体学习数学教学设计的基本步骤。

任何一种数学教学的设计都必须包括以下四方面。①数学的教学目标。在数学教学中，应以学生为主体、以教师为主导，因此在教学设计中应注重对学生的具体情况进行分析，使其能更好地掌握数学知识。②对数学教学的研究。在进行数学教学的过程设计时，首先要弄清楚为什么要教，要通过教学来实现什么目的，以便在教学中有一个清晰的指导和要求。③对学生进行数学教育的战略思考。它主要解决数学教学怎样进行这一问题，内容包括教学方法、教学形式、教学活动和教学媒介等，是数学教学设计的核心。④对数学课程的评估。要了解数学教学设计方案能否达到预期的教学效果，就需要对其进行评估，并根据该方案进行修正。

数学教学设计的基本步骤一般包括：数学教学内容的分析、编制数学教学目标、设计数学教学流程以及评价、反思与修改。

1. 数学教学内容的分析

数学教学内容的分析可以从多个维度进行，包括教学内容的组成、教学目标、教学难点与重点及教学方法与策略等。进行数学教学内容的分析时，需要明确分析的目标和范围，包括确定教学内容的具体章节或主题，以及分析的目的（如评估教学质量、优化教学设计等）。数学教学内容的分析一般分为以下几个步骤。①分析课程中的地位。认清该教学内容在课程中与其他教学内容的联系及其自身的地位。②分析教材编写意图。领会教材编写者对这一内容在结构、呈现方式、例习题选取等方面的编写意图。③挖掘内容深度。从发生和发展的过程、数学概念和过程的多种表达形式、新技术可能对教学带来的变化、与其他学科的联系与应用等方面对这一内容继续挖掘。

2. 编制数学教学目标

在数学教学设计中，目标的确定和精确表达是数学教学设计的重要内容，它是单元教学设计的依据，也是单元教学设计的核心。

在义务教育阶段，教师应通过数学教学让学生学会用数学的眼光去看世界，学会用数学的思维去思考现实，学会用数学的语言来表达自己的真实生活（“三会”）。学生通过对数学课程的学习能够：①掌握数学基础知识、基本技能、基本思想、基本活动经验，以适应今后的生活和发展；②体验数学知识、数学与其他学科、数学与生活之间的关系，探究现实生活中所包含的各种关系，发掘问题，并利用数学及其他学科的知识与方法进行分析与解决；③对数学有浓厚的好奇心和兴趣，懂得数学的价值，懂得数学的美感，养成好的学习习惯和敢于质疑、善于自我反思、勇于探索的科学态度。

3. 设计数学教学流程

在数学教学中，教学流程的设计是一个非常重要的过程。这一环节是数学教学过程设计的核心，需要解决教学中的各种问题，主要内容包括：课程的分类、教学模式的选择、教学顺序的设计、教学活动的设计、教学形式的选择、教学媒介的选择、教师的教学的主导作用、学生的主体性的发挥。

4. 评价、反思与修改

教学设计的最终阶段是对教学效果进行评估，通过对比教学目标判断学生学习成效，并依此修改教学计划，直到完善为止。在教学前，数学教师要根据教学目标制定评价标准，然后根据评价标准对学生的成绩进行评价，做到目标、教学和评价三者的有机结合。因为数学教学设计是一个连续的、不断改进的动态过程，且在完成一轮学习后可以继续为下一次教学提供服务，所以在进行教学前，需要对学生的知识掌握、认知水平等进行一次检验，以优化现有的设计。

1.3.3　教学设计呈现形式

具体来说，教学设计要把“什么是需要的，什么是要复习的，什么是新的”表现出来，包括课程内容的巩固、课后作业的安排、各个环节所需的时间、教学反思等。目前，在教学设计中广泛应用的教学设计呈现形式有：卡片式教学设计、文字式教学设计、表格式教学设计和图示式教学设计。

卡片式教学设计是指把教学目标、难点、内容和流程等内容，特别是教学内容进行归纳和提炼，制成一张卡片。卡片式教学设计通常采用活页卡片，设计者可以通过命名、序号等方式对有关内容进行分类。这样，教学设计的形式灵活、内容紧凑，给了教师很大的发挥余地。教师可以随时对教学设计的内容进行增删，从而节省时间，提高效率。卡片式教学设计的具体呈现形式如图 1–1 所示。

《××××》教学内容卡片

· 知识点 1：……

· 知识点 2：……

· 知识点 3：……

图 1–1

文字式教学设计是以语言的形式表现教学目标、教学内容和教学过程等方面的内容，并将其按照一定的规律编排起来。这种教学设计可以分为板块式和对话式两大类。①板块式教学设计源于余映潮创造的一种语文课堂阅读教学技法，它是把教学内容融入特定的教学活动中，然后把整个教学分成 3~5 个环节，通过完成每个环节的教学（学习）工作来推进教学过程。②对话式教学设计是通过教师和学生之间的问答和对话，将教学过程进行详细、细致的描述。一般而言这种教学设计内容翔实、条理清晰，过程的安排整齐有序、细致周密。

表格式教学设计是把必要的内容（如学校、班级、科目等）与教学流程等，以一种比较固定的、有特定栏目的表格形式呈现的教学设计，也就是所谓的分栏式教学设计。这种教学设计的表现形式简洁、清晰、直观，且易读易记、易使用，经常为教师建立起一套具有很强操作性的教学设计模型。表格式教学设计示例如图 1–2 所示。

<table>
<tr><td>学校名称：
任课教师：
科目：
班级：
教学课题和内容：
学生学习准备分析：</td><td colspan="4">学生人数：
教学时间：
教学日期：
教材与教具准备：
教学目标：</td></tr>
<tr><td rowspan="2">教学过程</td><td rowspan="2">时间</td><td colspan="2">教学活动</td><td rowspan="2">教学反思</td></tr>
<tr><td>教师活动</td><td>学生活动</td></tr>
<tr><td>一、引起动机</td><td></td><td></td><td></td><td></td></tr>
<tr><td>二、教学新知</td><td></td><td></td><td></td><td></td></tr>
<tr><td>三、课堂小结</td><td></td><td></td><td></td><td></td></tr>
<tr><td>四、迁移应用</td><td></td><td></td><td></td><td></td></tr>
</table>

图 1–2

图示式教学设计近几年在“互联网 + 教育”的背景下，越来越受到人们的重视。图示式教学设计指教师将教学内容、过程等要素进行概括与提炼，然后借助一定的结构造型来呈现要点。图示式教学设计包括三类教学设计：流程图教学设计、概念图教学设计、思维导图教学设计。与卡片式教学设计、文字式教学设计、表格式教学设计相比，这些教学设计具有形式优美、变化丰富、直观、结构清晰等特点。

教学设计除注重表现形式外，还应注重表现层次，即从已知到未知、从具体到抽象、由现象到本质、由简单到复杂依次递进，逐步渗透，逐步深化。这样才能真正地适应学生的学习需求。

1.4　本章小结

本章首先介绍了数学教学设计的内涵和核心，然后重点地论述了教学设计的理论依据，最后对数学教学设计基本框架做了介绍。

数学教学活动是一种预设和生成性的综合过程，而预设的主要形式表现为教学设计。教学设计根据对教学要求和问题的分析，确定问题的解决方法，并对其进行评价和反馈，以检验方案实施的效果及优化教学。实质上这是对教案进行的扩展和延伸。数学教师的教学行为受其数学教学观的深刻影响，因此在进行数学教学设计时，教师必须充分了解有关的理论基础。

此外，在数学教学设计中，教师要充分利用《义务教育数学课程标准（2022 年版）》、数学教科书和学生的认知特征，选择适合的教学设计呈现形式，进行创造性的劳动，使学生通过学习后掌握应具备的知识、学习方法、形成需要的技能或能力，同时也能为教学后的反思提供依据。

实践与思考

1. 什么是教学设计？什么是数学教学设计？数学教学设计有哪些特征？

2. 结合本章的教学，通过资料搜集（特别是网络文献的搜集），谈谈对“数学教育观”的认识，提交一份关于“数学教育观”发展的文献综述报告。

3. 数学教学设计的基本步骤有哪些？你是否可以根据基本步骤进行一份数学教学设计？

4. 选择一个课堂案例，根据该案例选择恰当的教学设计呈现形式，并谈谈你的看法。

参考文献

[1] 张奠宙，宋乃庆．数学教育概论［M］．北京：高等教育出版社，2009：295.

[2] 奚定华．数学教学设计［M］．上海：华东师范大学出版社，2000：1.

[3] 翁小勇．中学数学教学技能训练研究［M］．成都：西南交通大学出版社，2015：32.

[4] 何克抗．21 世纪以来教育技术理论与实践的新发展［J］．现代教育技术，2009，19（10）：5–14.

[5] 孙雪梅．数学教学设计［M］．哈尔滨：哈尔滨工业大学出版社，2014：3.

[6] 曹一鸣，张生春．数字教学论［M］．北京：北京师范大学出版社，2010：12.

[7] 刘莉．现代数学教育观探究［J］．辽宁教育学院学报，1998，15（3）：76–77.

[8] 苑莉．西藏普通高中数学教学设计研究［D］．拉萨：西藏大学，2017.

[9] 吴立宝，张生春，郭衎．中学数学教学设计［M］．北京：清华大学出版社，2021：6–8.

[10] 吕世虎，杨婷，吴振英．数学单元教学设计的内涵、特征以及基本操作步骤［J］．当代教育与文化，2016，8（4）：41–46.

[11] 中华人民共和国教育部．义务教育数学课程标准：2022 年版［M］．北京：北京师范大学出版社，2022.

[12] 申煜．课堂教学设计呈现样式及其比较研究［D］．南京：南京师范大学，2018.
[13] 邢海涛．余映潮“中学语文板块式教学”思路探析［D］．武汉：华中师范大学，2013.
[14] 赵高云．关于小学数学“教学设计”的探究［J］．教育教学论坛，2011（17）：78.

第 2 章　数学教学设计基本内容

2.1　数学教材分析及教学内容的处理

数学教材分析是整个数学教学系统中极为重要的部分。它是数学教学设计最为基础的工作，灵活地将教育学和心理学的理论运用于教学的实际操作中，为后续的教材处理提供依据。[①] 教师要结合数学课程标准，对教学内容进行分析，不仅要引导学生学习显性知识，更要挖掘隐性知识，在照顾学生心理特征的基础上，发展学生的数学能力．

2.1.1　数学教材分析的基本依据

一般而言，教材是专门人员根据我国对培养社会主义接班人的要求和国家课程标准，按照学科性质特点，有目的、有计划地编制而成的．教育部在 2001 年印发了《基础教育课程改革纲要（试行）》，其中第三部分第七款明确指出："课程标准是教材编写、教学、评估、考试命题的依据，是国家管理和评价课程的基础，体现了国家对不同阶段的学生在知识与技能、过程与方法、情感态度与价值观等方面的基本要求，规定了各门课程的性质、目标、内容框架，提出了教学和评价建议。"这意味着在国家层面对课程标准做出了清晰的界定，彰显了课程标准的核心地位，教材编写、教材分析、课程教学、人才培养等各项工作必须以此为根本依据。所以，基于数学课程标准对数学教材展开分析是有据可依的，教师在研读教材时应从整体上全面地解读单元

---

① 潘超，吴立宝．教材分析的四条基本逻辑线：以人教版"单调性与最大（小）值"为例［J］．中小学教师培训，2019（3）：51–56.

内容，对照课标找到各单元的数学知识教学的具体要求，将课程标准和教学目标紧密结合，合理地选择和组织相应的教学内容，在培养学生数学能力的过程中，甚至要求教师不能仅仅局限于学科教材。[①]从最新的《义务教育数学课程标准（2022 年版）》来看，国家对于培养什么样的人有了新的历史要求：在落实立德树人的根本任务的基础上，进一步发展学生的核心素养，包括会用数学的眼光观察世界、会用数学的思维思考世界以及会用数学的语言表达世界，进一步强调学生“四基”和“四能”的发展。那么，对于新课标提出的要求，我们要牢牢把握以下两方面。

1. 立德树人是根本任务

在数学教学中融合思想道德的教化，对于学生的发展是不可或缺的。教师在发掘教材的价值性时，不可忽略教材本身所带有的德育属性，首先要将之化为自身的素养，进而将数学文化体系中的数学精神、思想、信念、信仰等以适当形式传递到教育活动当中，使其尽可能感染到学生，从而提高学生的综合素质。[②]将德育教学融入数学教学中，意味着更深层次的实践创新，教师对于教材的把握必须更加透彻，比如讲授数学知识背后的历史或者某个数学家的经历，相比单纯讲授数学知识，更能引起学生对于知识的共鸣，同时也能激发学生的好奇心。

例如，在讲授小学数学有关鸡兔同笼问题时，教师可以引经据典，择取《孙子算经》中的题目：“今有雉兔同笼，上有三十五头，下有九十四足，问雉兔各几何？”此时，学生很容易被激发兴趣，尝试着用自己的思维方法去解题，教师也可以多维度帮助学生进行他们的数学化过程。在学生进行探究的基础上，教师引导学生总结出这个算式：“总脚数 ÷2– 总头数 = 兔子数量，总头数 – 兔子数量 = 鸡的数量”，并使学生明白算式的由来。教师在让学生体会到数学的奇妙时，也让

---

① 丛萍 . 基于课程标准的教材分析与创造性使用研究：以鲁教版“五四制”初中化学教材为例［J］. 现代教育，2021（12）：26–29.

② 张定强，熊青雪月，时艳艳 . 关于数学教育中德育渗透问题的若干思考［J］. 中国数学教育，2021（Z2）：9–13.

学生领悟了古人的智慧：早在 1500 年前，聪明的前辈就想到了今天我们所运用到的数学方法，学生的民族自豪感和爱国之情油然而生，教师在潜移默化之间便为学生埋下了爱国的种子。

又例如，教师在讲授“混合运算”时，可以设立一个源于生活的真实情境，让学生运用所学的知识去解决实际问题。教师可以用多媒体展示一个大水池，并配有生动活泼的语言，假设一个大水池装满水时有水 9t，每人每天喝水 2kg，那么这个水池中的水最多可以供给多少人一天的喝水量？学生思考一下，得到答案是 4500 人，教师进一步发问：如果一座城市里有 25 万人口，一天的饮水量相当于装满多少个这样的水池？学生通过计算得到相应答案，教师又问：假如在这座城市里的每个人每天在洗脸、洗手、洗衣服等使用生活用水的过程中会不经意浪费掉 1kg 水，那么一天中这座城市的居民浪费掉的水相当于装满多少个这样的水池？学生在教师的提问下，一步一步得到答案并进行数据的比较，发现不经意间的浪费会造成巨大的损失。正所谓积少成多，教师可顺势呼吁学生要珍惜水资源，在日常生活中养成良好的用水习惯。教师设立情境，引导学生通过数据了解社会问题，让学生身心受到震撼，从而增强学生勤俭节约的意识。①

2. 核心素养是主基调

2014 年 3 月，教育部印发了《关于全面深化课程改革落实立德树人根本任务的意见》，首次提出了“核心素养”的概念；2016 年 9 月，《中国学生发展核心素养》研究成果发布；2017 年年底，教育部印发普通高中新课程标准（2017 版），课程标准中各学科首次凝练提出学科核心素养，学科育人的目标和价值日益凸显。核心素养于数学课程的设置以及学生的自我发展而言，具有十分重要的意义：一方面，以核心素养为导向是制定数学课程的基本依据；另一方面，核心素养强调学生的基础知识、基本技能、基本思想和基本活动经验（“四基”）的获得，重视学生发现问题、提出问题、分析问题和解决问题的能力

① 杨芳花 . 德育视角下的小学数学课堂教学［J］. 家长，2022（19）：91–93.

（“四能”）的发展，以及正确的情感、态度和价值观的形成。核心素养的内涵可以从其构成和在小学与初中的表现两个角度去阐明，随着学段的逐级增加，学生的数学素养逐渐形成和发展。

初中数学的内容相对分散，与小学数学的难易程度相比，是一个质的飞跃，有些学生的能力不足以支撑他们形成整体的知识结构，更不用说借助这些知识去解决实际问题了。因此，在核心素养的视角下，数学教师在分析教材时，要做到对教材的结构和知识点了如指掌，找到各知识点间的联系，从而形成整体的数学知识体系。同时，教师还应该合理规划教学内容，抓住矛盾点，解决重难点，做到主次分明、逻辑清晰。在重点问题解决之后，教师再利用剩余时间进行零散知识点的教学。此外，教师还应该关注教材的发散区域，通过教材习题以及探究合作等部分，提高学生发现问题和解决问题的能力，培养学生的发散思维，引导学生去锻炼动脑和动手能力。对此，教师应该要进行精心的设计和思考。

2.1.2　数学教材分析的基本要求

王策三指出：“学生的各种发展是知识引起的，是知识的内化，是知识的超越。教学工作就是将人类历史经验的精华即科学知识转化为学生头脑里的精神财富。”也就是说教师所发掘的数学知识对于学生的素质教育有着潜在的影响。结合课标来看，数学教材蕴含着丰富的知识，这些知识对于学生核心素养的培养以及“四基”“四能”的发展至关重要。可以说，分析教材的目的之一，就是在教学中能够准确地将人类所积累的宝贵知识经验传达给学生，一方面促进学生获得基本的数学活动经验和思想，另一方面教师的专业能力在教学活动中得到体现和不断发展。

于永正说：“这法，那法，不会钻研教材就没法。”① 在分析数学教材的过程中，教师能掌握所教内容的背景和结构，知道哪些是重点，

① 马良生 . 钻研教材要“浅出到点”[J]. 教学与管理，2008（20）：40-41.

哪些是难点，哪些又是需要着重解释的关键点。教师要备好课、上好课及达到教学目标的关键和前提便是在遵循学生身心发展规律的基础上，分析学生应具备的知识经验，设计合理的教学活动。这对于教师顺利开展教学活动具有重要意义。教师在进行教材分析时，要达到以下几点要求。

1. 基于课程标准分析数学教材

众所周知，数学教材是依据课程标准编制的、系统反映数学学科内容的教学用书，直接影响着教师的教和学生的学。课程标准是教材编写的指南针和评价依据，教材是课程标准生动的体现。因此，参考课程标准对数学教材进行分析，教师能够准确理解教材内容传达给学生的知识经验和能力要求，从而进行有效的教学活动设计，这是教师能深层次理解教材的关键。一名合格的数学教师应实时关注课标的变化，反复研读课标的要求和指示，使教材分析做到有据可依，同时应合理规划教学结构，对教学内容做到心中有数。这样学生才能从教师身上更好地吸收知识、发展自我。

2. 从多个视角解读和分析数学教材

数学知识比较抽象，学生由于现有的知识经验不够以及心理发展的不均衡等原因，不能及时理解和吸纳新的知识。为了帮助学生克服学习上的困难，教师在分析教材时应从多个角度去解读。从不同层面理解教材内容，教师对于数学知识的感悟能够更加全面，在教学时更能关照到学生对于知识的盲点。教师不能仅仅局限于单一的视角，可以从数学学科的特点、以学生为本、历史文化等视角来解析数学教材。①

从数学学科本身的特点来看，数学是一门集概念知识、思想方法为一体的学科，具有很强的逻辑性和抽象性。对于不同类型的数学知识，教师要采取不同的教学策略，要将数学知识与学生的生活实际紧密相连。教师要主动了解学生当前的学习情况，掌握学生现有的知识

---

① 庞贞艾．核心素养视域下的数学教材分析方法研究［J］．齐齐哈尔师范高等专科学校学报，2020（3）：108–110.

和经验，从学生的角度来分析教材，发掘出教材中能够激活学生头脑中已有旧知识的素材，构建新知与旧知的联系。这样才能调动学生自身的学习兴趣，也肯定了学生主体地位。[①] 从历史文化的角度来看，教师在分析数学教材时，一定要重视数学文化在知识里的渗透，结合教学内容适当向学生介绍古今中外的数学家的故事或者有趣的数学现象等，让学生去经历数学起源、发展的历程，帮助学生从本质上理解数学知识。[②]

3. 选择合适的方法分析数学教材

教材分析的结果关乎课堂质量的好坏，面对教材中不同的数学内容，教师应该灵活机动地采用不同的方法。一般而言，教材分析可以从宏观角度、微观角度和专题角度去把握知识内容。

第一，从宏观上分析数学教材，教师能从大体上掌握数学教材的知识结构，通过梳理思维导图将各个知识点串联，清晰明了地知道教材的编排体系和知识点间的内在联系。同时，教师在分析教材时，一定要参考数学课程标准，知道课程标准对不同知识内容的要求。在空闲时间，教师要增加自身的数学素养，多看数学著作、多挖掘数学知识背后的故事，了解数学的发展趋势和最新研究成果。第二，从微观上分析数学教材，教师可以针对一课时的内容进行具体分析，确定重点、难点，精心安排教学过程，新学的内容能够承接之前学习的内容，铺垫未来将要学习的数学知识。第三，从专题上分析数学教材，通过有目的、有计划地安排教学内容，紧扣学习的主题，教师能够带领学生重点解决某一类相似问题；在学生完成某个单元的知识学习后，教师可以组织专题学习来加强学生对知识的记忆，提高他们的知识运用能力。

总之，读懂教材、读透教材、读活教材是教材解读的三个层次。教师只有从真正意义上理解教材，对教什么了然于心，并创造性地结合教学策略进行教学，才能充分发挥教材的价值。

---

① 施良方 . 学习论［M］. 北京：人民教育出版社，2000.

② 李天飞 . 数学史融入小学数学教学的实践路径［J］. 甘肃教育，2022（12）：108-110.

2.1.3 数学教学内容主线的提炼

随着数学这门科学的不断进步以及时代发展对学生发展提出的相应要求，数学的教学内容也在不断深化。教学内容是教学的根本，相比怎么教，教什么更为重要。尽管教材对教学内容进行了组织和整理，但是这只是在知识层面上对教学内容的处理，教师不仅要看到课程标准要求学生掌握的显性知识，更要揭示教学内容中所隐藏的隐性知识。因此，认真研究、分析、理解、掌握教学内容是教师课前必须做好的准备工作。数学教学内容分析是数学教学设计的基础。教师在对教学内容进行分析时，可以从知识背景、教学功能、内容结构、教学素材等几方面入手。

1. 知识背景

知识是基于一定的历史情境和现实环境发展起来的，因此知识背景有着深厚的历史渊源和广泛的现实基础，在任何学习和教学活动当中都有重要作用。在向学生解释数学知识的本质时，教师可以从知识背景的介绍出发，引导学生了解知识的产生和发展，促进学生对知识的接纳和吸收。教师只有知其然并知其所以然，厘清知识的“来龙去脉”，才能从真正意义上理解教材、吃透教材，讲起课来才能生动有趣、融会贯通、左右逢源，才能上出高质量的数学课。因此数学教学内容的背景分析是上好一堂高质量数学课的关键，对提高教师的数学素养至关重要。

此外，针对一个数学知识点，教师要关注其发生、发展的过程，发掘该知识点与其他知识点之间的联系，同时可以适当拓展数学知识在社会生产、生活和科学技术中的应用。

【案例】 高中课程——圆锥曲线与方程的单元知识背景分析

（1）从圆锥曲线名称的含义来看。圆锥曲线是椭圆、双曲线和抛物线的统称，顾名思义，是用一个不经过圆锥面顶点的平面去截这个圆锥面（圆锥面可双向无限延伸）得到的，也称圆锥截线（图 2-1）。设圆锥面的半顶角是 α，截面和圆锥面的轴所成的角是 θ，则圆锥截线有三种可能。

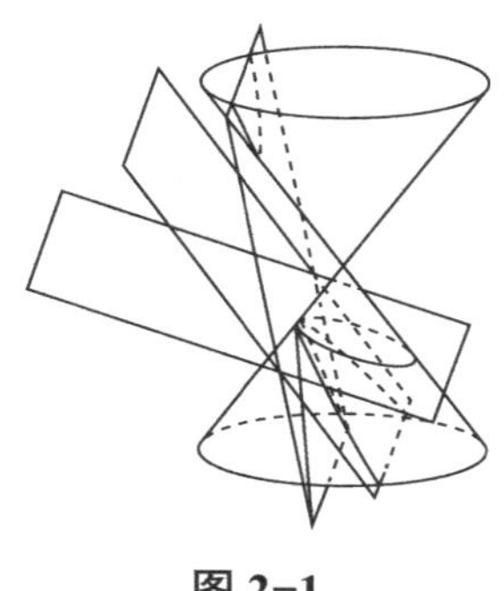

图 2-1

①当$0<\theta\leqslant\frac{\pi}{2}$时（图 2-2），截线是椭圆，特别地，当$\theta=\frac{\pi}{2}$时，截线是圆。

②当$\theta=\alpha$时（图 2-3），截线是抛物线。

③当$0\leqslant\theta<\alpha$时（图 2-4），截线是双曲线。

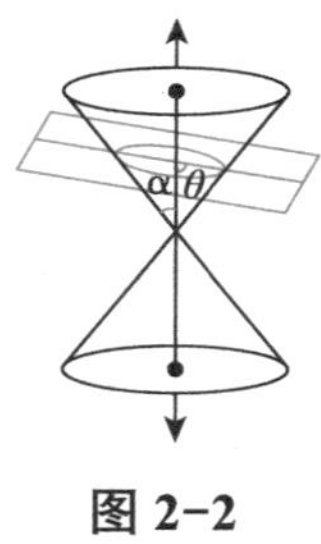

图 2-2

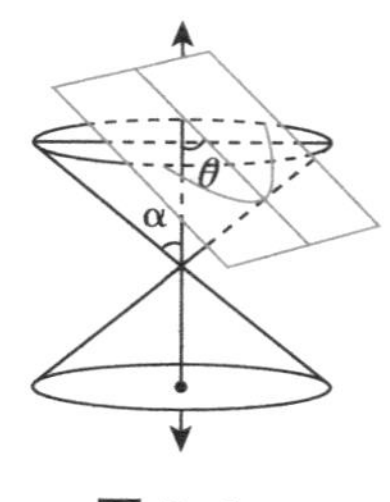

图 2-3

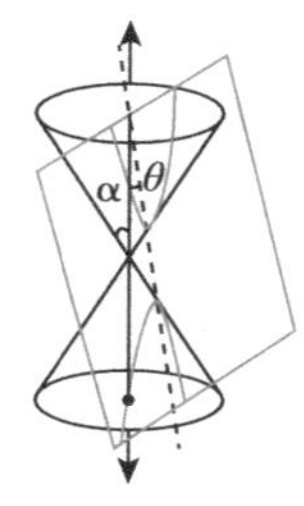

图 2-4

（2）从圆锥曲线的定义来看。椭圆的定义：①圆伸缩变换后得到的图形；②不经过轴线的（可无限延伸）圆柱面的平面截线。特别重要地，圆锥曲线有一个共同的定义：平面上一个动点到一个定点和一条定直线的距离之比是一个常数，动点的轨迹叫作圆锥曲线。这个定义涉及圆锥曲线三个基本几何量：定点是焦点，定直线是准线，常数是离心率。由此出发，可得到圆锥曲线极坐标方程：$\rho=\frac{ep}{1-e\cos\theta}$，其中$p$为焦点到准线的距离，$e$为离心率。

（3）从圆锥曲线的研究起源来看。圆锥曲线的研究始于古希腊，阿波罗尼斯著有《圆锥曲线》八卷。解析几何建立后，英国数学家沃利斯首先把圆锥曲线定义为二次曲线，从而使圆锥曲线的研究摆脱了圆锥曲面的局限。作为一种基本的几何量，圆锥曲线在历史上得到广泛而深入的研究。

（4）从圆锥曲线与其他知识点的联系来看。圆锥曲线是一种仅次于圆和直线的简单平面图形，圆是圆锥曲线、椭圆的特例，直线可以看成是过圆锥顶点的平面截圆锥面所得到的圆锥曲线。从曲线方程来看，直线即一次曲线，圆与圆锥即二次曲线。事实上，直线、圆、圆锥曲线组成了一个完整的二次曲线谱系，此时直线成为二次曲线的退化情形。在高中数学课程中，圆锥曲线与方程、直线与方程、圆与方程同属于平面解析几何的内容，沿用坐标法来研究，可进一步体会数形结合的思想。同时，圆锥曲线的标准方程是后续二次曲线研究的基础，而其中的二次曲线化简与分类会涉及坐标变化和几何变换等更高级的内容。

（5）从圆锥曲线在社会、生活和科学技术中的应用来看。圆锥曲线是一个基础的几何模型，有较好的几何性质，在社会生产、日常生活和科学技术中有着广泛的应用。圆锥曲线的应用实例如下：①在重力的作用下，物体抛出去的运动轨迹是抛物线；②拱桥的桥拱是抛物线；③高速公路隧道的入口和出口是半椭圆形；④船舶在海洋上航行，依据的是“双曲线时差定位法”确定自己在海洋上的位置；⑤卫星围绕地球运行的轨道是椭圆。

通过分析数学知识的产生、发展过程，教师能更深入理解蕴含其中的数学思想实质和数学发展规律，准确灵活地把握数学教学内容，在进行教学设计时做到深入浅出；通过分析所教部分与数学学科其他部分之间的知识联系，教师可以找到前后内容的联系，整体理解数学的知识体系，在进行教学设计时做到相生相济；通过分析数学知识在社会生产、生活和科学技术中的应用，教师能够获取数学建模的素材，更明了教学内容的意义与价值，在进行教学设计时可以学以致用。

2. 教学功能

分析数学的教学功能，其实针对的是数学教材在培养学生和发展学生素质方面的功能，主要是为了了解所教的数学内容在整个知识体系价值中的比重。从知识价值、智力价值和思想价值三方面入手，对教学功能的分析才是完整的。知识价值指的是与教学内容相关的理论价值和应用价值；智力价值主要是指培养学生数学思维品质，训练他们的思想方法，提高他们的数学能力等；思想价值是指培养学生的个性品质，塑造他们的人格精神，乃至帮助他们塑造正确的世界观、人生观和价值观等。教材中虽然没有明确指出这些价值的重要性，但这些价值隐含在教学内容中，需要教师积极钻研、深入挖掘。

【案例】　初中课程的教学——“圆”的教学功能分析

（1）知识价值。圆的知识是解析几何、立体几何及物理等其他学科学习的基础，为今后学生参与科学研究和社会生产的前提。圆的知识在科学技术、工农业生产、交通运输、土木建筑、日常生活中有着广泛的应用。

（2）智力价值。圆是平面几何中的重要知识点，包含直径、弦、弧等数学概念的学习。通过圆的学习，教师能够培养学生观察、综合、推理、归纳、演绎等逻辑思维能力；能够教学生利用圆的知识去解决实际问题，发展他们发现问题和解决问题的能力。

（3）思想价值。一方面，学生通过圆的学习，可以体会其中蕴含的辩证唯物主义观点，了解世界上所有的事物都在不断地运动和变化，彼此之间是相互联系、相互依存的；另一方面，圆的学习内容也蕴含了中华优秀传统文化，学生通过学习优秀传统文化能够增强文化自信。

3. 内容结构

从纵向看，内容结构分析有助于从整体上理解教学内容的层次性特征，以及知识体系的构成要素和组合方式；从横向看，内容结构分析可以从数学知识结构分析、知识所蕴藏的数学思想方法这些方面着手。

4. 教学素材

教学素材主要是指教材及相关辅助材料，是师生开展教学活动的主要载体，约束着教学模式和教学策略的选择和运用，同时也包含丰富的教学信息，是教学设计素材的重要来源。教学素材分析在课堂教学中占有着十分重要的地位。教师只有愿意花时间和精力去认真分析教材，并结合自身教学经验和自我思考，才能灵活机动地处理好教材、运用好教材。

教学素材分析主要包括感性材料分析、例习题分析、内容展开分析。

其中，感性材料指的是直观或具体的材料，如图形、图表、道具模型等，它们供知识引入或理解时使用，对学习数学基础知识和基本技能具有辅助作用。教师在进行感性材料分析时，可分析它的适用性、丰富性、典型性、简明性。例习题分析是指教师能够对教材精选的典型例题进行剖解和示范，例习题是有关计算、推理、论证、画图、测量等方面的训练材料，留给学生课堂或课后复习知识、加强技能和发展能力之用。例习题是学生理解知识、掌握方法的重要途径，并能够反演教材的具体要求以及教材的编写意图。因此，例习题分析的主要任务是了解教材配备例题和习题的类型、分量、难易程度、编排方式、使用方式和功能，理清解题思路，运用解题方法，提炼其中的数学思想。例习题分析要在一题多解、一题多得、一题多变和多题一解上下功夫，教师还要考虑是否需要补充或调整数学习题，带领学生进行解题后的反思。内容展开分析是指了解相关教材所包括的知识要点及其先后次序和相关的教学安排，明确教材编写思路，领会编者设计意图，为后续的教学过程设计提供参考。从教学实践上看，当前通行的中学数学教材在编写上一般都不仅提供数学事实和结论，还会体现一定的教学安排。比如安排引导学生独立探索结论的过程，按照学生的认知和接受方式序列化教学内容，这种叙述方式直接体现编者对教学顺序安排和教法选择的意图，能为课堂教学结构的设计提供基础。

【案例】　平行四边形的判定

教师在进行平行四边形判定的教学时，可以按如下步骤进行。

复习引入：复习平行四边形的性质定理，构造其逆命题，并思考结论是否成立。

操作确认：①两长两短四根木条顺次相连，并用小钉绞合成对边等长的四边形，形转动木条改变形状，观察它是否一直是平行四边形。②将两根木条的中点绞合在一起，四端点用橡皮筋连接组成四边形，转动木条改变形状，观察它是否一直是平行四边形。

定理证明：利用三角形全等的性质，根据平行四边形的定义，用演绎法证明判定定理。

定理应用：应用平行四边形的判定定理证明一个四边形是平行四边形。

显然，通过教学素材的分析，教师可以获得一个合理的教学设计框架，在此基础进行适当的补充和完善，就可以形成一个较为理想的教学设计。需要注意的是，教材所提供的教学思路和过程未必都尽如人意，可能存在着这样或那样不合理的地方，有些甚至是比较重大的缺陷，但是分析教材的目的不是亦步亦趋地照本宣科，而是针对课题的具体问题展开具体分析，汲取长处，克服不足，真正实现用教材而不是教教材。

2.2　学习者的特征分析

教学活动包括教师的“教”和学生的“学”，以及“教”与“学”之间的互动。教师为了更有效地进行教学，在教学上，不仅要关注所教内容，还要把目光转向学习者，教学需以学习者为中心，充分发挥学习者的主动性，调动学习者的积极性。这就要求教师要做好学习者的特征分析。

在进行数学教学设计之前先分析学生基本情况，有利于教师更加深入、全面地了解学生，更有针对性地设计教学目标、选择教学方法、安排教学策略，真正做到因材施教。不同的学生有不同的认知特点，教学过程中也需要关注班级中不同学生的认知差异，这样可以提升学习者的学习效率和学习质量。

2.2.1 学生认知结构分析的理论依据

学生现有的知识是学习新知识的起点。教师需要在进行数学教学设计之前了解学生的现有知识水平。若学习内容过于简单，对于学生来说无法满足学习需求；若学习内容难度较大，对学生的挑战性太大，就会难以理解甚至失去学习的信心和乐趣。学生学习的知识难度最好处于学生的最近发展区内。

皮亚杰认知结构发展理论指出，个体的认知发展从不成熟到成熟分为四个阶段：0~2 岁是感知运动阶段，2~7 岁是前运算阶段，7~11 岁是具体运算阶段，11 岁以后是形式运算阶段。根据这一理论，小学生处于具体运算阶段，这一阶段的学习者的思维具有一定的弹性，并且出现“守恒”的概念。初高中生处于形式运算阶段，他们的思维超越了对具体的可感知的事物的依赖，能以命题的形式进行，具备抽象思维和系统思维能力。相同年龄段的学生可能会处于不同的认知发展阶段，有研究指出，在美国的学生中，只有 13.2% 的中学生、15% 的高中生和 22% 的大学生的思维水平真正达到皮亚杰的形式运算阶段。对同一年龄段的学生而言，由于学生认知能力的不同，有的人在解决简单问题时达到了形式运算阶段，会使用抽象符号等解决数学问题，但是在遇到复杂问题时，会退回到具体运算阶段，凭借具体事物来帮助理解数学问题；有的人处于具体运算阶段向形式运算阶段过渡期；有的人可能尚处于具体运算阶段；还有的人已经具备了抽象思维和演绎思维能力。

2.2.2 学生的特征分析

教学设计成功与否很大程度上取决于它能否很好地适应学习者的

特征，对学生的特征分析能为数学教学设计提供可靠的依据。在分析学习者的特征时，我们可以从以下几方面分析。

1. 分析学生之间的相似性特征和差异性

教师需要分析学生之间的相似性和差异性。相似性研究，可为集体化教学提供理论指导；差异性研究，能为个别化教学提供理论导。课堂教学设计实践中，我们一般根据学生的相同特征来设计教学方案的基本内容和总体框架；根据学生的不同特征，在某些设计要素上增加选择性，以此来最大限度地适应学生的个性差异。

2. 分析学生的学习准备

学习准备是指学生在进行新的学习之前，原有的知识技能和思维能力水平对新的学习的适合性。由于数学知识前后联系非常紧密，数学能力的发展有较强的连续性和层次性，所以相对其他学科而言，学生的学习准备分析对数学教学设计尤为重要。影响学生学习最重要的因素是学习的内容，学生对新知识的吸纳程度取决于他们认知结构中的已有知识。同时，教师还要特别关注与数学学习相关的思维能力水平。学生的学习准备分析，还要特别关注与数学学习密切相关的数学思维能力水平的分析，在这方面，心理学的研究可提供理论依据，教师要学会根据具体情况选择合理的学习理论，指导自己的分析活动。总的来说，处于不同认知发展阶段的学生的思维发展水平不同。

一般来说，对于相同的学习内容，就是同一个班级的学生，他们的学习准备都会存在差异。教师的教学设计应当考虑当前学生已有的知识经验，调动学生的思维，使学生既能积极参与教学活动，又能通过自己的努力获得成功的体验。

3. 分析学生的心理特点

学生的心理特点是指对学生在学习数学时，其心理活动所产生的认知、情感、态度等方面的品质和气质等因素的特征，这些因素不像学习准备与教学有着直接的关系，但是却影响教师对教学内容、教学方法和教学媒体的选择和运用。比如，学生的学习态度就是影响数学教学的一个重要因素，学生对所教的内容感兴趣，自然就会专心听课、用心学习，教师就能取得良好的教学效果。相反，如果学生学习动机水平低，对所教内容不能产生兴趣，课堂教学设计就要特别关注能够激发学生兴趣的教学活动。学生的学习风格是指每个学生学习时都会按照自己的方式感知、处理、储存和提取信息。由于学生之间存在着生理、物理和心理的差异，不同的学生对相同的学习内容做出的反应是不同的。因此，学习风格的差异，会对数学教学产生一定的影响。通常教师了解学生常用的方法有以下几种。

（1）一般性了解。由于课程教学是持续的，教师可以通过一段时间的上课、批改作业、课外辅导以及测验和考试等方式了解学生的学习情况。

（2）特别谈话。经过一般性了解后，教师如果还想更加深入地了解学生的情况，就可以通过谈话的方式，看学生在学习上是否能掌握课堂上所学习的内容。

（3）书面测试。教师可以在教学内容分析的基础上，根据基础能力的要求设计测试题，分别对预备技能、目标技能进行测试。

（4）问卷调查。教师可以采用问卷调查的方法设计一系列问题，让学生回答。

最后要特别强调两点：一是，教学设计的前期分析具有一定的模式或流程，但在分析过程中，决策之间会相互影响，因此实际情况下的教学分析工作往往并不一定按顺序展开，教学设计的前期分析往往也不是一步步按顺序完成的，而是来来回回，经过相互补充、综合考虑、不断修改，在整体上保证教学分析的统一性；二是，在实际工作中，教师进行教学情境设计时，一般没有必要也不可能面面俱到完成所有的步骤。数学教师应根据不同的情况和要求，抓住与教学任务密切相关的方面进行详细的分析，因地制宜地进行教学设计、教学内容分析和学生的特征分析。

2.3　数学教学目标设计

2.3.1　数学课程标准与数学教学目标

国家课程标准是课程改革的纲领性文件，体现国家意志，具有法定性、核心性和指导性的地位和作用，也是教师教什么和学生学什么的直接依据。而教学目标是课程标准的具体化体现。不管教学设计如何设计，都必须紧紧围绕着课程标准所规定的基本要求，都不能脱离这个中心，这才是“基于课程标准的教学”。

对于小学初中数学而言,《义务教育数学课程标准（2022 版）》提出的课程总目标为：通过义务教育阶段的数学学习，学生逐步会用数学的眼光观察世界，会用数学的思维思考世界，会用数学的语言表达现实世界（简称“三会”），这也是核心素养的构成因素。同时，为了体现数学课程的整体性和发展性，课程标准又设置了学段目标与学生发展的各个阶段对应起来。比如，对于第一学段的学生（1~2 年级），在数感方面的要求是：经历简单的数的抽象过程，认识万以内的数，能进行简单的整数四则运算，形成初步的数感、符号意识和运算能力。随着学生能力的提升，在数感方面的要求则愈加广泛与具体。

对于高中数学而言,《普通高中数学课程标准（2017 年版）》中明确提出了高中数学学科的课程目标，概括起来就是：通过高中数学课程的学习，发展学生的核心素养，促进学生全面可持续发展。具体地，获得进一步学习以及未来发展所必需的数学基础知识、基本技能、基本思想、基本活动经验（简称“四基”），提高从数学角度发现和提出问题的能力、分析和解决问题的能力。

2.3.2　数学教学目标分类

所有教学设计都需要解决三大问题：你要将学生带到哪里去？（教学目标的设置）；如何到达那里？（教学策略的选择）；如何判断学生是

否到达那里?（教学结果的测量和评价）。在这三个问题中，设置教学目标是核心和关键。设置教学目标的作用是为了预设学生学习后的结果，教师可以通过教学目标判断学生在能力和情感态度上发生了哪些改变。许多学者对数学教学目标进行了深刻研究，产生了相应的数学目标分类理论，得到大众赞同和应用最多的该属加涅的信息加工理论以及布卢姆的教育理论。

1. 基于加涅的信息加工理论的目标分类

美国心理学家加涅将学习的结果分为五类：言语信息、智慧技能、认知策略、动作技能、态度。他认为，无论学习何种学科，外在的教学内容经学生的认知加工，学生内在的认知能力（言语信息、智慧技能、认知策略）、动作技能及态度会发生相应的变化。① 其中最重要的是智慧技能，可以分为辨别、概念、规则和原理、问题解决这四个不同的层次。言语信息，也称陈述性知识，是教学的基础，主要是给学生提供一种结构或基础，促进学生对其他技能的建构和习得。动作技能，也可称作“知觉—动作技能”或“心因动作技能”，动作技能通常由一系列的动作反应结合而成，主要表现在身体的力量、速度、精确性和连续性上。态度是学习的最终目的，指的是行为的倾向，态度不同于其他学习结果，它是一种影响学生对人、对物、对事的行为选择的内部状态，它更多地涉及学生的情绪，通过情绪影响学生的行为选择，态度的性能动词通常表现为“选择”，教学的目的意在培养学生的学习习惯和激发学生对学习的热爱，建立和改变态度可以通过强化或者榜样的作用。②

2. 基于布卢姆的教育理论的目标分类

美国心理学家、教育家布鲁姆将教育目标分为认知、情感、动作技能三个领域，又将认知领域分为知识、领会、运用、分析、综合、

---

① 加涅，韦杰，戈勒斯，等 . 教学设计原理［M］. 王小明，等译 . 上海：华东师范大学出版社，2007.

② 王爽 . 加涅学习结果分类理论对语文教学的启示［J］. 文教资料，2021（21）：169–170，135.

评价六个大类。2001 年，根据美国教育发展及评价需要，课程专家安德森与克拉思沃尔等联合对布鲁姆教育目标分类学进行修订，提出新的目标分类理论和体系。该体系根据与教育目标的相关性，将知识分为事实性知识、概念性知识、程序性知识和元认知知识四大类型，并根据人的认知过程和规律，将认知过程分为记忆 / 回忆、理解、应用、分析、评价和创造六个维度。[①]

2.3.3　数学教学目标的设计

教学设计包含很多内容，但往往要从确定教学目标开始。《现代汉语词典》对“目标”一词的释义是：①射击、攻击或寻求的对象；②想要达到的境界或标准。教学目标所要表达的意义就是，学生学习完规定的课程后能够获得什么。这是数学教学设计的核心问题。从字面上看，教学目标其实就是对教学活动结果的预测，即学生通过教学活动可以获得什么。因而，我们也常常把它称为教学活动的归宿。教学目标一旦确定，教学活动就应该为实现目标而服务，教学过程中所采用的教学方法、教学策略、设计的师生活动等都应该为实现目标而努力，那就意味着教学活动有了方向。从这个角度来看，教学目标是教学设计的起点，具有导向功能，规定了教学活动的方向。最终教学成效如何，也必须依据目标来检验。那么，确立教学目标的依据是什么呢？

首先，数学教学目标的制定应以遵循国家教育方针和数学课程标准为前提。国家教育方针是由国家根据政治、经济和社会发展的要求，提出的一定时期的教育工作的总的方向和总指针，是指导整个教育事业发展的战略、原则和纲领。在《国家中长期教育改革和发展规划纲要（2010—2020 年）》中，对党的教育方针阐述如下：坚持教育为社会主义现代化建设服务，为人民服务，与生产劳动和社会实践相结合，培养德智体美全面发展的社会主义建设者和接班人。在此大方向下，

---

① 张萍，白雪峰．布鲁姆教育目标分类理论与初中数学教学设计：以“平方差公式”一课的教学实践与反思为例［J］. 华夏教师，2020（3）：32-34.

数学教育家们根据社会的需求、数学学科的特点、数学教师的状况以及学生的年龄特征，制定了《义务教育数学课程标准》和《普通高中数学课程标准》。

《义务教育数学课程标准》对中小学阶段数学课程的性质做了如下界定："数学教育承载着落实立德树人根本任务、实施素质教育的功能……在学生形成正确世界观、人生观、价值观等方面发挥着独特作用。"性质体现了方针政策，而基于这些性质，课程标准将高中数学课程的总体目标确定为："通过高中数学课程的学习，学生能获得进一步学习以及未来发展所必需的数学基础知识、基本技能、基本思想、基本活动经验……认识数学的科学价值、应用价值、人文价值和审美价值。"这段话从知识与技能、过程与素养、情感态度与价值观三方面对高中数学课程的总体目标进行了阐述，是对课程教育功能的具体落实与学习要求的体现。课标还在课程内容上进行了详细的说明，给出了具体的教学内容的要求。

教学目标是课程目标在具体教学中的细化与落实，它表述的是学生在完成某节课、某个内容或是某个单元的学习后所获得的东西，因而要制定合理的数学教学目标。教师必须熟读课程标准，掌握课程性质，理解新时期数学教育的基本理念，理解学科核心素养，熟悉数学课程总体目标，并了解所授内容在课标中的具体要求。所以，课程标准就是我们制定教学目标的第一个重要依据。

其次，数学教学目标的制定及实现必须以教学内容为载体。在实际的教学当中，经常有教师将教学目标与教学内容相分离，出现目标大于内容，或者内容超出目标的现象。教师一定要认真钻研教材，了解知识的背景、前情、后续、内涵，小环节里有大文章，教学内容是编制合理教学目标的一个重要依据。

最后，学生是教学的主体，教学必须以学生为中心展开。因而在授课时要考虑学生已有的知识水平、思维能力以及心理特征、学习风格等，这都是教学目标编制的重要考虑因素。那么，综上所述，数学教学目标的编制必须要做好三项前期工作：一是熟悉数学课程标准；二是深入分析教材；三是全面了解学生。做好这三项工作，才能设计出合理科学的数学教学目标。

【案例】　对数概念

《普通高中教科书　数学　必修　第一册》（人教版 A 版）第四章第三节“对数”。《义务教育数学课程标准（2017 年版）》关于对数内容的要求是：“理解对数的概念和运算性质，知道用换底公式能将一般对数转换成自然对数或常用对数；能用描点法或借助计算工具画出具体对数函数的图象，探索并了解对数函数的单调性与特殊点；知道对数函数 $y=\log_a x$ 与指数函数 $y=a^x$ 互为反函数（$a>0$ 且 $a\neq 1$）”。分析教材可知，“对数”这节内容是在学习函数的概念与性质和指数的基础上，进一步了解具体的函数对数以及对数和指数的关系。结合课程标准与教材制定三维目标如下。

（1）知识与技能：理解对数的概念以及指数与对数的互逆关系。

（2）过程与素养：①经历对数概念的提出过程，学习将乘法和除法转化为指数的加减运算以及将乘法和开方转化为指数的乘除运算的化归思想；②通过类比、减法、除法、开方运算，学习对数概念，学习类比思想，积累垂直数学化的经验。

（3）情感态度与价值观：①感受引入对数十分必要；②领悟对数超强的简化运算的功能；③了解对数源于生活中对数学运算的需要，体会对数较高的科学价值和应用价值。

［分析］如果把教学目标比喻成一棵树，知识与技能就是根，过程与素养就是枝，情感态度与价值就是叶、花和果实。一个完整的教学目标应满足如下三方面的要求。①全面有度。全面性是为了保障学生在不同维度上的均衡发展，而适度性则确保目标切实可行，不因要求过高或过低而影响教学效果。②明确具体。由于教学目标有导向性、标杆性，在描述它时要避免使用宽泛含糊的语言陈述，表达要求规范科学，力求学习结果可观测。③准确灵活。教学目标的制定是在做好教学设计前期分析的基础上进行的，教师必须贴近教学内容的要求并

针对学生的实际情况编制切实可行的教学目标，要求过高或过低都会影响学生积极性的发挥。另外，对不同层次的学生，教师可在教学目标上设置不同的层次，制定不同水平的教学要求。在理解对数的概念以及指数与对数的互逆关系时，对于基础较弱的学生，我们可以将要求放低，转化为理解对数的概念，基本掌握指数与对数的互化方法，从而将教学目标放低，难度降低。

此外，教学目标是教师在上课前综合各种因素制定的，在实际教学过程中，由于种种原因，我们常常会遇到教学过程偏离教学目标的情形。教师则需根据课堂实际情况，对教学目标进行适当的调整，使教学顺利进行。因此，教学目标可有一定的灵活性，教师要适当考虑预设与生成之间的关系，为无法预估的教学活动留下一定的余地。只有全面有度的目标，才能为教学指明正确的方向；只有表述明确的具体目标，才能为教学的评价提供一把量化的尺子；只有准确灵活的目标，才能够切合课堂的实际、切合学生的实际，才有实现的可能。

2.4 数学教学策略设计

数学教学开发设计是将教学目标落实为具体教学活动的重要环节，也是教学设计中从理论转化为实践的关键步骤。数学教学开发设计的核心在于平衡知识的逻辑性与学生的认知规律，以实现教学效率和学习效果的双重提升。在这一过程中，教师需要结合数学特有的学科特点与学生实际，科学确定教学重点和难点，选择合适的教学模式，合理运用教学媒体，从而形成系统、有效的教学方案。

2.4.1 教学重点和难点的确定

教师应在分析教材的基础上，判断出最基本、最主要的内容，从而确定教学的重点。如果从学科知识体系的角度来看，教学重点确定的是各个知识点在知识体系框架中的地位。值得一提的是，教学重点应该搭建一座连接学生头脑里的已有知识和即将要学习的新知识的桥梁。在教学的过程中，教师要将知识点的联系理清楚，将教学重点作为设计教学过程的主要线索。教学重点的落脚点一般是定义、概念、公理、定理、公式、法则、性质、判定、思想方法等。

如何确定教学重点呢？首先，教师要结合最新版的学科课程标准，里面详细说明了对学生素质发展的要求，换句话说，教学的重点源于此。课程标准是教材编写、教学评估和考试命题的依据，从知识与技能、过程与方法、情感态度与价值观三方面来细化具体目标。其次，教学目标具有导向、激励和评价作用，是教学过程的灵魂主体。最后，教学活动的出发点和落脚点还是在于教学目标，一切教学活动还是要紧紧环绕教学目标展开。总之，确定教学重点一方面要从知识本身出发，另一方面也要结合现实的具体情况。

例如，“函数的单调性”是学习函数性质的重要内容之一，在各种函数的研究中都会涉及。尽管教学大纲和考试大纲对函数单调性的学习要求仅仅停留在了解的层次，但是纵观整个函数的研究以及在解决数学问题方面，函数的单调性是比较函数值大小、求函数的极值与最值以及证明不等式等的重要工具。又如基本函数的图象，它既是初等数学中研究函数性质的重要工具和手段，也是数学解题中运用“数形结合思想”的重要工具。又如向量，由于其具有数与形的双重特征，在处理长度、角度、平行和垂直等数学问题时，相比传统方法，向量的计算更快捷、方便和有效，这决定了向量是数学学习研究中的一个重要工具。以上都是数学教学的重点。

教学难点，顾名思义，是指学生在学习过程中感受到难以理解或接受的内容。这些内容，或是由于知识本身抽象、复杂而难以接受，或是由于学生缺少必要的知识准备而难以接受。当然，不排除由于教材的编排顺序没有符合学生的认知规律而造成的教学难点。教学难点换种方式去理解，即新旧知识的连接点或转折点。难点不一定是重点；难点和重点也可以交叉，有些内容既是难点也是重点。根据学生的实际水平来确定难点是科学的，因为即使在同一班级面对同一问题，学生的理解也会有差异性，有的学生解决问题很轻松，有的学生解决问题就很困难。

针对学生的思维障碍，巴班斯基提出：教师应该帮助学生转化思维，即需要教师创设有利于学生学习的问题情境，其目的是激发学生的学习动机和引起学生积极的态度反应。教师还要对学生进行思维训练，帮助学生识别在学习过程中存在的难点，培养学生独立思考的能力，进一步培养学生提出问题并能独立思考问题的良好习惯。

例如，在高一的数学知识中，集合就是一个教学难点。这主要体现在三方面：①由于集合为原始概念，它不是由已有的其他概念来定义的，因此学生头脑中没有相关知识可帮助理解集合的含义；②集合关联着很多知识点，几乎涉及所有初中数学知识，学生必须回忆起初中学过的数学知识，但是对于经过一个假期刚上高中的学生而言，这些知识已经遗忘得差不多了；③与集合有关的新概念及相应的新符号和新术语较多，学生的符号意识必须很强，才不会混淆这些新术语和新符号。所以，讲清楚集合的概念以及这些概念相互之间的区别就是一个教学难点。

2.4.2　数学教学模式的选择与设计

教学模式是在一定教学思想或教学理论的指导下，建立起来的较为稳定的教学活动结构框架或者活动程序。数学课的教学模式有很多种选择，经常被教师采用的有讲解—传授、自学—辅导、引导—发现、活动—参与等几种类型。一个教师的教学水平就体现在他对教学模式的选择上，这也奠定了教学设计的合理性和科学性。

讲解—传授模式是最广泛、最悠久、影响范围最大的教学模式，适用于陈述性知识、简单技能等的传授和学习。这种模式源于赫尔巴特的四段教学，即以传授系统知识、培养基本技能为目标，强调教师的主导地位。这就导致讲解—传授模式是由教师到学生的单向传递的过程，在一定程度上教师的作用能得到最大的发挥，但同时也导致了学生学习的被动性。

自学—辅导模式是指在教师的指导下学生独立进行学习，是以学生为主体、教师为辅助的教学模式。在这种模式下，教师采取较少的干预，只在学生需要的时候给予相应帮助，学生学习的积极性和主动性得到加强，有助于学生养成良好的学习习惯。同时学生在自学的过程中，思维能力和知识技能也得到了提升。特别是针对不同的学生，教师能够从知识基础、能力水平、性格特征等方面进行针对性的指导。

引导—发现模式又叫问题—探究模式，以问题解决为中心展开教学活动，教师引导学生发现问题，并采取相应的解决方案，尝试从不同的角度去解决问题，注重学生独立活动，让学生经历知识的生成过程，充分尊重了学生的主体地位，着眼于培养学生的发散思维和创造思维。学生在教师的引导下解决问题，在一定程度上增强了学生学好数学的自信心，激发了学生对数学学习的热情。

活动—参与模式是指在教学活动中，教师根据教学内容创造一种情感和认知相互促进的教学环境，让学生在轻松愉快的教学气氛中有效地获得知识，并在参与数学教学环节中经历他们自己的数学化过程。同时，学生的心智情感得到发展，他们的个性也在此过程中得到彰显。

2.4.3　数学教学媒体选择与运用的原则

教学媒体是教学内容的载体，是教学内容的表现形式，是师生之间传递信息的工具，如实物、口头语言、图表、图象以及动画等。教学媒体往往要通过一定的物质手段而实现，如书本、板书、投影仪、录像以及计算机等。随着科学技术的发展，用作教学媒体的信息技术手段多种多样。一般来说，在教学中运用信息技术以达到更好的教学效果，既要考虑教学内容的特点，又要考虑信息技术的适用性，只有把握好两者的度，才能促进两者的有效融合。

教学媒体的选择一定要帮助教师教学，促进学生学习，这是一个基本原则。由于教学媒体已渗透到教学过程中，对教学媒体的分析和选择，已成为教学设计必不可少的重要环节之一。选择与运用教学媒体要遵循以下原则。①教学媒体的选择要与教学目标和教学内容一致。②教学媒体的选择要与教学方法协调一致。③教学媒体的选择和运用还要考虑到教学对象的特征和具体情况。④教学媒体的选择应遵循共同经验原则。⑤教学媒体的选择应遵循多重刺激原则。⑥教学媒体的选择还要考虑到具体的教学条件。⑦选择和运用教学媒体时，还要注意形式上的美观性和手法上的创新。

例如，教师在讲解人教版必修内容“空间几何体的三视图和直观图”这一课时，可以利用多媒体展示空间几何体的三视图和直观图，引导学生根据课件给出的实例并通过类比的手法总结其中的规律。同时，可以组织学生探究不同的证明方法，并进行适当的比较讨论，这有助于开阔学生的视野，促使学生学会有条理地思考问题。

2.5 数学教学过程设计

数学教学过程，即数学教与学的过程，是数学知识学习、技能培养、素质优化的过程，是教师与学生这个学习共同体按照教育教学规律和心理科学原理所展开的一系列双边活动过程。[①] 数学教学过程涵盖了一堂课的教学内容和授课过程，也是教师为达到教学目标对一堂课所设计的一个计划。数学课的教学，除要使学生掌握基础知识和基本技能外，还要培养学生的数学思维和运用数学的意识，在教学设计中有计划地设计、协调好教学活动形式。[②] 因此，设计出一个好的数学教学过程是能否上好一堂课的关键所在。

2.5.1 数学教学过程的特点分析

1. 教学过程是间接经验与直接经验相结合

以书本知识为主要表现形式的间接经验是学生系统掌握人类文明

---

① 白益民，张文英 . 高成效教师的聚类研究［J］. 高等师范教育研究，2000（2）：41-45.

② 陈捷，李京梅 . 数学教学过程的设计与运作研究［J］. 中国教育技术装备，2008（19）：25，28.

成果的最基本的来源。掌握间接经验是学生各方面素质得以发展的认识前提，与个体活动紧密联系的直接经验则集中体现了学生素质发展中个性的一面。素质结构的个性特色只能在个性的活动过程中通过个人直接经验的获得与积累才得以形成。①

学生在课堂中的学习是以间接经验为主，因为学生要在限定的课堂时间内掌握一定的知识，而这些知识的内涵不可能由学生亲自探究得来，只有通过教学活动，学生才能最有效率地掌握它们。直接经验的学习也可以在一定程度上促进学生，在教育教学中，如果只注重间接经验的获得，忽视了直接经验的感知，会不利于学生身心全面发展。所以教学过程应是间接经验和直接经验相结合的过程。

2. 教学过程是掌握知识与发展智力相统一

教学过程是学生掌握知识和发展智力的过程。掌握知识与发展智力既相互关联又有区别。知识是发展智力的必要前提，智力是掌握知识的重要条件。学生的智力发展水平不同，掌握知识的效果也不同。掌握知识的过程是一种认识过程，也是一种“占有”认识成果的过程。发展智力是通过掌握知识提高认识能力的过程。把二者割裂开来既不利于知识的掌握，又不利于智力的发展。因此在教学中，既要重视知识的掌握，又要重视智力的发展，二者应协调发展。

3. 教学过程是知、情、意的统一

在教学过程中，学生不单单是通过学习知识发展智力，也是一个自身整体发展的过程，即通过教学不仅学生的认知能得到发展，而且兴趣、情感、意志等方面也能得到发展，也就是知、情、意和谐统一的发展。知、情、意是彼此相关、相互作用、相互促进的。一般来说，“知”的培养是基础；“情”起中介的作用；“意”的实现是关键和标志。因此，教学过程要做到将知、情、意三者相结合。

4. 教学过程是教师的主导作用与学生的能动性相结合

教师的主导作用和学生的主体作用是相互联系、相互统一的。教

---

① 汤忠良 . 浅谈学生在学习过程中直接经验和间接经验相结合［J］. 新课程（中），2015（5）：79.

学是教师与学生组成的双向互动活动过程。教是为了学，而且依赖于学生的学；学要靠教的指导，而且必须发挥自身的主体作用。在课堂教学中学生是学习的主体，但这个主体是在老师的主导之下存在的。教育教学过程是学生作为学习的主体，在教师指导下有目的地去获得知识和发展智力的过程。

2.5.2 数学教学过程的构成要素分析

大部分数学教学过程的构成要素和顺序如图 2–5 所示，但也不是一成不变的。不同的课要依据不同的教学内容和目标进行相应的调整，会出现以下情况。

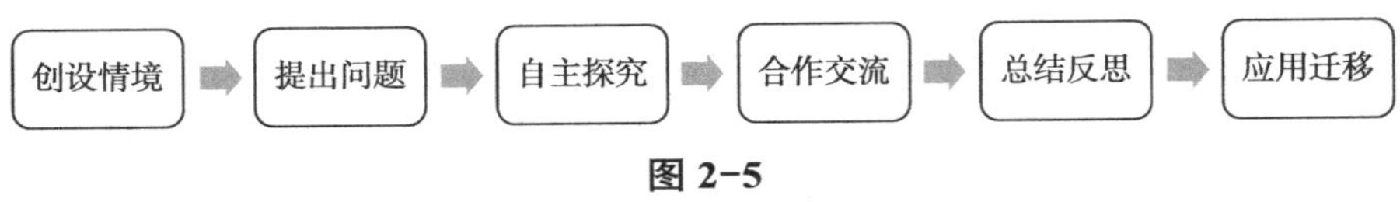

图 2–5

第一，教学过程构成要素顺序的变动。例如在“分式方程与实际问题”的教学过程中，可以先对上节课所学的“分式与方程”提出问题，起到复习知识的作用，然后再创设情境，引出本堂课的内容，也就是把创设情境和提出问题的步骤调换了。所以教学过程的顺序也不是一成不变的，根据不同课的需要可以进行适当的调换。

第二，教学过程构成要素的省略。例如在“圆的一般方程”的教学过程中，可以直接复习上节课所学的“圆的标准方程”，再提出问题，然后直接开始自主探究，这样就省略了创设情境这一步骤。因为在一些数学课中不能很好地通过创设情境来引出教学内容，所以应当舍去创设情境这一要素，直接进行复习提问。可见，根据不同的内容进行教学过程的设计时也应当视情况而定，哪些是必需的要素，哪些是不必要的要素，应当自行判断。

数学教学过程的构成要素分析如下。

1. 创设情境

良好的开端是成功的一半，一堂精彩的课堂往往需要精彩的课堂导入设计。课堂导入是教师在进入新课题时运用各种手段，引起学生注意、激发学习兴趣，产生学习动机、明确学习目标和建立知识间联系的教学行为。

所谓“导入”，包括“导”和“入”两部分，分别理解为“教师引导”和“学生进入”，即“教师引导学生进入某种数学情境”。数学情境的表现形式有很多，但这些情境通常都包含问题，都可以称之为“问题情境”。“问题情境”包含两层含义：先是有“问题”，指学生个体与已有认知产生矛盾；然后才是“情境”，即数学知识产生或应用的具体环境。问题情境是在问题解决的过程中，刺激学生的好奇心和求知欲，使学生发生认知冲突，引导他们提出疑问、猜想，并进行探索。

【问题情境案例 1】

在学习二分法时，可设计一个价格竞猜游戏：教师给一个价格范围，比如说区间（0，1000）（单位：元），然后教师要写一个价格在纸上，比如 688 元，但不能给学生看。

让学生来竞猜写在纸上的价格，教师要做的只是告诉学生所报的价格是高了还是低了，直到学生回答出正确答案为止。

【问题情境案例 2】

在讲指数函数这节课前，教师先拿出一张白纸说：“同学们，这张白纸厚度只有 0.1mm，经过 27 次对折，纸的厚度将是多少？大家猜猜看！”

学生们议论纷纷，提出各种猜测。教师略作停顿后说：“那将超过世界最高山峰珠穆朗玛峰的高度——8848.86m!”

学生们发出阵阵惊叹，教师乘势指出：“学习指数函数后，我们可以算出其厚度约为 13422m。”

2. 提出问题

《中国大百科全书 · 教育》认为提出问题是一项重要的教学手段，被运用于整个教学活动中，是联系师生活动的纽带。提出问题在教学中有助于引导学生探索知识，引发学生思考。提出问题也是教学过程中的重要组成部分，它可以让学生通过回忆或描述记忆中已有知识进行回答，起到唤醒记忆的作用，为后继学习做好知识储备。

提问的类型如图 2–6 所示。

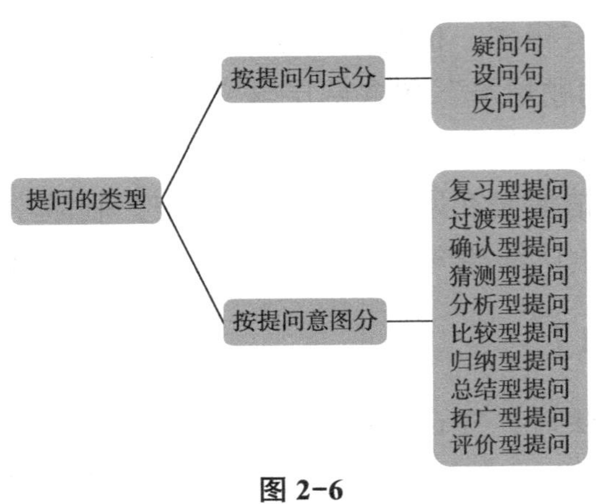

图 2–6

设计一个好的提问需要教师根据教学内容、教学目标等，选择一个合适的提问类型，做出相应的设计，对所预设的问题进行思考，探究这样的提问是否能够达到预期的效果。一个教学过程往往需要多个教学问题来配合完成，一系列有内在联系的问题可以为知识的讲解提供循序渐进的过程，也可以分解知识难点，从而降低学习难度。

提问主要有以下几种功能：①吸引学生注意力，激发学习动机；②推进教学进程，促进教学任务的完成；③促进学生思维，学会用数学的方法思考；④及时掌握学习动态，检验教学效果；⑤实现师生对话，增进情感交流。

【案例 1】　等差数列前 n 项和公式引入设问

问题 1：什么是等差数列？

问题 2：公差为 d 的等差数列 $\{a_n\}$，通项公式如何表示？

【案例 2】　棱台中截面面积公式的提问

问题 1：空间问题的探究往往可以与相应的平面问题相关联。棱台上下底平行，在平面中有哪个图形也具有这个特征？

问题 2：你能类比梯形的中位线定理，猜想棱台的中截面面积等于什么吗？

问题 3：你能证明你的猜想吗？如果不能，你能先证明一个较为简单或特殊的情形吗？

问题 4：如果是正四棱台，怎样来求它的中截面面积？

问题 5：这个结果对一般的棱台成立吗？

问题 6：你能得到一个更一般的结论吗？

3. 自主探究

自主探究是指在教学过程中，教师让学生单独或以小组形式对某一问题进行思考探究，从而使学生对于知识点形成自己的认知和看法。课堂上，学生可以进行讨论式自主探究，在研究学习小组中，把一个组的成员根据学习的能力分成多个层次，开始让同一层次的同学相互讨论，分层次探讨结束之后，再进行小组探究，小组探究实际上就是学习能力高的学生给学习能力低的学生讲解他们的思路。这样自我探究的课堂效率也会大大提高。

新课程倡导乐于探究、主动参与、勤于动手、合作交流的全新学习方式理念。因此，在教学活动中，教师应多鼓励学生独立探索新知，为学生创造独立思考、探究问题、动手操作的机会，不轻易铺垫，不轻易讲解，不轻易暗示，让学生自己去领悟、发现新知。

4. 合作交流

合作学习是要求学生在小组中一起完成学习活动，共同完成教师预先分配的学习任务。在这个过程中，教师成为学生活动的组织者、指导者和合作者。合作学习通过课堂上的充分交往，营造一种学生参与自主探究的氛围。学生能够主动思考，相互交流，一起进行讨论，把教学课堂的内容简化，使每个学生都能参与到课堂的活动中来。

5. 总结反思

一堂课内容的结束就是总结反思的开始，总结反思是不可缺少的教学过程之一，它是对课堂一个梳理，能概括出重点，能引发对这堂课的反思，也是对课堂内容的一个复习，对学生将来复习这个知识点有很大的帮助。

6. 应用迁移

应用迁移是教学过程中的升华部分，教师前面的教学只是针对书本知识，而应用迁移是在对知识点进行概括的同时，转换不同的背景和情境把知识点应用到各个领域中，加深学生对知识点的认知和理解，以培养学生的应用意识、创造能力和想象能力，让学生学的不仅仅是知识点，还有知识点引出的种种相关问题。

2.5.3　数学教学组织形式的设计

教学组织形式就是教学活动过程中教师和学生的组织方式及教学时间和空间的安排方式。也就是说教学组织形式，就是教学活动中教师与学生组合的结构形式，或者说是教师与学生的共同活动在人员、程序、时空关系上的组合形式。

1. 教学组织形式的类型

常见的数学课堂的教学组织形式有以下几种。

（1）班级授课制。班级授课制是最常见的教学组织形式。班级授课制又称课堂教学，班级授课制是把一定数量的学生按年龄特征和学习特征编成班组，使每一班组有固定的学生和课程，由教师根据固定的授课时间和授课顺序，根据教学目的和任务，对全班学生进行连续上课的教学组织形式。班级授课制能够大面积地培养人才，系统地传授知识，保证教学的正常开展和达到一定的教学质量，能够充分发挥教师的主导作用。

（2）分组教学。分组教学是教学组织形式的一个重要类型。分组教学可分为两种，一种是在学校内按学生学习成绩或智力水平分成学习年限和内容相同，或者年限不同、内容相同的几种课程；另一种是在一个班内，根据学生学习情况的变化和分化，分成内容深浅不同或进度各不相同的小组进行教学。分组教学便于因材施教，有利于人才的培养；便于学生的交流合作；有助于学生组织能力、管理能力、表达能力以及解决问题能力的培养；有利于学生在与小组成员的竞争与合作中，强化自己的学习动机。

（3）复式教学。复式教学是把两个或两个以上年级的学生编在一个班里，由一位教师分别用不同程度的教学材料，在同一节课里对不同年级的学生，采取直接教学和自动作业交替的办法进行教学的组织形式。复式教学的主要意义在于适应学生少、教师少、校舍和教学设备缺乏的条件，可以节约师资力量、教室和教学设备，在人口稀少地区经常使用，对经济和文化教育落后地区的普及教育具有重要的意义，对培养学生自学能力也有积极作用。

（4）单元教学。单元教学就是从一章或者一个单元的角度出发，根据章节或单元中不同知识点的需要，综合利用各种教学形式和教学策略，通过一个阶段的学习让学习者完成一个相对完整的知识单元的学习。

（5）导生制。导生制就是教师选择一些年纪较大、成绩较好的学生作为导生。教师先给这些导生传授知识，然后再由这些导生去教其他的学生，有了导生的帮助，教师的教学工作量大大减轻了，因而能够教育更多的学生。

（6）个别教学。个别教学与班级授课制相对，是教师分别对个别学生进行教学的组织形式。个别教学的特点是适应学生个别差异，有助于发展学生个性。个别教学要求教师从学生的个体差异出发，教学过程中要时刻关注个别学生的学习动态并做出相应的策略来应对。

2. 教学组织形式的选择

教学组织形式的选择应考虑教学任务、教学内容、教学对象等因素。

（1）根据教学任务选择。每堂课的教学任务不同也决定了教学组织形式的不同，教师必须按照任务来规划教学。例如，教学的主要任务如果是传授知识，就应该选择班级授课制的形式；如果是为了培养学生的动手技能或技巧，就应该采用小组教学或个别教学。

（2）根据教学内容选择。教学内容的不同包括不同科目的内容不同以及同一科目不同章节的内容不同。教师应根据教学内容的不同来制定最利于学生掌握知识发展能力的教学组织形式。

（3）根据教学对象选择。不同年龄段的学生身心发展也存在差异，同一年龄段的学生也存在着性格和心理方面的差异，不是每一种教学组织形式都能顾及所有学生，但也要尽量契合大部分学生，采取合适的教学组织形式。

3. 数学教学组织形式设计方法

教学组织形式在教学活动中具有多方面的能动作用，而且每一种教学组织形式都具有某些优势和不足，因此，在教学活动中注意选择教学组织形式并加以合理的运用具有十分重要的意义。由于教学组织形式本身受到多种因素的制约，并能发挥不同的功能，这样在选择教学组织形式时就必须对这些因素加以考虑。[①] 在选择完合适的教学组织形式后应当根据课堂的内容做出相应的设计来保证课堂能顺利进行，如果一堂课的组织形式合适但是教学过程设计得不合理，就会使得教学不能达到预期的效果。

2.6 本章小结

如果一名数学教师想要上好一堂精彩的课，其前提是必须深入研究教材，对所教的知识有整体的把握，明确清晰地认识到学生通过学习能够获得什么。教材是教师教什么的重要资源，也是学生学什么的重要资源，因此开展教材分析是广大中小学数学教师进行教学之前的必备工作。教学内容是教学的根本，教师要认真分析、研究所教的知识，从多个方位和角度去解读抽象的数学知识，帮助学生建立前后知

---

① 姜冬艳 . 当前高中数学教学组织形式的研究［D］. 长春：东北师范大学，2006.

识的联系，穿插数学文化教育和德育，牢牢把握教学内容的主线。

在进行教学设计的过程中，教师要考虑到学生的心理发展特点，结合学生的实际情况选择有效的教学策略，确定合适的教学目标，引导学生主动参与课堂的学习，调动学生的积极性。

实践与思考

1. 教材分析的依据有哪些？请谈谈对此的看法。

2. 教学目标的确定要重点考虑哪几方面？

3. 什么是教学的重点？什么是教学的难点？结合实际谈谈怎样确定一节课的重点和难点？

4. 数学教学过程的设计包括哪几方面？

5. 常见的数学课堂的教学组织形式有几种？

参考文献

[1] 潘超，吴立宝．教材分析的四条基本逻辑线：以人教版“单调性与最大（小）值”为例［J］．中小学教师培训，2019（3）：51-56.

[2] 丛萍．基于课程标准的教材分析与创造性使用研究：以鲁教版“五四制”初中化学教材为例［J］．现代教育，2021（12）：26-29.

[3] 张定强，熊青雪月，时艳艳．关于数学教育中德育渗透问题的若干思考［J］．中国数学教育，2021（Z2）：9-13.

[4] 王策三．认真对待“轻视知识”的教育思潮：再评由“应试教育”向素质教育转轨提法的讨论［J］．北京大学教育评论，2004（3）：5-23.

[5] 马良生．钻研教材要“浅出到点”［J］．教学与管理，2008（20）：40-41.

[6] 庞贞艾．核心素养视域下的数学教材分析方法研究［J］．齐齐哈尔师范高等专科学校学报，2020（3）：108-110.

［7］施良方. 学习论［M］. 北京：人民教育出版社，2000：22.
［8］李天飞. 数学史融入小学数学教学的实践路径［J］. 甘肃教育，2022（12）：108–110.
［9］加涅，韦杰，戈勒斯等. 教学设计原理［M］. 王小明，等译. 上海：华东师范大学出版社，2007.
［10］王爽. 加涅学习结果分类理论对语文教学的启示［J］. 文教资料，2021（21）：169–170，135.
［11］张萍，白雪峰. 布鲁姆教育目标分类理论与初中数学教学设计：以“平方差公式”一课的教学实践与反思为例［J］. 华夏教师，2020（3）：32–34.
［12］白益民，张文英. 高成效教师的聚类研究［J］. 高等师范教育研究，2000（2）：41–45.
［13］陈捷，李京梅. 数学教学过程的设计与运作研究［J］. 中国教育技术装备，2008（19）：25，28.
［14］汤忠良. 浅谈学生在学习过程中直接经验和间接经验相结合［J］. 新课程（中），2015（5）：79.
［15］姜冬艳. 当前高中数学教学组织形式的研究［D］. 长春：东北师范大学，2006.

第 3 章　数学教学设计的前期准备

教育学理论与建筑学理论相似，数学教学其实就是一项建筑工程。在进行数学教学设计这项工程之前，也需要做好前期准备工作，包括具备相应的专业意识、专业知识以及进行大量的专业阅读。数学教师做好教学设计的前期准备工作不仅有利于数学教学工作的正常进行，而且有利于学生更加深刻地理解数学知识以及它的历史背景等相关知识。

3.1　专业意识

何谓专业意识？教师作为专业型人才是具备相应的专业意识的，教师专业意识具有两大特点，分别是专业性和自发性。数学教师的专业意识是数学教师自主产生的，具有一定的主观性，因此教师发展专业意识的过程实际上是一个自我发现的过程。也就是说，教师的专业意识的发展过程并不是一个静态状态，而是一个动态过程。教师专业意识起始于教学，也就是起始于学生的学习意识，在启发的道路上行走，在乐学的过程中萌芽。数学教师要想把已经被自身内化的知识外显为学生应该掌握的知识，就应该具备一定的专业意识。第一，专业意识能帮助教师高效地传授知识。第二，专业意识可以让学生感受到教师的专业知识素养，从而深刻地体会数学知识的内涵和外延。随着新课标的发布，从教学内容以及学习方式等方面来看，新课程比旧课程展现出更大的自主性以及更广的开放性。因此教师在进行教学设计的时候应该具备一定的专业意识，包括历史意识、启发意识、超越意识、创新意识。

1. 历史意识的内涵

进行教学设计之前应当具备历史意识。数学是随着历史的发展而形成的，只有将历史与数学结合起来才能了解数学的来龙去脉。随着新课标的颁布，课程内容开始强调数学的文化价值。由于文化与历史两者密不可分，数学史方面的知识也就得到广泛关注。将数学史与数学教学设计结合起来也就是将数学史与数学教育结合起来。学习数学史对数学教育的作用主要表现在四方面。

首先，学习数学史有助于理解数学。纵观人类历史长河，数学家是在不断的思考中去发现数学中的奥秘的，一旦相应的数学研究完成了，呈现在人们面前的往往是看似冰冷的数学公式、公理和定理。由于学生并不一定会理解外表冰冷、内涵丰富的数学内容，这就需要教师为学生揭开数学的神秘面纱，让学生体会到数学知识的真正内涵。要理解数学，就要知道它的发生、变化和发展的历史全过程，只有这样才能解析出隐藏于其中的数学内涵。例如，西周时期的商高在解释勾股定理的来源时，提到“数之法出于圆方，圆出于方，方出于矩，矩出于九九八十一”。

其次，学习数学史能提高对数学的宏观认识。数学教师一方面要把课本的内容传授给学生，另一方面还要对数学历史的发展有清晰的认识，这样才能将数学史与数学教学相结合并应用于教学当中。在漫长的数学历史中，数学家们发现美妙的数学公式、公理、定理的过程是曲折而又生动形象的，学生通过学习这些过程可以增强发明发现的技巧，从而增强创造性。例如，公元 263 年，刘徽在我国的数学类文献《九章算术注》中提出了著名的“割圆”思想，解决了计算圆周长的难题。

再次，学习数学史能够为数学教学设计提供一定的指导。现代人通过学习数学史可以体会古人的思维方法，并通过与自身的思维方法相比较发现两者共通的规律以及不同的特点。这对数学教学设计能起到一定的帮助作用。例如，商高对矩形加以折叠，称为折矩，即把矩形沿对角线分割，也就给出了勾股定理的一个巧妙而简洁的证明。

最后，数学史能够凸显数学的文化价值。数学课本里任何一个公理或者一个定理的背后其实隐藏着一种思想、一位人物、一种创造精神。例如，费马大定理被提出后，经历多人猜想辩证，历经 300 多年的历史才得以证明。这些绚丽多彩的历史故事，永远是激励后人进行数学创新的动力。

2. 启发意识的内涵

启发意识指的是在教学过程中要充分尊重学生的主体性，并且想方设法调动学生学习的主动性，在学生主动学习的前提下给予一定的指导，启发学生独立思考、积极主动地学习。此外，在教学中适当地引出相关问题时，教师要预留给学生充分的思考问题的时间，通过学生与学生之间的交流以及学生与教师之间的交流，让学生把自己思考问题的过程完整地展现出来，方能迸发出思维的火花。传统的教育往往是以教师为中心，课堂教学的形式以灌输式教学为主，学生往往作为“机器”去被动地接受知识而非主动学习。这种教学方式极大地忽视了学生的主观能动性，在课堂上，通常给学生展现的是问题的最终结果，但对学生而言，这种方法是怎么想到的？为什么会这样想？往往是感到困惑不解的。教师如果能够将更多的时间用在启发和引导学生上，那么学生也能够体会到几百年前甚至几千年前的数学大家的心路历程，这不仅会改变学生对于传统数学的古板印象，还能够激发学生学习数学的兴趣，培养学生的独立思维，增强学生的创造力。

3. 超越意识的内涵

超越意识是指教师在进行数学教学设计的时候，不仅要让学生了解到最基础的数学知识，而且要让学生超越简单而基础的知识攻克与之相关的其他知识以及实际问题。超越意识往往体现在变式教学中。数学的变式教学就是超越以往刻板的教学方式，对所要学习的数学知识的内涵以及相应的数学问题进行多角度的变更，但是这种变更并不会改变数学内容的本质特征，只会改变数学内容的非本质特征。变式教学有利于打破学生的思维定式，拓宽学生思维的宽度与深度，帮助学生在解决问题时能够做到举一反三。

4. 创新意识的内涵

进入 21 世纪之后，培养创新精神并且加强实践能力，成为教育改革的重中之重。教育部印发的《义务教育课程方案和课程标准（2022 年版）》的修订原则之一就是坚持创新导向。新课标指出我国课程建设既要注重继承以往的成功经验，同时也要与国际社会的先进教育理念接轨。坚持课程内容与时俱进，时刻关注经济社会发展新变化以及科学技术进步新成果，将创新意识融入课程内容，做到及时更新。

3.2 专业知识

1. 数学专业知识的含义

专业知识是指专业人士在自己所处的专业领域内进行探索，从而获得的知识成果。知识主要是由人们在实践和教育中所获得的，专业知识亦如此。知识具有实用性，专业知识则更是具体针对某一特定方向而发生作用。

数学专业知识是特指与数学学科有关的知识。在本书当中，主要探讨的是数学教师所需要的数学专业知识。从这一界定而言，数学教师专业知识主要由两部分组成。一是“教什么”，即数学学科专业知识。这里的数学学科专业知识主要指的是由国家制定的中小学数学课程标准中所规定的数学相关知识。二是“如何教”，即教育教学知识。这里的教育教学知识主要是应用于我国中小学的师生之间，由教师向学生传授知识与技能的过程和方法所要用到的教育教学知识。

数学教师专业知识是数学教师从事教学活动必不可少的教育教学资源，并且，数学教师对数学专业知识掌握的丰富程度会在很大程度上影响数学教学工作的开展，影响学生对数学知识的吸收。

2. 数学专业知识的作用

不同主体学习数学专业知识有不同的目的。因此，对于不同主体而言，数学专业知识发挥的作用也是不同的。例如，对于教师而言，精细地学习数学专业知识是为了提高自身的专业素质，以便更好地实施教学。而对于学生这一主体，学习数学专业知识则有更为特殊的、更具针对性的作用。

第一，学习数学专业知识能在学生的生活和学习中发挥实用性作用。数学专业知识在日常生活中有用，在今后就业时也有用；在学生求学阶段有用，在从事科研技术活动时也有用。还有，数学专业知识经过一定的转化，还会在经济收益方面有一定的体现，等等。

第二，学习数学专业知识对学生的思维也有较好的训练作用。学习数学专业知识可以促进学生思维品质的提升，培养学生良好的思维习惯；同时，还有助于培养学生形成科学而正确的思想方法以及正确健康的人生观和世界观。

3. 数学专业知识的习得

数学专业知识的习得途径有很多，但若是学习数学专业知识的主体不同，途径也会有很大的区别。在这里，我们主要探讨数学教师和中小学学生这两种主体对数学专业知识习得的各种途径。

对于中小学学生而言，习得数学专业知识的主要途径就是来自课堂上数学教师的悉心传授。除此之外，积极好学的学生在课下也会主动利用网络资源获取数学相关的专业知识。

对于数学教师来说，习得数学专业知识的途径则更加丰富。教师这一主体有特殊性，教师本身也是由学生这一角色转变而来的。当教师还处于自己的学生时代时，他习得数学专业知识的途径和学生是一样的。而他由学生转变为教师后，习得数学专业知识的途径则会发生变化。数学教师需要在本科乃至研究生阶段系统学习大学数学专业基础课程，包括数学分析、高等代数、解析几何、概率论等与中学数学联系紧密的课程，并站在更高的视角去理解中学数学。不仅如此，数学教师还需要广读数学专业知识相关的课外书籍，了解数学的思想、精神、语言、方法、观点及其形成和发展，数学在科技进步和社会发展中的贡献，以及与数学相关的人文活动等数学文化知识。此外，数学教师也需要研读有价值的论文、最新期刊等，以了解数学学科发展的最新动态。

3.3 专业阅读

数学教育是与时俱进的，在时代发展过程中，数学教育观也在悄然变化，教师的教育观念也需随之进步。所以，通过专业性阅读来掌握新时代数学教师的技能很有必要。俗话说，术业有专攻，专业阅读是数学教师增强自身专业性的重要途径之一。依据内化理论，数学教育者可通过专业阅读，将外显的数学教育理论知识转化为自身的教学技能。专业的数学教师不但要清楚阅读范围，而且要掌握一定的阅读方法。

数学教育的专业阅读分为四大部分，分别为补偿性阅读、拓展性阅读、前沿性阅读和经典性阅读。

1. 补偿性阅读

1）教育学补偿性阅读

一名合格的数学教育者既是数学领域的行家，具备扎实的专业知识，又是教育学领域的佼佼者，掌握相应的知识。因此，教育学必然是数学教育者专业阅读的内容之一。教育学是一门以教育活动为研究对象的学科，其核心在于引导、培育和规范人的发展，旨在解决培养什么人以及怎样有效培养人的问题。教育学是个宽泛的概念，主要阐述教育与人的发展、教育与社会的发展之间的关系。数学教育也是如此，对个人和社会都有推动作用。其中，教育学里有关教学方面的论述对数学教育工作者开展数学教育大有裨益。

许多教育学著作对教学的概念、意义和任务都有详细论述。简单来讲，教学是学生在教师引导下能动地学习知识以促进自身发展的活动过程。这给数学教育工作者的启示是：数学教师要积极引导学生学习知识，发挥学生主观能动性，助力学生发展自身长处。

教育学指出教学有三大任务：①在知识方面，教师要将人类历史积累的科学文化知识精华传授给学生；②在能力方面，教学要合理发挥教师的引导作用，培养学生德智体美劳全面发展；③在精神方面，教学承担着培养学生正确思想导向、新时代价值观以及健康情感和态度的任务。这启发数学教育者不能只关注学生对数学知识的掌握，还要关注学生的品德、创造力和价值观。

教育学中论述的教学原则部分占有大量篇幅，包括科学性与思想性统一原则、理论联系实际原则、直观性原则、启发性原则、循序渐进原则、巩固性原则、发展性原则、因材施教原则。数学教师在进行数学教学设计的时候，应当尤为注意循序渐进原则，也就是遵循由易到难、由简到繁的原则，不要急于求成。

2）心理学补偿性阅读

数学教育的对象是有心理规律的个体，通过学习掌握这种心理规律有助于提升教学效果，所以数学教师需要进行心理学补偿性阅读，学习心理学，尤其是教育心理学知识。教育心理学研究教育教学情境中人类心理活动的特征、机制、规律和促进策略。数学教师要明白学生的心理发展包括认知发展和人格发展，这两者都是教育任务。

皮亚杰的认知发展阶段理论和维果茨基的文化历史发展理论是认知发展理论的代表。数学教育工作者不仅要熟知认知发展理论，还要将其与教学实践结合。每个学生的已有知识经验和现有的认知发展水平都是不同的，教师要深入了解每个学生的以往知识经验和现有的认知发展水平，这样才能保证所传授的知识与经验和每个学生头脑中的认知发展结构与水平相匹配。

3）教育科学研究补偿性阅读

科学性问题是教育学学科发展的基本问题，这就需要明确教育学属于何种科学。后现代思潮下，教育理性遭质疑，教育研究“问题取向”取代“主义取向”，教育学中存在“去科学”等现象。教育学根本任务是透过现象发现规律，传统话语分析有局限，马克思主义实践哲学为其提供了认识论原则。科学教育学是人与语境、实践互动的产物，有自身的科学性逻辑。为更好发挥理论指导作用、解决育人问题，教育学需提升科学性，我们要让教育学话语主体有更开放的教育理性、呈现形式更具逻辑、学科内容更富真理，提升其对实践的解释和指导力。建设科学教育学是当代教育学者的重要使命，任重道远，随着科学性提升，教育学将成为未来社会的核心学科。

数学教育科学研究不能仅仅止步于创新精神、合作学习、小组学习、互动、开放性等比较虚的课题，还应当关注近几年的研究热点，包括单元教学、主题教学、整体教学、核心素养、深度学习、数学建模、数学阅读、项目化学习等。“课程教材比较研究”“数学学科德育”“数学教育史”“数学教育理论的演变与传承”“数学核心素养的研究进展”等数学教育科学研究课题都应该成为广大数学教师关注的重点，这些课题都会为数学教学设计提供一定的指导。

4）教学艺术补偿性阅读

数学课要培养学生的思维、创新、运算、分析等能力。数学如富丽堂皇的大厦，教师要引导学生顺利进入并饶有兴趣地欣赏其美，还需在教学实践中创新方法、研究教学艺术，提升学生学习兴趣，加强学生能力培养。

数学教师若想深入了解不同地区、学校和老师的教学艺术，高效途径之一是登录期刊、论文网站广泛阅读。

如内蒙古阿荣旗音河中学赵明老师对中学数学教学艺术做了以下阐述。数学教学艺术需从分层教学说起，倡导“分层推进”。学生在学习习惯、基础知识、智力水平方面差异很大，这给实际教学带来挑战。如何在统一课堂面对不同层次学生是教学的一大难题。因此，我们要正视学生个体差异，依据个体差异实施分层递进教学。如此既能激发学生学习积极性，又能针对不同特点提出不同要求，让每个学生在原有基础上获得最大发展。

2. 拓展性阅读

数学是一门历史悠久的重要学科，抽象性和逻辑性强，它与科技的内在联系决定了每位居民都需具备基本的数学素养。所以，数学教育至关重要，一是数学适用性广泛，二是数学学习利于培养理性思维、优化思考方式。比如《科学新探索：数学与科技》一书，生动展现了数学与科技的重要性，还引入了一些鲜活的数学教育方法和案例。

数学对科技的发展有着重大意义，在科技进步和经济发展中都扮演着重要角色。数学的目标是解决问题，它提供了对现实的描述，而科技是我们改造现实的手段。广大数学教育工作者应该通过广泛阅读了解现代科技文化与数学的关系，合理将现代科技与数学教学设计联系起来，一来可以向学生展示数学存在于社会生活中，二来可以激发学生对数学的浓厚兴趣。

3. 前沿性阅读

数学学科的前沿性多在与其他学科交叉中展现，其与诸多学科存在交叉情况，如地球科学、物理学、生物学、化学等。如数学地球科学是自然科学和地球科学的交叉学科，然而长期以来因缺乏统一学科定义，学界对它的理解常出现偏差，甚至不将其视作独立学科，这在一定程度上阻碍了该学科发展。数学地球科学在大地测量和地球物理学、板块构造理论、地球化学、沉积学、地理信息系统、矿产资源和能源预测等领域都有着重要贡献。

比较前沿的数学教育研究也是数学教师的重点阅读内容。单元教学、大概念教学、深度学习，以及教学关键能力、数学阅读等是近几年的数学教育研究热点。“双减”、作业设计是 2021 年“双减”政策推出后形成的新热点，新课标强调的“三会”“四基”“四能”“量感”“情境”“跨学科课程”“学业质量”“数学写作”“交流表达”等课题也是比较前沿的。还有一些相对宏观并且鲜有人知的教育研究课题，如“课程教材比较研究”“数学学科德育”“数学教育史”“数学教育理论的演变与传承”“数学教育改革经验”“数学教育哲学”“数学教育流派”等都是数学教师应该广泛阅读的内容，以便用于特定的课题教学，丰富数学教学设计的内涵。

4. 经典性阅读

经典性阅读这里主要是指阅读经典数学著作。经典数学著作通常涵盖广泛的数学领域和历史背景，阅读这些书籍可以帮助教师更好地理解数学的本质和历史发展，从而拓宽教师的知识面。阅读经典数学著作还可以激发教师的教学灵感，帮助他们不断创新教学方法，将复杂的数学概念与实际生活联系起来，使课堂更加生动有趣。此外，阅读经典数学著作还能提升个人文化素养和思维能力，对教师的个人成长产生积极影响。

3.4 本章小结

专业意识是一名专业的数学教师在进行教学设计之前理应具备的。数学教师一旦具备了专业意识，就能在专业意识的指导下进行专业的教学设计。一名专业的数学教师应当具备四种主要的专业意识——历史意识、启发意识、超越意识、创新意识。在这四种专业意识的驱动下，数学教师能够让课堂变得丰富多彩，让学生深刻地体会到数学的魅力。

此外，合格的数学教师必须具备一定的专业知识储备。数学教师要根据数学学科的专业知识解决“教什么”“如何教”的问题，充分发挥数学专业知识给学生带来的作用，包括思维训练功能、实用性功能等。

数学教师要想设计出丰富优美、符合要求的教案，离不开补偿性阅读、拓展性阅读、前沿性阅读以及经典性阅读。其中，补偿性阅读可以为教师弥补教育学、心理学等方面的知识欠缺；拓展性阅读可以帮助教师拓宽数学眼界，丰富数学教学设计的内涵；前沿性阅读让教师了解数学与其他学科的交叉与应用，提高数学的实用性功能；经典性阅读有利于教师重新审视数学学科的价值以及数学学科的教育灵魂，从而设计出更加符合新课程标准的教案。

提前具备专业意识、丰富自身专业知识、充分进行专业阅读，是一名数学教师进行教学设计的前提，是所有数学教师走好教育之路的第一步。

实践与思考

1. 尝试进行大量的专业阅读之后，将其与专业知识联系起来，进行相应的数学教学设计。

2. 利用数学历史意识以及科技文化素养，结合相应的专业知识进行具体的教学设计。

3. 如何把握专业阅读的度？

4. 专业意识和专业阅读都能与专业知识结合并且运用于教学设计，两者有何区别？

参考文献

[1] 余闻婧. 教师的专业意识及其产生机制 [J]. 当代教育科学，2015（3）：7–8.

[2] 余超. 基于“教会学生思考”的高中数学教学设计研究 [D]. 南昌：江西师范大学，2021.

[3] 吴琼. 高中数学教师专业知识与教学能力关系的研究 [D]. 吉林：东北师范大学. 2013.

[4] 张奠宙，宋乃庆. 数学教育概论 [M]. 北京：高等教育出版社，2011：80.

[5] 卢永翠，朱丽梅. 高中数学教师的专业知识结构——基于教师职前培养的视角 [J]. 教师教育学报，2021，8（6）：107–114.

[6] 范燕莹. 教师阅读，是一种专业阅读［N］. 中国新闻出版广电报，2022-8-12（5）.

[7] 时益之. 论教育学的科学性［D］. 吉林：东北师范大学，2021.

[8] 陈力. 新课程背景下数学教师专业发展应增强三种意识［J］. 教师专业发展论坛，2007（1）：1-8.

[9] 赵明. 探索初中数学教学艺术，提高数学教学效率［J］. 教学交流，2018（31）：237-238.

[10] 曹丽霞. 从数学在科技创新中的作用谈数学教育的重要性［J］. 轻合金加工技术，2021（4）：1-2.

[11] 成秋明. 什么时数学地球科学及其前沿领域?［J］. 地学前沿，2021（3）：8-9.

[12] 夏志乐，虞梦巧，周淑娴，李韶伟. 数学建模课程体系优化与实践探索［J］. 台州学院学报，2022（3）：88-90.

[13] 刘祖希，宋书华. 管窥数学教育研究热点与趋势［J］. 教育研究与评论，2022（1）：73-76.

[14] 米卡埃尔·洛奈. 万物皆数［M］. 孙佳雯. 北京：北京联合出版公司，2018.

[15] 乔治·波利亚. 怎样解题［M］涂泓，冯承天. 上海：上海科技教育出版社，2011.

[16] 义务教育数学课程标准修订组. 聚焦核心素养 指向学生发展：义务教育数学课程标准（2022 年版）解读［J］. 基础教育课程，2022，5(下)：12-18.

第 4 章　数学概念的教学设计及案例分析

4.1　数学概念的含义

数学概念是数学大厦的地基，学习数学首先要学习数学概念。概念是指反映对象本质属性的思维形式。数学概念则是反映客观事物在数量关系和空间形式方面本质属性的思维形式，简言之，数学概念的本质是指一类数学对象所固有、共同的根本属性，是指一个特定的数学对象在一定的范围内保持不变的性质，而可变的性质则是非本质属性。

4.1.1　数学概念产生的途径

要明了数学概念的内涵，就需要思考数学概念的来源，了解数学概念是如何产生的。教师只有弄清楚数学概念产生的途径，才能更好地引导学生理解和掌握数学概念。数学概念产生的途径主要有以下三种。

1. 直接从客观事物的空间形式或数量关系反映得到

这是数学概念产生的直接途径，也是最直观的产生形式。此条途径说明，数学概念是人们通过实践从数学所研究的事物对象的许多属性中抽象出其固有的、不变的根本属性概括而成的，即数学概念划出一类数学对象的根本属性。

2. 在已有数学概念的基础上经过多层次的抽象概括而形成

新的数学概念不再需要从实践中获得，而是在已有数学概念的基础上归纳而来。教师可以针对已有数学概念，将学生思维的最近发展区作为知识的增长点进行再次拓展。例如，学生在学习了平行四边形这一概念后，在平行四边形这一概念的基础上通过多次观察、推理、概括能够抽象出新的数学概念，也就是后期所学的矩形、正方形、菱形的概念。

3. 根据理论上有存在的可能而提出来

这是在感性认识或是理性认识基础上产生的，例如自然数集、无穷小、圆周率等概念。

4.1.2 数学概念的结构

1. 数学概念的内涵

数学概念的内涵是指概念质的方面，反映对象的本质属性。所谓本质属性，是指一种事物所独有而其他事物所不具有的属性。其中，属性又是指客观事物都有各自的许多性质。比如，平行四边形的内涵主要包括：平行图形、四条边、四个角、对边平行、对边相等、对角相等。

2. 数学概念的外延

数学概念的外延是指概念量的方面，反映概念的适用范围。具体而言，数学概念的外延是人们通过它所反映的属性去指称具有该属性的数学对象。例如，圆、椭圆、双曲线、抛物线这些数学概念统称为圆锥曲线。

3. 数学概念的内涵与外延的关系

数学概念的内涵与外延既相互联系又相互制约。数学概念的内涵与外延具有反变关系，当概念的内涵扩大时，则概念的外延就缩小；当概念的内涵缩小时，则概念的外延就扩大。例如，在四边形的内涵中，增加“两组对边平行”这个性质，就可以获得平行四边形的概念；而相对于平行四边形的外延，四边形的外延就缩小了。

4.1.3 中学数学概念

1. 中学数学概念的含义

中学数学概念包括中学数学教科书中出现的名词和术语，它们是反映现实世界空间形式和数量关系本质属性的思维形式，是对客观事物的“数与形”的科学抽象。

2. 中学数学概念的分类

中学数学概念可分为两类：一类是通过加以定义的明确其本质属性的，例如函数、等差数列、等比数列等。另一类是仅通过大量实例给出解释而未予定义的，例如点、直线、平面、集合等。不加定义的概念称为原始概念，是人们在长期的实践活动中，对一类事物的概括、抽象的结果，被视作是已经定义的概念。

3. 中学数学概念的定义方法

1）描述式定义法

描述式定义法是指概念的定义只是一种描述。描述性定义往往存在于现实生活情境中，通过数或形的例子进行描述，形式易被观察所得，教材中常以“像……这样……是……”的形式呈现，教学的要求往往在了解或是理解这一层次，学生相对容易接受。例如，点的定义是指没有长、宽、厚而只有位置的几何图形，两条线相交或线段的两端。

2）“属种差”定义法

“属 + 种差”定义法也称真实定义法、实质定义法。所谓“属”是指所有元素所具有的共同特征。使用这种方法给概念下定义时，首先需要寻找被定义概念的邻近的属；然后把被定义概念所反映的这一种对象同该属中的其他种进行比较；最后找出被定义概念所反映的这一种对象与其他种之间的差别，这个差别叫作种差。

“属 + 种差”定义可用下列公式表示：被定义概念 = 种差 + 邻近的属。由于种差可以是不同方面的，因而对于某一概念用“属 + 种差”的方法作出的定义也可以是多种多样的。例如，矩形概念是：有一个角是直角的平行四边形是矩形。在此概念中，“平行四边形”是此概念的属概念，“有一个角是直角”是此概念的种差。

3）发生式定义法

发生式定义法是以被定义概念所反映的对象产生或形成的本质属性作为种差来下定义的方式，是“属 + 种差”定义法的一种特殊形式。

被定义概念具有它的属概念，定义中的种差是描述概念的发生过程或形成的特征，发生式定义通常是在属概念的基础上继续发展形成的。例如，圆的定义是指平面上到一个定点的距离等于常数的点的轨迹。

4）外延定义法

外延定义法是将概念的外延进行归纳从而得到新概念的方法。例如，将圆、椭圆、双曲线、抛物线统称为圆锥曲线。

5）约定式定义法

揭示外延的定义方法还有一种特殊形式，即外延的揭示采用约定的方法。例如，自然对数的底 e、频数、单位向量、圆周率等。

6）关系式定义法

关系式定义法是以被定义概念所反映的对象与另一对象之间的关系或它与另一对象对第三者的关系作为种差的一种定义方式。关系式定义法也是“属 + 种差”定义法的一种特殊形式，被定义概念具有它的属概念，定义中的种差是描述被定义项与其他对象之间的关系，关系式定义通常是在属概念的基础上种差变化后产生的。例如，偶数的概念是指能够被 2 整除的整数。

4.2　数学概念的特点

1. 数学概念的抽象化

大部分数学概念都是脱离客观事物本身而抽象出其内在的、本质的属性。甚至有的数学概念是在已有的数学概念的基础上，经过多层次抽象后归纳概括形成的。这种抽象可以脱离现实世界中的具体型，形成自身层次性的体系。数学概念的抽象性，在不同的教育阶段都有所体现。例如，中学阶段所学习的向量、代数式等；高中阶段所学习的三维空间中的正方体、长方体等。

2. 数学概念的形式化

数学概念的形式化是运用特定的数学符号对其进行表达。特定的数学符号反映了数学概念的本质属性，使数学概念的表现形式简洁、精确、清晰、便于记忆，同时促进数学概念在符号体系中得到抽象和发展。

3. 数学概念的逻辑化

在一个特定的数学体系中，不可能孤立地存在某些数学概念，它们之间通常存在着某种特定的联系。新学的数学概念与旧知之间存在着必然的联系，掌握概念的内涵与外延，理清概念间的联系，才能构建概念知识体系。

4. 数学概念的简洁化

数学概念虽具有高度的抽象性，但数学概念具有形式化的特点，这样就使复杂、冗长的数学概念得以简洁地表示出来，使学生在能够快速记忆概念的同时，也能更加快速地掌握数学概念。例如，初、高中学生在练习运用数学概念解答证明题的过程中，就能明显感受到数学概念的简洁化，既能缩短解题时间又方便记忆。

4.3　数学概念的教学策略

4.3.1　数学概念的教学策略

1. 提供实例化解概念的抽象

在进行数学概念课教学时，在概念的建立与表示等环节，应提供丰富的案例进行多元表示，建立多元联系。概念教学课的重点就是需要给学生留足抽象概括的时间，给学生提供归纳的机会。中学数学概念具有一定的抽象性，中学生虽然具有较好的抽象思维能力，但是大部分抽象概念仍需要借助大量的实际案例进行理解。数学教师可列举生活中的案例，让数学教学与现实生活相结合，促使学生更好地理解数学概念，从而达到较好的教学效果。例如，学习等差数列的概念时，教师可以列举生活案例中大量等差数列，引导学生通过观察、思考、归纳、推理从而得到一般的等差数列的概念。

2. 强调数学本质淡化形式定义

形式化是数学的基本特征之一。在数学教学中，学习形式化的表达是一项基本要求，但是不能只限于形式化的表达，要强调对数学本质的认识，否则会将生动活泼的数学思维活动淹没在形式化的汪洋大海里。淡化数学概念的形式化，钻研数学概念的本质，这也就要求教师自身对数学课程中的数学概念较为熟悉，并具有带领学生开展数学概念整合的能力，为学生开展数学概念深度学习奠定良好的基础。比如，概率的概念为：在大量重复试验中，如果事件 A 发生的频率会稳定在某个常数 P 附近，那么事件 A 发生的概率为 $P(A)=P$。在进行概率概念的教学时，教师不可简单叙述概率的概念，而是需要通过操作一定量的实验实践活动，让学生真正感受到概率的本质，深刻理解概率结果的随机性和频率的稳定性。

3. 概念探究策略

概念的学习教师要注重学生的主体地位，教师应该停止对学生灌输数学概念的行为，要主动将探索的权利交还给学生，让学生在自主探究的过程中对数学概念有自身的理解与认识。概念的探究主要有以下三个方法。

1）观察与归纳

数学概念具有抽象性和形式化的特点，教师在教学时要注意去形式化，并让学生能够深刻感受数学概念的本质。教师可以让学生通过观察具体模型，进而引导学生根据所观察的模型进行归纳，进而掌握抽象概念的性质特点。例如，学习一次函数的概念时，教师可以通过一定数量的例题获得具体的y与x的关系式，获得具体模型后，教师需要引导学生归纳关系式共有的特征，进而得到一次函数的概念。

2）类比与迁移

有些数学概念之间存在着一定的联系，教师应从这些概念的逻辑关系和区别中，引导学生理解相关的数学概念，从而在学生头脑中形成一个比较完整准确的概念体系。中学生学习的数学概念实际上都是从已学的基础知识上所产生发展而来，所以教师可通过类比与迁移的方法实施教学，达到对新知识进行探究的目的，从中获得抽象的数学概念，从而培养学生的抽象、类比、迁移能力。例如，讲授矩形概念时，教师就可类比平行四边形的概念，在学生已学的平行四边形概念的基础上加上种差抽象出矩形的概念。当学生学习完这一章节时，教师要引导学生对平行四边形、矩形、正方形、菱形概念进行类比，并对相关概念的知识进行迁移，帮助学生形成系统性的知识体系，厘清各个概念之间的关系与区别。

3）实验与探究

“数学实验”就是利用计算机软件或学生自己动手制作模型等对数学现象或命题进行检验的过程，是让学生通过自己的动手操作，进行探究、发现、思考、分析、归纳等思维活动，最后获得概念并理解或解决问题的一种实践过程。以指数函数为例，学习指数函数的概念时，教师可让学生通过折纸活动，探究折纸次数与纸张折叠后层数的关系来探索指数函数的形式，从而学习指数函数的概念。通过操作实践活动，帮助学生获得对概念的感性认识，使得抽象的数学概念直观化、形象化，从而深化学生对数学概念的理解。在实践活动中，学生通过操作，不仅训练了动手操作技能，更培养了概括归纳能力，积累了抽象活动的经验，从而获得了综合能力的提高。

4. 概念深化策略

概念的理解和掌握只是概念学习的初始目的，概念的深化是学生进一步运用概念解决数学问题的基础，也是学生将数学新概念有效建构到数学认知体系的基础，更是学生进一步提升数学抽象核心素养的关键。帮助学生深入学习数学概念有以下两种方法。

1）变式教学法

变式教学法就是充分利用非标准变式，通过变换概念的非本质属性，突出其本质属性。所谓变式，是指为凸显研究对象的本质特征，通过一定的方法对其非本质特征进行变更得到的研究对象的一种表现形式。通过变式进行技能和思维的训练就叫作变式训练。教师通过变式训练，引导学生发现、分辨、归纳并深刻理解概念的本质，从而抓住概念的本质属性。通过变式教学，一方面帮助学生从不同的角度认识概念，把握概念的内涵，深刻理解概念的本质；另一方面帮助学生积累解决问题的经验，积累应对不同问题的经验，发展学生的核心素养。

2）纠错法

在概念教学中，学生运用概念出现错误是不可避免的现象。面对学生的错误，教师一定要平和、理智地对待，并充分利用教学资源。采用合适的方式加以解决。这不仅能帮助学生解决对应的错误，更能帮助学生深化对概念的理解，抓住概念的本质。

5. 先行组织者策略

先行组织者是先于具体内容而向学生呈现一种引导性材料，它比新知识本身具有更高的抽象概括水平，能清晰地说明原有知识与新知识的关系，为新知识的学习提供框架。先行组织者在概念教学课程中起着承上启下的作用，教师可以利用此策略帮助学生厘清新旧知识之间的联系与区别。当学生对新学的概念有一定理解但又不深刻时，教师就可在学生原有认知基础上构建新的知识体系，将新学的概念与旧知识进行联系，从而让学生有兴趣地学习并掌握新的概念。

4.3.2　数学概念教学的主要问题

数学概念教学的主要问题体现在以下三方面。

（1）忽视多种学习方式的有机组合，重结论，轻过程；重讲授，轻探索。在概念的课堂教学中，教师的教学方式单一，大多都是以教师为主导，进行知识的传授，学生未参与到概念的形成的探索过程中。这也就导致学生无法深刻理解概念的本质。教师也仅仅重视学生练习是否做对，而忽略学生学习的过程。这就使得学生对于概念的运用大多仅局限于练习运用。这种单一的学习方式，不仅容易使学生失去学习兴趣，而且不利于学生深入理解概念。

（2）轻视概念的形成，直接讲授概念的定义。现实教学过程中，教师忽略学生的主体性，未能真正地将课堂交还给学生，让学生成为课堂的主人。而是教师一味地追求教学进度，简化教学程序，对于概念的形成过程往往只是一语带过，而未让学生真正感受概念的形成过程。

（3）为考而教，把概念简单地看成考试的一个知识点，忽视学生对概念本质的理解，忽视概念教学的人文价值。在中高考压力下，教师不重视概念的教学，仅仅将概念看成一个简单的知识点，不考虑学生的接受能力，只是进行一味地灌输，最终会导致学生对于所学的概念只是一知半解，学生也就难以掌握概念的本质。

4.3.3　课程标准对概念教学的要求

了解概念的产生背景与应用，课程内容的选择要贴近学生的实际。概念不会无故出现，都是在一定的现实背景或是数学知识背景中产生的。将概念的产生背景作为学生学习概念的基础知识，在学生已有的认知结构中进行构建，使学生更容易理解概念。建构主义认为学生在进行知识学习前就具有一定的经验以及基础知识，这些基础经验与知识应该是教师教学一大资源，教师要学会利用资源贴近学生的实际，让学生切身感受概念的内涵。

注重概念的形成过程，在运用中逐步理解概念的本质。概念的形成是概念教学中的重要步骤，也是学生能够理解概念内涵的重要步骤。对于具有一定抽象性的概念，教师需要精心做好教学设计，创设与概念形成相适应的教学活动，让学生在教学活动中实实在在感受概念形成的过程，思考、感悟教学活动中的数学方法与思想，积累抽象活动的经验，从而抽象出概念的本质，进而理解概念的本质。

明确概念的内涵与外延。内涵与外延构成了概念，掌握概念的内涵与外延，才能构建起概念体系，真正做到理解概念，为后期进行概念的运用做铺垫。

体会数学概念产生过程中蕴含的基本数学思想和方法。不论是概念教学还是其他数学课堂教学，教师都要注重向学生传授教学过程中所产生的基本数学思想与方法。学习基本的数学思想和方法，可以为学生后期学习知识提供一定的指导。学生学习新知识时，就可以从已有的经验出发，更易解决新问题。

培养学生的思维能力。在概念教学过程中，教师往往会提供丰富的感性材料，让学生进行观察、发现、思考，教师通过引导学生对材料进行分析、比较、综合，最后引导学生概括出概念的本质属性。在这一系列的活动中，学生经历了观察、分析、比较、综合、归纳、概括、表述等思维活动。学生在经历不断的训练之后，就能有效地发展自身的数学思维能力。

注重多样化学习方式，体现数学的人文价值。概念课的学习，对于学生而言太过于抽象，若仅仅进行单一方式的学习，学生无法理解其实质。教师需要结合班级学生的情况，合理地设计多样化的学习方式，让学生在概念的学习中真实感受、充分理解。

4.3.4 数学概念教学的注意事项

1. 讲清概念的定义

讲清概念的定义是数学概念教学的基础要求，学生在掌握定义的基础上才可对概念进行一定的运用与迁移。若概念定义中包含晦涩难懂的字词，教师应将这些字词换成学生易理解或生活中常见的字词帮助学生理解。

2. 讲清概念的内涵

内涵是数学概念的本质，学生只有掌握了数学概念的内涵，才能进一步探讨数学概念的外延，才能进一步区分易混淆的相关概念，建立起一定的概念体系。

3. 将概念进行分类

概念的分类是在掌握概念的内涵与外延的基础上展开的，概念的分类，有助于学生在面对不同题型以及“一题多变”题目时，能够快速做出判断，从已有的概念体系中抽出所需的概念，从而提高做题的效率与准确率。

4. 讲清有关概念间的逻辑联系

一定概念之间存在一定的逻辑联系，掌握概念间的逻辑联系，有助于学生学习新的概念，有助于学生在处理相似题目时做出准确的判断。

4.3.5　数学概念教学原则

1. 形象化原则

概念是抽象的，教学时需要化抽象为具体。尽管概念往往来自生活，但经过一定的归纳概括，概念的抽象性使得学生难以理解其本质。这也就要求教师要将抽象的概念教学联系学生的实际生活以寻找概念产生的背景，促进学生对于概念的理解，促使学生将所学的概念运用到生活中去，进而更深入理解概念的本质。

2. 严谨性原则

概念是严谨的，这就要求学生要规范描述、严谨表达。概念来源于生活，经过多层次的抽象概括而得到。因此，我们所学的概念已经是最简洁的表达形式，概念内所包含的每个字符都有其存在的意义，删除任一字符都是不可取的。教师教学时应该对概念进行规范表达，重视概念的严谨性和表达的科学性。

4.4　数学概念的教学设计流程

4.4.1　数学概念的教学设计流程

1. 从何

进行概念课堂教学前，教师需要明晰知识是从何而来，换句话说，就是概念产生的背景和途径。只有理清概念产生的背景与途径，教师才能有意识、有计划地将概念产生的背景作为素材进行教学设计。若将其作为概念引入的材料不仅可以提高学生学习概念的兴趣，而且能加深学生对这一概念的印象。除此方法外，还可采用以下几种方式进行概念的引入：①以感性材料为基础引入新概念；②在旧知识基础上引入新概念；③通过普遍归纳引入新概念；④通过提示物发生的过程引入新概念；⑤通过运算引入新概念。

2. 是何

概念的形成是整节课堂的重要环节。在这一环节，教师进行教学设计必须循序渐进地推进，不可急于将概念展示给学生，而应该将概念抽象归纳的任务交还给学生，真正做到以学生为中心，教师仅作为引导者帮助学生。在此过程中，学生只有运用抽象思维概括出概念的本质属性，才能从整体上、从内部规律上把握概念所反映的对象，从而培养学生的归纳概括能力，发展学生的抽象思维。

3. 与何

在明晰概念的本质基础上，教师要对相关概念进行辨析，理清新旧知识之间的联系与区别，以此构建自身的知识脉络。这也就要求学生对于概念充分理解，教师可在对相关知识进行辨析前帮助学生充分理解概念，本书归纳了以下两种方法：①提炼概念的本质属性，准确地给概念下定义；②充分揭示概念的内涵与外延。

在学生充分理解概念的基础上，教师要设计一定的容易混淆的相关知识点的练习，让学生对所学概念与其他知识进行辨析，推动学生更进一步地理解概念。

4. 如何

概念学习的进一步目的是学会运用，要求学生在理解概念的基础上运用它去解决同类事物，这也就要求教师在进行教学设计时，需要精心设计相关例题和习题，让学生能够从知觉水平和思维水平上进行运用。所谓“知觉水平上的运用”是指学生在获得同类事物的概念以后，当遇到这类事物的特例时，就能立即把它看作这类事物中的具体例子，将它划入一定的知觉类型。所谓“思维水平上的运用”是指学生学习的新概念被纳入水平较高的原有概念中，新概念的运用必须对原有概念重新组织和加工，以满足解当时题目的需要。

5. 变何

概念本质属性的理解，这是概念教学课堂的基本要求。在理解概念的基础上，课堂需要围绕概念本质，主要以运用概念解决实际问题为中心展开活动，也就是运用概念本质解决一系列类型多样的问题，以提高学生对概念的理解掌握程度。这一教学环节，同样要求教师结合学生情况以及课标要求设计符合情况的例题，帮助学生应对不同类型的题目。此外，课堂教学需要围绕概念的相关性质等展开教学，这也是学生学习的重点，教师要有意识地为后面的教学做铺垫。

6. 有何

课堂结束前教师要设计课堂总结环节，引导学生对本节课进行回顾梳理，归纳本节课所学知识点以及数学思想和方法。并要求学生谈谈自身所学，从而把握学生对于本节课堂知识点的掌握程度。

7. 做何

概念学习的最终目的是进行运用，课堂练习是在教师引导下所进行的。教师需要设计相应的课堂练习，引导学生在课堂上进行实践，帮助学生及时对所学知识进行巩固，加深对概念的理解。课后，教师应根据认知水平与能力，布置相应的课后练习，要求学生独立完成以掌握学生真实掌握情况，以此来计划后期教学。

4.4.2　数学概念课

1. 概念课的意义

（1）概念课具有重要性。数学概念是数学推理与判断的基础，因此概念课是数学学习中不可或缺的课程。概念课教学，提高了学生的归纳概括能力，强化了学生的知识内化和应用能力，发展了学生的思维，拓宽了学生思考问题的角度，帮助学生培养了良好的学习习惯。

（2）概念课具有指导性。掌握概念，实质上就是掌握同类事物的共同属性。学生只有在掌握理解概念的基础上，才能得心应手地解决练习和考试中所遇到的不同题型，从题目中归纳出其所包含的本质内容，以概念为指导完成相应题目。

（3）概念课具有方法性。当同类事物越多时，这也代表其性质越复杂。概念课就能很好地引导学生从众多的同类事物中抽取出其本质属性和共同属性。

2. 概念课的特征分析

（1）借助大量实例化解概念的抽象。概念具有抽象化、形式化特点，这也对学生学习概念造成了一定的困难，因此概念课需要借助实例，从实际出发贴近学生生活，以此来帮助学生理解概念。例如学习函数概念时，展示炮弹高度随时间的变化规律的图象、臭氧层空洞面积的变化图象、城镇居民恩格尔系数的关系表格。借助以上实例有助于学生分析归纳变量之间的关系，从而展开概念教学。

（2）强调数学本质，淡化形式化定义。在概念教学中，学习形式化的表达是一项基本要求，但是不能只限于形式化的表达，要强调对于数学本质的认识，否则会将生动活泼的数学思想活动变得乏味无趣。例如，进行导数概念教学时，淡化极限的形式化概念，不出现“$\varepsilon-\delta$”定义，不把导数处理为一种特殊极限，强调导数概念的本质，强调导数的思想，强调导数的物理意义和几何意义，强调导数的应用。

4.4.3 概念课的基本环节

1. 概念的引入

引入是概念课的开端。教师可以从数学概念体系的发展过程中引入新概念，也可从解决实际问题的需要出发引入新概念。

2. 概念的形成

概念的形成是概念课的中心环节，概念形成的获得方式有两种，分别是概念形成与概念同化。概念形成是指以学生的直接经验为基础，通过对概念所反映的事物不同例子的感知、辨别，让学生发现该类事物的共同属性，用归纳的方式抽取出该类事物的共同属性，抽象出本质属性，并加以概括形成新概念的方式。概念同化是指学习者利用认知结构中原有的相关概念，用定义的方式直接学习新概念。

概念形成是以布鲁纳的发现法为理论依据的，旨在以学生的直接经验为基础，用归纳的方式抽取一类事物的共同属性，从而达到对概念的理解。而概念同化则是以奥苏贝尔的有意义学习为理论依据，旨在以学生的间接经验为基础，以教学语言为工具，依靠新旧概念的相互作用去理解概念。这两种概念获取方式之间并不绝对对立，两者既有区别又有联系，甚至融合，在现实教学中教师要将两者结合起来以达到良好的教学效果。

3. 概念的明确和深刻

概念的明确是指明确概念的内涵与外延，其中明确概念的内涵就是要明确包含在定义中的词语的意义，明确该概念的外延就是要言之有物。

4. 概念的表示

表示概念的方法一般有文字、图示和符号，而且为了加深概念的理解和记忆，往往使用多种概念表示法，建立概念内部的多元联系。

5. 概念的巩固和应用

概念的巩固和应用主要包括复述、联系、发展等方式。复述是最简单的巩固方式，也是巩固概念最表面的形式，但也是不可或缺的。联系是以概念为中心所展开的一系列教学活动，其目的仍是出于巩固概念。发展是以概念为基础学习概念所衍生出的性质及其他知识点，此时概念的内涵为学习其性质及相关知识点的地基。

4.5　数学概念教学设计案例及评析

数学概念的教学不能仅仅谈论理论而不付诸实践，下面将以《普通高中教科书　数学　必修　第一册》（人教版 A 版）第四章第二节“指数函数”数学概念教学设计为例进行实际分析。

1. 情境导入，激发兴趣

教师要求学生每人提前准备好一张白纸。

师：同学们，每人手上都有白纸，请同学们折一折，将白纸对折 1 次后，白纸有多少层呢？将白纸对折 2 次后，白纸有多少层呢？将白纸对折 3 次后，白纸有多少层呢？将白纸对折x次后，白纸有多少层呢？那么，对折后纸的层数y与对折次数x之间满足怎样的关系？请同学们完成下面的表格。

折叠纸张次数	1	2	3	x
纸张层数				

生：白纸折叠 1 次，有 2 层；折叠 2 次时，有 4 层；折叠 3 次，有 8 层；直到折叠x次时，有2^x层，所以可得到y与x的关系为$y=2^x$。

师：接下来我们来讨论一下我们生活中的实际案例。《庄子·天下篇》中写道："一尺之棰，日取其半，万世不竭。"请你写出截取x次之后，木棒剩余量y关于x的函数关系式。我们假设木棒原长为 1，首先我们分别讨论截取 1 次、2 次、3 次，木棒剩余的长度是多少。如果木棒截取x次，剩余量是多少呢？请填写下面的表格。

截取木棒次数	1	2	3	x
木棒剩余量				

生：木棒截取 1 次，还剩$\frac{1}{2}$；木棒截取 2 次，还剩$\frac{1}{4}$；木棒截取 3 次，还剩$\frac{1}{8}$；木棒截取 4 次，还剩$\frac{1}{16}$；直到截取次x时，木棒剩余$y=\left(\frac{1}{2}\right)^x$。

设计意图：通过动手实践活动联系生活实际，让学生观察、归纳并进行数学模型构建，感悟其中的数学思想，培养学生的思维能力，发展学生的数学抽象、模型建构与概括归纳能力。

2. 归纳猜想，生成概念

师：通过以上案例得到了两个函数$y=2^x$和$y=\left(\frac{1}{2}\right)^x$，之所以能称

其为函数，是因为这两个式子中都含有自变量和因变量并且都是等式。那么，请同学们观察这两个函数，它们有什么特征呢？

生：通过观察以上两个函数，发现它们有着共同的特征，底数为常数，变量x是常数的指数。

师：同学们，可以得到更一般的式子吗？怎么用符号表示呢？

生：将底数变为常数，可以表示为$y=a^x$。

师：如果一个函数在底数的位置上是常数，并且在右上角指数的位置上是一个自变量，像这样的函数，我们就给其一个新的名称——指数函数。一般地，函数$y=a^x\left(a>0,\ a\neq1\right)$叫作指数函数，其中指数$x$是自变量，定义域为 R。

师：我们明确了指数函数的概念，但同时我们注意到函数是要满足一定要求才可称为指数函数的。那么为何要求$a>0$且$a\neq1$呢？

生：当$a<0$时，函数是不连续的；当$a=0$时，函数不存在；当$a=1$时，函数值不变。

师：当$a<0$时，偶次方和奇次方会导致正负交错的计算结果，不适合研究指数函数的性质。当$a=0$时，当底数为 0 时，无论指数是多少，结果都是0。这导致函数失去了指数函数的特征和意义，所以也将其排除。而当$a=1$时，无论自变量x取何值，其值都不变，所以不对其进行研究。这说明我们在后续研究指数函数的相关性质时，要时刻注意着常数a的取值范围。如果a是需要进行求解的，那么必须首先考虑a是否满足上述条件。

设计意图：概念的形成过程，谨遵以学生为中心，教师为主导的教学原则，让学生通过自身的观察、思考、归纳、推理，最后抽象概括出指数函数的概念。在此过程中学生的抽象概括能力和思维能力得到不断的训练与提高。

3. 学习探究，辨析概念

师：你认为判断指数函数的标准是什么？

生：自变量x的系数为 1，a^x的前面系数也为 1，且要满足$a>0$，$a\neq1$。

师：在指数函数的表达式中，要满足：①自变量x在指数位置上；②底数a前面的系数为1；③指数x前面的系数也为1。下面看几道例题。

例1 判断以下函数是否为指数函数

（1）$y=5^x$；（2）$y=2^{-x}$；（3）$y=x^2$；（4）$y=-2^x$；（5）$y=(-2)^x$；

（6）$y=2^x+1$

生：只有（1）为指数函数。

设计意图：通过例子，其中包括易混淆的二次函数、混合函数以及不存在的情况，让学生根据函数概念的本质进行判断，增强学生对于指数函数概念的理解。

4. 类比推理，拓展概念

例2 指数函数$y=f(x)$的图象过点$\left(3,\dfrac{1}{8}\right)$，则$f(2)$的值为多少？

生：设指数函数$y=a^x$，再将点$\left(3,\dfrac{1}{8}\right)$代入，可以得到指数函数$y=\left(\dfrac{1}{2}\right)^x$，然后将$x=2$代入指数函数，可以求得$f(2)=\dfrac{1}{4}$。

例3 若函数$f(x)=\left(\dfrac{1}{2}a-1\right)a^x$为指数函数，则$f\left(\dfrac{1}{2}\right)$的值为多少？

生：指数函数前的系数为1，则可以求出$a=4$，将$a=4$代入则可以得到指数函数为$y=4^x$，然后将$x=\dfrac{1}{2}$代入函数则可以求出$f\left(\dfrac{1}{2}\right)=2$。

师：通过以上例题，可以清楚知道，若想要求出指数函数的值，只需要找到一个点就可以求得指数函数，但指数函数的形式不变，只是对应法则变了。

设计意图：通过例题让学生弄清楚求指数函数的过程以及关键点，让学生以后能够熟练应对相关问题，锻炼学生的计算能力，培养学生的逻辑思维。

5. 问题引导，知识应用

例 4　下列图象中，有可能表示指数函数的是（　　）。

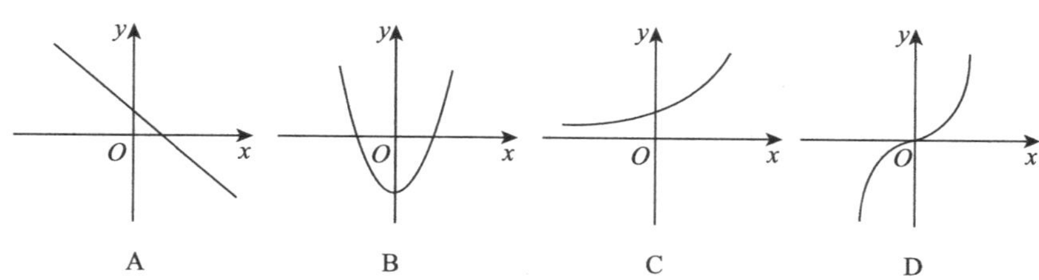

例 5　某种细菌在培养过程中，每 15 分钟分裂 1 次（1 个分裂成 2 个），经过 2h，1 个这种细菌可分裂成多少个？

例 6　函数$f\left(x\right)=\left(2m^2-3m+1\right)a^x+a-4$为指数函数，求实数$m$的值及指数函数。

设计意图：教师引导学生进行例题练习，帮助学生抓住指数函数概念的本质属性，强化知识的运用，发展学生的运算思维。

6. 知识归纳，课堂小结

师：本节课你们都有什么收获呢？

生：学习了指数函数的概念，明确了指数函数的本质特征，学会了求指数函数的过程。

师：本节课有什么数学思想方法呢？

生：归纳法，从一般到特殊。

设计意图：再次帮助学生回顾新知，巩固指数函数的概念，明晰指数函数的本质特征，感悟课堂中的数学思想方法。

本节课学习的重点在于指数函数概念的学习。由于指数函数概念的直接理解难度较大，教师通过从特殊到一般、由浅入深的过程，使学生在教师所创设的情境中产生学习兴趣从而调动学生学习的积极性。教师要重视概念形成的过程，注重以学生为主体，让学生进行归纳概括，提高学生的参与感。教师展示的例题都是经过精心设计的，注重通过例题练习提高学生的数学思维能力。

4.6　本章小结

本章主要是从数学概念的含义、特点、教学策略、教学流程四个角度对数学概念进行深入探究，并以一堂概念课为例进行展示，这些探究都是旨在更好地进行数学概念课的教学。数学概念是学生学习数学的基础，因此，教师要注重数学概念课的教学，尊重学生的主体性，将数学概念教学与生活实际相联系，引导学生深入理解数学概念的本质。

实践与思考

1. 试概述数学概念的内涵及特点。
2. 根据数学概念教学设计流程，对一堂数学概念课进行教学设计。
3. 教师应该如何对数学概念课进行创新呢？
4. 当前我国数学概念课存在着什么问题，又该如何解决呢？
5. 选择一个数学概念课题进行微课展示。

参考文献

[1] 陈婷婷，王奋际，王富英. 数学概念本质的含义及教学策略［J］. 中小学数学（高中版），2022（6）：5–9.
[2] 顾大权. 初中数学概念的定义方式与教学实践［J］. 数学教学研究，2022，41（2）：26–29.
[3] 黄忠霖. 概念定义的一种重要方法：度量定义［J］. 西藏大学学报（汉

文版），2000（1）：74–76.

[4] 吉官雄．基于概念的初中数学课堂教学策略探究 [J]．数学学习与研究，2022（1）：29–31.

[5] 杜彬．基于深度学习理论的高中数学概念教学策略探析 [J]．高考，2022（3）：45–47.

[6] 张琳．指向数学抽象核心素养的高中数学概念教学策略研究 [D]．淮北：淮北师范大学，2022.

[7] 胡科莹．先行组织者策略在高中数学教学过程中的应用分析 [J]．考试周刊，2020（66）：67–68.

第 5 章　数学命题教学设计及案例分析

5.1　数学命题的含义

1. 数学命题的基本内涵

我们将数学公理、定理、法则、公式等内容的学习，称为命题学习。命题是由概念或一些更简单的命题复合而成的，因而命题学习的复杂程度高于概念学习。

在数学中，用来表示数学判断的陈述句或符号的组合叫作数学命题。它们揭示了从现实世界的空间形式和数量关系中抽象出来的一般规律。正确的数学命题一般包括公理、定理、公式、法则等，因此数学命题的教学，主要指数学公理、定理、公式、法则等的教学。

2. 数学命题含义的考察与界定

数学命题是研究数学教学的重要节点，是数学教学研究中不可或缺的一部分。然而就目前发展而言，关于数学命题的研究并不完善，大多数学者关注于数学命题中定义的内涵与外延、数学命题的教学理论以及数学定理、公式法则的证明等。根据国家制定的数学课程标准，结合学生心理的发展规律，呈现在学生眼前的数学教材中的数学命题，从内涵上讲是数学知识中具有代表性、基础性的真命题，从外延上讲是数学学科中恒定不变的公式、法则、定理、公理等。

当前人们通常认为，数学命题是表示判断的陈述句或符号组合。判断有真有假，同样的，数学命题也有真命题与假命题之分。假的数学命题没有太多意义，而作为数学教学内容的必定是真命题。选择什么样的数学命题作为数学的教学内容是一个值得深思的问题，数学命题的选择应当符合数学课程理论的设计，将代表性、基础性的真命题展示在教材中、展示在学生面前。

3. 数学命题的教学意义

数学命题的教学不仅是数学概念教学的展开与深化，同时也是数学问题解决教学的基础，而且是形成数学技能、培养数学能力的重要途径。因此数学命题的教学对于学生的数学学习具有重要意义。

首先，数学命题教学有利于数学知识的系统学习和数学问题的有效解决。在中学的数学命题结构中，每个命题都与其他命题存在着联结关系，对命题的学习有利于使学生形成完整的命题结构。如三角形全等的判定定理、性质定理与平行四边形的判定定理、性质定理之间的递进关系。如果学生灵活掌握并熟练运用三角形的判定定理、性质定理，对于之后学习的平行四边形的判定乃至矩形、菱形、等腰梯形等图形的学习与证明是事半功倍的。

其次，数学命题教学有利于提升逻辑思维与推理能力。命题的形成必须有着严格的逻辑学基础，任何一个命题必定遵循严格的逻辑规则。当学生能充分理解数学教材中“是”“非”“或”之间的逻辑关系时，当学生能够正确判断一个命题为真命题还是假命题时，当学生能充分认知命题、逆命题、否命题、逆否命题之间的逻辑关系时，学生的推理能力就得到了极大的提高。

然后，数学命题的教学有利于数学学科本身的发展。数学学科的发展离不开每个命题的证明、质疑、再证明、再质疑直到完善的过程，当然也是符合事物的否定之否定的发展规律。因此，数学命题的教学是基于命题提出、验证、得到结论的过程，可以清晰地为数学学科的发展与研究提供了新的角度。

最后，数学命题的教学有利于语言组织能力的训练与培养。命题的学习与运用反映了整个思维的活动过程。在这个过程中，学生的内部语言得到了充分的发展，而内部语言又促进了对命题证明的学习能力与问题解决能力的培养。

5.2 数学命题的特点

1. 语义性特征

数学命题可以从某种程度上理解为只是一个判断真假的句子，每一个数学命题都具有它本身的含义，或许是确定的，或许是抽象的。同样，数学概念、定理、公式、法则是由一些特定的逻辑语言和特殊符号组成，但同样都代表着确定的意思，而这些都是无数数学家通过对客观事实进行归纳总结，从而得到数学的直觉思维的结果。换句话说，语言和符号既是这种直觉思维的一种表现方式，也可以说是概念、定理、公式、法则的存在形式。

所谓数学命题的语义性特征一般指用语言清晰地描述它本身的具体含义、各个特点、不同性质的特征，包括纵向数学对象结构内的特征，以及用一些符号或者限定量词来表示横向不同数学对象结构间的特征。

语义性特征往往是通过数学命题的多种形式体现出来的，而且还能通过这种形式，负载一些不同的数学语义。但本质上，其主要知识要素还是：数学概念、关系、量词及逻辑联结词。

【例】初中数学教材中涉及的完全平方公式：两数和（或差）的平方，等于它们的平方和，加上（或减去）它们积的两倍。

$$(a+b)^2=a^2+2ab+b^2,(a-b)^2=a^2-2ab+b^2$$

其中完全平方公式的特征：

①左边是两个相同的二项式相乘；

②右边是一个三项式，是左边两项分别平方的和，再加上（这两项相加时）或减去（这两项相减时）这两项乘积的2倍；

③公式中的字母可以表示具体的数（正数或负数），也可以表示单项式或多项式等代数式。

而最为重要的则是完全平方公式的几何表示，分别如图 5-1、图 5-2 所示。

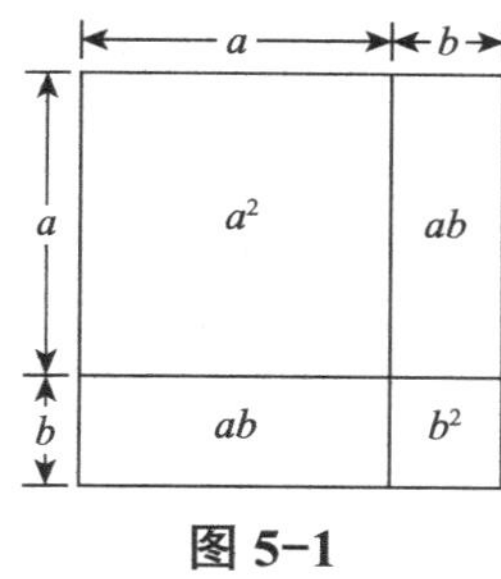

图 5-1

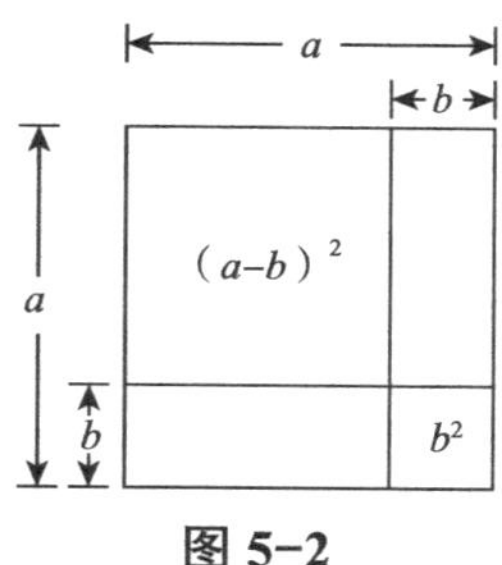

图 5-2

这样用图形表示数学命题，很好地诠释了数学命题的本质及所表示的意义，另外也能便于记忆。

2. 确定性特征

如何判断一个数学命题的真假呢？将它通过一系列的方法加以证明即可。确定性特征如何才能体现出来？只有在判定数学命题的逻辑真假时的那一刻，确定性特征才随之并存。即所有的数学命题都可以通过数学的证明来判定其是真还是假，能出现在数学课程、数学教材中的数学命题绝大多数是真命题，因此又可将该特征称为真理性特征。

一个数学命题是真命题，不仅要求在数学判定上的逻辑值取真值判断，而且要求数学判断的内容也符合数学对象的实际；另一种情况是在中学数学里所研究的命题都是具有实质性蕴含关系的命题。如果“命题 A”和“命题 B”没有任何意义上的关系，则认为“若 A 则 B”是没有意义的。

确定性特征作为数学学科中的最基础、最明显、最具代表性的特征，它的形成是无数先辈们在不断寻求真理判断与确认的过程中逐渐被发现的。其真理性的确定，或者是经受过漫长的实践检验，或者是经过严密的逻辑证明的推导，总之数学命题的真假性的确定不仅仅是存在于逻辑意义上，更体现在紧密结构中。

3. 应用性特征

数学命题的应用性特征是整个数学学科发展的焦点，任何一个学科都有其独特的应用性，而数学命题的应用性的实质就是解决问题。它不仅包括数学内部的各种理论问题，又有独立于数学理论之外的其他问题，也包括实际生活中的种种问题。在解决问题的过程中，每个数学命题又可以表现出不同的特性与作用。总之，应用性特征所表现出来的存在形式主要有：如何用、何时用和怎么用。如通过学习直角三角形的三角比，引出坡比、坡度等概念，进而解决生活中的实际问题，由此可见数学命题在实际生活中有广泛的应用。

应用性特征作为数学命题的直接反映形式主要在于通过用不同策略去解决不同种类的问题。反之，同一个问题，无论是数学内部问题或者外部实际问题的解决无疑会用到多个甚至多种类别的数学命题的组合，而如何理解并促进学生灵活运用这些数学命题，使其认识到数学命题的应用性特征的重要性，也是数学命题教学的一大关键点。可见，应用性特征的重要程度可以在某种程度上促进学生对数学命题的掌握，以及影响学生对数学学科的兴趣。

4. 关联性特征

每个数学命题都代表了某个数学领域中本质数学知识的概括，并且必然与其他领域当中的数学知识存在着某种必然联系，从而形成整个数学命题结构体系。而关联性特征是指数学命题与其他数学方面的相关知识产生联系时所表现出来的特性，这种联系通常也具有层层递进、相互包含、互相否定、辩证统一等多种关联性。

数学命题的关联性特征主要表现在两方面：一个是由于数学意义所带来的关联性特征，如任意两个等价的数学命题由于描述同一个数学对象而反映了数学命题的关联性特征，一个公理化体系中所有的数学命题之间也具有某种意义上的联系而反映了数学命题的关联性特征；另一个是由于数学命题的形式结构所带来的关联性特征，如平方差公式的展开、泰勒公式的展开式等。

数学知识与其他知识之间必然存在某种“桥梁”的关系，而数学命题的出现，正好可以填补这种“桥梁”关系的空缺。在同一命题下，不同形式之间产生联系就是逻辑关系，当然，也不能忽略抽象关系，即部分命题的产生过程是由对一系列具体事物抽象而得来。关联性特征所构成的基本要素体现在联系点、联系方式及其寻求的方法上，还表现为一个数学命题的结构体系。

5.3　数学命题的教学策略

1. 数学命题引入的教学策略

数学命题引入的教学策略是整个数学教学设计的“龙头”，可以说数学命题引入策略使用的好坏直接关系着一堂数学课的成效。数学命题引入的教学策略一般包括两个层次：第一，创设数学情景；第二，通过推理发现。

1）创设数学情景式教学策略

（1）根据生活中那些生动的实际活动来创设一个课堂情境，以学生身边的现实生活实例为素材来构想一个数学情境。例如，在学习等比数列时，可以通过古文中的实例“一尺之棰，日取其半，永世不尽”来进行引入，翻译成白话文就是“一根木头，每天锯掉它的一半长，永远都锯不完”。同时这个实例也可以作为极限知识点引入的不二之选。学生有独立思考的过程，数学命题的引入已经成功了。

（2）以生动的教学实验创设情景。创设各种有趣、生动活泼的数学实验，让学生在实验的过程中动手操作、亲身体验、亲自总结那独特而又神奇的数学规律，并参与结论的发现过程与推导过程。例如，让学生在一张白纸上画一个任意三角形，并用量角器分别量出这三个角的度数，记录下来；然后按顶点剪下纸片三角形的三个角，观察是否能拼成一个平角。通过这个实验学生可以得到这样一个结论：无论三角形是什么形状，它的三个角都能拼成一个平角。在此基础上学生可以总结出三角形内角和定理——任何一个三角形的内角和都为 180°　。

（3）以数学历史或数学故事创设情景。如讲解等差数列的概念时，可以从著名德国数学家高斯幼年的故事开始。再如勾股定理的中国起源与延续，为什么西方人称勾股定理为毕达哥拉斯定理等这些丰富多彩的数学历史都可以作为数学命题教学引入的开端。

2）推理发现式教学策略

依靠推理发现式的命题教学策略则需要一定的知识储备，主要通过归纳、演绎等推理方法进而引入新的数学定理、公式、法则的教学。如三角形的性质：任意两条边之和大于第三边，就是由线段的性质（两点之间，线段最短）通过演绎推理得来。再如多边形的内角和定理的证明就是通多对多边形添加适当的辅助线，使其变为多个三角形，再由三角形内角和定理进行推理证明即可得到。

通过命题内部间的关系，任何一个命题都有它的逆命题、否命题、逆否命题。如平行四边形的性质定理与判定定理，在学生学习完平行四边形的性质定理后，再学习判定定理时，可以引导学生把已经学过的性质定理作为原命题，进而让学生推导出它的逆否命题，最后再加以证明。

2. 数学命题理解的教学策略

对数学命题的理解就需要剖析命题的本质属性，了解命题结构，弄清楚命题与命题间的关系，寻求命题证明的方法，尝试着去将命题归类，总结命题间的规律。

1）接受式教学策略

在传统课堂上，学生在教师的教授下只需要记忆数学公式、定理、公理、法则的形式，会解题、会证明、会简单地运用即可，在某种学习程度上已经表明学会了此命题。虽然此教学策略有一定的效果，但是这种教学策略容易造成“满堂灌”“塞知识”的课堂状况，忽略了学生的主观能动性，减少了学生自我动脑、自我思考的机会。

在现代课堂上，尽管也有接受式的教学策略，但区别是在命题教学的过程中，应当调动学生学习的兴趣与积极性，与学生一起探索命题的发现过程和证明过程，从而使学生觉得这样的命题学习是有意义的，是从心理上容易接受的命题教学过程。

2）启发式教学策略

引导学生对命题结构进行剖析，确定命题的使用条件，并让学生用语言进行简单的归纳。如在讲解垂直与平行的位置关系时，学生在教师一步一步的帮助下，逐步推导出形如“一条直线垂直于平行线中的一条直线，那么它一定也垂直于平行线中的另一条直线”的综合性定理时，教学效果无疑是显著的。

3）“先行组织者”策略

在命题教学时，可以将与之相关的数学基础知识，以图表、图象甚至是语言表达等操作形式，在新命题讲解之前呈现出来，以方便学生的学习和理解。这种呈现不同于概述和总结，因为同其他信息相比，它呈现在一个更高的、更抽象的维度上，并且该技巧需要特别明确的切入点，对教师的要求不是太高，所以适合于在课堂教学中呈现。

3. 数学命题掌握的教学策略

数学命题的掌握是在理解基础上的进一步深化，有着承上启下的重要意义。如何使学生高效地掌握数学命题呢？一般从两方面着手：一是举例教学；二是适当练习。

1）举例教学

教材中的数学命题是无数数学家凝结出来的结晶，对于学生来讲大多都是枯燥无味的。而教师的目的之一就是带领学生通过命题这层冰冷的形式外衣，体会其中火热的思考，那么举例教学是非常有效的途径之一。如通过用不同长度的笔、绳子来验证三角形的三边关系；通过观察学校的可伸缩自动门、可伸缩网状挂衣架来探讨平行四边形的不稳定性质，进而与三角形稳定性作对比进行学习，加深对命题的掌握。同时，平行四边形的不稳定性也为拓展其面积公式做了铺垫。

2）适当练习

练习是根据学生对命题的理解程度而精心设计的习题，目的是提高学生对命题的掌握及应用。一般的，教师应针对每个命题的不同侧面，设置 3~4 个练习题，有利于加深命题结构之间的联结，还可以避免学生的倦怠情绪。

4. 数学命题应用的教学策略

对数学命题的应用要达到举一反三、灵活运用的效果，不仅要求学生将学到的数学知识理论加以理解，还要在理解的过程中做到自我思考，并最终投入实际应用中，从而培养更高阶段的思维模式。因此对于数学命题应用的教学策略，大体上分为三个阶段：第一，命题的直接应用；第二，命题的变式应用；第三，命题的推广应用。

1）命题的直接应用

命题的直接应用策略，用行为主义心理学说就是命题强化策略，主要是对命题外在形式的巩固与提升，加上适当的练习，以加深学生的了解度与掌握度。这种策略是以提高命题的准确性为前提的，它属于浅层次的教学范畴，在初高中数学教学中必不可少。尽管如此，命题的直接应用并不能直接省略，必须遵守学习过程中由浅入深的学习规律，要想达到深度学习的灵活运用的地步，还需进行变式和推广应用。

2）命题的变式应用

变式是中国数学教育史上独有的一个创新点，是近几年比较流行的“讨论点”。所谓数学命题的变式教学，就是指通过不同的角度、不同的侧面、不同的背景等，从多方面变更所提供的数学命题的某些内涵以及数学问题的呈现形式，使数学内容的非本质特征时隐时现，而内在的本质特征保持不变的教学形式。

通过变式应用，不仅仅能够加深学生对命题知识之间的联结，同时也实现了深度学习。另外变式的教学也需要教师把握一定的“度”，如何设计命题的变式是教师必须考虑的一大问题，如需考虑学生的最近发展区、心理发展规律、可接受程度等，从而更好地实现知识结构的迁移。

【案例】　运用基本不等式$\sqrt{a+b}\leqslant\frac{a+b}{2}$解决下面两类问题。

例 1　用绳子围成一个面积为 $16\mathrm{m}^2$ 的长方形，问这条绳子的长和宽分别为多少时，用绳最短，为多少米？

解：设长为 $x\mathrm{m}$，宽为 $y\mathrm{m}$，面积 $S=xy=16\mathrm{m}^2$。

$$\frac{x+y}{2}\geqslant\sqrt{xy}$$

$$x+y\geqslant 2\sqrt{xy}$$

$$x+y\geqslant 8$$

当且仅当等号成立，此时 $x=y=4$m

所以，当这个长方形的长和宽分别为 4m 时，用的绳子最短，且最短距离为 16m。

例 2　用一条长为 24m 的绳子围成一个长方形，问长和宽分别为多少时，所围成的面积最大？

解：设长为 xm，宽为 ym，则周长 $C=2(x+y)=24$m，面积为 xym^2。

$$\sqrt{xy}\leqslant\frac{x+y}{2}=\frac{12}{2}=6$$

$$xy\leqslant 36$$

当且仅当等号成立，此时 $x=y=6$m

所以，当这个长方形的长和宽分别为 6m 时，面积最大，为 36m^2。

3）命题的推广应用

命题的推广不仅是在数学学科内部上的推广、数学教学上的推广，还应该将更多的重点聚焦在不同学科之间，联系实际、偏向实践的多样化应用。尤其是随着科学的发展，数学信息技术的普及也为数学命题的教学提供了诸多便利，其中比较抽象化的命题可以通过一些数学软件如 matlab、python 等做出图象，让学生能够直观地感受数学的变化过程，体会动态的数学美，同时又能加深对命题的理解。例如在讲“二次函数的图象与性质”时，教师可以采用几何画板，改变自变量的各个系数，得到的图象会随着系数的改变而改变，这样就可以使学生直观清晰的感受函数图象的特点与动态的变化过程。

以上教学策略涵盖了数学命题的引入、理解、掌握和应用，并在整个教学过程中遵循了学生的身心发展规律、结合身边的生活实际，运用前沿的数学信息技术等手段，其目的是让学生获得学习数学的强烈动机，对数学产生浓厚的学习兴趣，激起对数学学习的强烈欲望，最终对数学命题形成深度理解。

5.4 数学命题的教学设计流程

数学命题的教学设计过程应体现出数学的逻辑之美、严谨之美、方法之美，应该是数学的发生、发展的全过程，为此应从命题的获得、命题的同化和命题形成三方面去设计命题教学。

1. 命题获得的设计流程

原发性命题是建立某一学科知识体系不可缺少的命题，是最基本的命题，如公理、定义、法则等。对原发性命题而言，教学设计要着眼于命题出现的合理性、必要性。通俗来讲，公理就是一些原始概念，具有不加证明性，是判断其他命题的初始命题，也是其他公理证明的基础，是被所有人都认同的一种思想规定。故，定理、公理、法则的教学只需帮助学生在心中创立合理性的、明理性的心理结构即可。如：过两点有且只有一条直线；过直线外一点有且只有一条直线与该直线平行。这些定理都是无须证明的，向学生解释其合理性，使之理解并接受即可。

继发性命题是在原发性命题的基础上进行的推广和应用。继发性命题要着眼于命题发生过程，还要体现出命题发现的必然性。数学命题是在问题解决过程中获得的最后成果，无论是源于生产、生活实践，还是源于数学自身内部。因此对数学命题的认识不能太过狭隘。故对继发性命题的教学设计而言，应当通过一种恰当的情景创设，引出一个好问题，再通过推理思考、采取各种手段去解决这个问题。好问题的成功引入，会使学生产生好奇心理与追问的兴趣，期待着问题的完美解决。如求等差数列或等比数列的通项公式以及求和公式，毫无疑问数学归纳法是主要方法，借此引入生活情景的例子，可以使学生对此知识点产生深刻印象。

2. 命题证明的设计流程

从逻辑上分析，命题证明是一个利用已确定命题去判定一个尚未确定或尚未证明命题的思维过程。这一过程往往表现为一系列的推理。

推理可以分为演绎推理和归纳推理。数学命题的证明的学习首先要明确数学命题的条件和结论：条件是指数学命题中包含的数学概念和原理以及学生认知中已经有的证明经验，结论就是需要判断的命题。其次是回忆并提取头脑中有关的知识，作为证明的依据，用理性的思维去选择合适有效的证明途径。最后就是整理归纳数学命题证明的方法和规律，这样能帮助学生对数学命题从感性的认识上升到理性的认识，增强学生的逻辑思维推理能力。

从教学上分析，同一个命题的多种证明并不会产生新知识，而在于对旧知识理解程度的巩固加深。为此，对同一命题不同证法就体现了数学家们对数学知识层次不同的理解度。在初高中数学教材，对同一命题的教学内容，教师可以根据教学目标的变化，分别灵活对应多种教学形式；学生也可以采用不同手段、不同途径对其进行整合与内化。如直角三角形三角比的知识点，在几何上反映的是直角三角形边与边之间的巧妙关系，随着所学知识的深入，结合函数教学，可得到三角函数的一些性质与图象，反过来又与几何形成了相互对应的关系。

3. 命题形成的设计过程

根据奥苏伯尔的认知理论，命题形成的过程就是将新命题纳入已有旧命题的结构体系中，主要包括三种形式。第一，上位学习，即将要学习的命题具有较高的概括程度。如先学习的整数、分数、有理数等这些概念，之后再学习概括范围较广的实数的概念。第二，下位学习，即将要学习的命题具有较低的概括水平。如先学习了范围比较大的四边形的概念，然后再具体学习了特殊种类的四边形，包括平行四边形、梯形的概念等。第三，并列学习，即将要学习的命题与原有认知结构中的命题既不构成上位学习，也不构成下位学习，只是存在某种联系而已。如在初中数学概率与统计部分中，同时学习条形统计图、折线统计图、扇形统计图的概念的过程。教学设计的重点就是要针对不同的教学内容灵活安排这三种学习方式，达到最佳教学效果。

从信息加工理论来看，命题的形成是一种智慧技能，是一系列产生式的集合体，是一套灵活运用的法则，即在数学内部中的应用。教学设计就需要分清楚条理与思维逻辑，营造做题条件，最后用数学语言进行简化和总结。同时还要把命题带出到实践中，带入外部世界的应用中，全面客观地用数学思维去分析这个世界。同样的，将命题运用到实践的教学设计的首要条件就是符合实际，教师应引导学生学会用数学的眼光看世界，找出生活中的问题的本质，再将之抽象成对应的数学问题，使之抽象化、概念化、符号化、进而采用各种手段达到命题解决的程度。因此，命题的形成离不开数学建模、离不开大量的具有创新性的题目。

5.5 数学命题教学设计案例及评析

本节选取两个数学命题教学设计案例供教师参考。

5.5.1 勾股定理教学设计及其分析

1. 教材内容、地位分析

本节课是选自人民教育出版社《义务教育课程标准实验教科书 数学 八年级 下册》第十七章第一节的内容，在几何学中占有举足轻重的地位，起到承上启下的作用，另外在实际生活中也有非常大的用途。在此之前学生已经具有三角形的分类、全等三角形的判定与性质、等腰三角形及其性质等相关知识，也对直角三角形有了初步的了解与认识，形成了一定的归纳类比的推理能力以及数学表达的能力，对现实生活中的数学知识充满了强烈的好奇心与探究欲，并能在老师的指导下相互合作，说出自己的看法与见解。

2. 教学目标

（1）了解勾股定理的产生背景、历史渊源，掌握验证勾股定理的多种不同证明方法；了解勾股定理的具体内容，能用勾股定理进行简单的计算。

（2）在勾股定理的发现过程中，培养学生的逻辑推理能力与发现能力。

（3）通过个人主动探究、小组间的合作学习、相互交流与探讨，养成实事求是、求真务实的态度。

3. 教学重难点

教学重点：引导学生经历勾股定理的证明过程，并解决一些简单实际问题。

教学难点：勾股定理的证明。

4. 教法与学法

教法：启发式教学法。

学法：自主探究，合作交流。

教具：黑板、教材、课件、多媒体设备等。

5. 教学过程

1）创设情景，导入新课

故事引入：相传 2500 年前，毕达哥拉斯有一次去朋友家做客时，偶然发现朋友家里用砖铺成的地面中反映了直角三角形三边的某种数量关系。观察图中的地面，看看能发现什么？请大家画一个任意的直角三角形，量一量，算一算。

生活实例：（多媒体课件演示动画短片）观测两栋楼之间的距离，测量出相应的仰角度数，如果从甲楼顶部看乙楼顶部的仰角为 30°，两栋楼之间高度差为 6m，已知楼层垂直于地面，如何求两栋楼间的距离，学习了今天的这节课后，同学们就会有办法解决了。

学生自主讨论，分组交流，探讨结论。

2）讲授新课

（1）初步感知，获得知识。通过观察、演算得到面积公式的关系为$a^2+b^2=c^2$，其中a、b为直角边，c为斜边；直角三角形中 30° 角所对的边等于斜边的一半。

（2）自主探索，得出结论。解答上面的例题：

$a^2+b^2=(2a)^2$

$6^2+b^2=12^2$

$b=6\sqrt{3}$

所以两栋楼间的距离为$6\sqrt{3}$ m。

3）巩固应用

例题 1：等边三角形的边长为 10cm，那它的高是多少？面积为多少？

例题 2：若直角三角形的两边分别为 8cm 和 15cm，求这个三角形的周长是多少厘米？

4）课题小结

（1）通过这节课的学习，明白勾股定理的公式了吗？

（2）想一想勾股定理在日常生活中的应用。

（3）今天的学习还有哪些收获？

学生发言，教师给予评价并相互补充。

5）作业布置

课后练习题 1，2，3。

6. 评析与思考

本次教学设计，让学生切实感受到数学文化、数学历史、数学美，增强对数学的兴趣，增加了学习数学的欲望。在具体的讨论中，学生大胆发表自己的看法，有利于培养合作的学习模式，以及全面分析问题的做题习惯。

数学信息技术的成熟大大丰富了教学内容，创设生动有趣的情景，时刻吸引学生的无意注意，可以更好地开展课堂活动，另外活跃的课堂氛围、师生互动、生生互动也可使课堂效率大大增强。

5.5.2 等差数列教学设计及其分析

1. 教材内容，地位分析

数列是高中数学重要的内容之一，不仅有广泛的实际应用，同时还有着承上启下的作用。它不仅与函数密不可分，也为之后学习数列极限奠定基础。而等差数列是在学生已有数列概念基础之上，对数列知识的进一步拓广，也为后续类比学习等比数列提供了学习依据。在此之前，学生初步掌握了数列的概念，总体而言，学生有一定认知基础，但良莠不齐，水平不一。

2. 教学目标

（1）理解等差数列的定义，掌握等差数列的通项公式，应用其解决实际问题。

（2）通过观察分析数列的归纳过程，加深对归纳思想和化归思想的认识；通过概念引入和通项公式的推导，感受推理论证、运算求解的数学思维。

（3）通过对等差数列的研究，使学生体验到数学与生活相联系，激发学生的求知欲，培养良好的数学思维，形成勤于动脑的学习习惯。

3. 教学重难点

教学重点：等差数列的概念及其通项公式的推导过程。

教学难点：等差数列通项公式的推导过程及其实际应用。

4. 教法与学法

教法：讲授法、分组讨论法。

学法：自主探究、引导发现法。

教具：常用的教学用具、黑板、教材、多媒体课件等。

5. 教学过程

1）导入新课

教师在课件上呈现实际问题：

（1）小明家第一天收到 3 份报纸，第二天有 6 份，第三天有 9 份，那一个月（按 30 天）后，小明家共有多少份报纸？

（2）小红在商店买了一包糖，共 30 颗，每天吃 2 颗，什么时候能吃完？

向学生提出问题：

（1）你能发现其中规律吗？

（2）尝试解答一下以上题目。

学生活动：自主思考，探究解法。

2）讲授新课

（1）初步感知，获得知识（通过上述认识，引导学生认识等差数列的概念）。

（2）自主探索，得出结论。

①探索答案：

3，6，9，12，…，90（30天）…

30，28，26，…，4，2，0（15天）

②学生讨论总结规律，教师给予肯定方向。

（3）归纳总结，得出结论：教师应从学生的讨论中，整理归纳出等差数列的定义及符号表示。

3）巩固练习

例题1：判断下列数列是否为等差数列，若是，指明公差，若不是，说明理由。

① 2，1，0，–1，–2；② 1，0，1，0，1。

例题2：在等差数列$\{a_n\}$中，$a_s=10, a_{12}=31$，求首项a_1与公差d。

4）课题小结

利用课件或口头提问的形式，随机提问：

①今天学习有什么收获？②本节课的重难点。

5）作业布置

课后习题及练习册。

6. 评析

本节教学设计将数学问题生活化、学习内容问题化，通过动手操作，合作交流，使学生感受到发现问题、提出问题、解决问题的整个过程，让教材成为学生核心学习活动鲜活的材料，促进学生对公式的理解。

5.6 本章小结

通俗地讲，数学命题一般包括公理、定理、公式、法则等，因此数学命题的教学，主要指数学公理、定理、公式、法则等的教学。数学命题不仅是单独的一个个体，还存在于命题结构中，每个命题彼此之间相互联系，共同组成了命题领域。同样的，数学命题的教学也不仅仅是灌输命题的表面含义，更重要的是让学生明白命题的“来龙去脉”，即命题的产生、发展、证明、应用的过程，是一个有意义学习的过程。

数学命题教学的意义在于将数学概念的教学进行展开与深化，同时数学命题教学也是数学问题解决教学的基础，有利于学生形成数学技能、培养数学能力，有利于学生数学知识的系统学习，有利于数学问题的有效解决，有利于提升逻辑思维与推理能力，有利于语言组织能力的训练与培养。

数学命题的主要特征有：语义性特征；确定性特征；应用性特征；关联性特征。每一个特征都能将数学命题最突出的一面展示出来，如抽象而又简洁的话语结构形式，体现了数学的“冰冷美”；不容置疑的确定性真理，体现了严谨完闭的逻辑思维；命题应用的广泛性与关联性无时无刻不体现了生活中相互交织的数学。

数学命题的教学策略要根据学生的身心发展规律，适时适当的引入可以很好地激起学生的学习兴趣，激发学生学习动机，使学生对命题有着深度理解。为此，数学命题的教学策略可以分为命题的引入策略、命题的理解策略、命题的掌握策略、命题的应用策略。

数学命题的教学设计要从命题的产生、发展、证明、形成这条纵线来研究，体会数学命题的发展历程，体会无数数学家在命题结构中付出的心血，如著名古希腊数学家欧几里得的《几何原本》被欧洲视为几何学的基础，再到今天超级画板、几何画板等数学软件的发展，从而使学生体会数学这一学科发展过程的艰辛。

最后通过勾股定理与等差数列的教学设计，给本章节做了升华，对于初入教师门槛的新教师来说，应当做到：恰当地选择命题教学的策略，尝试运用不同的命题教学策略进行命题教学，引导学生自己发现命题、剖析数学命题的结构、讲清命题的证明思路和方法、掌握命题的应用、进行知识分类，使学生掌握系统的命题知识。

实践与思考

1. 数学命题有哪些典型特征？

2. 用本章的教学设计案例进行试教，并在小组内进行自评、互评和教师点评。

3. 结合实际，数学命题都有哪些应用？

4. 在数学命题理解教学策略中，试述接受式教学策略与启发式教学策略的优缺点？

参考文献

[1] 喻平．论数学命题学习［J］．数学教育学报，1999（4）：2–6，19.

[2] 曹一鸣，张生春，王振平．数学教学论［M］．2 版．北京：北京师范大学出版社，2017：140.

[3] 喻平．数学教学心理学［M］．北京：北京师范大学出版社，2010.

[4] 潘瑞．基于数学命题教学下的勾股定理教学设计研究［D］．成都：四川师范大学，2014.

[5] 孙爽．中学数学命题教学的理论与实践研究［D］．大连：辽宁师范大学，2011.

[6] 郑庆全，单墫．数学命题的特征及其教学意义［J］．数学通报，2009，48（3）：5–8，16.

[7] 邱忠华．数学命题特征分析的初步研究［J］．山东教育学院学报，2007（4）：50–52.

[8] 叶彬彬．高中数学命题教学研究及案例分析［D］．大连：辽宁师范大学，2014.

[9] 张奠宙，宋乃庆．数学教育概论［M］．北京：高等教育出版社，2016：76.

[10] 徐章韬，陈林. 数学命题的认识及其课堂教学设计 [J]. 课程. 教材. 教法，2014，34（11）：81–85
[11] 王健. 基于问题情境的数学命题教学研究 [D]. 曲阜：曲阜师范大学，2012.

第 6 章　数学问题解决的教学设计及案例分析

问题是数学的心脏，数学是思维的体操。数学学习离不开解题，数学解题也是需要教师集体参加的教学活动，所以数学解题教学是数学教学的重要内容，而数学教学其实就是伴随着解题来培养学生的思维能力的。因此，无论是数学知识的运用阶段，还是数学新授课、习题课、复习课、讲评课都离不开数学解题教学。

6.1　数学问题解决的含义

在第六届国际数学教育大会上，“问题解决、模型化和应用”课题组的报告中指出：一个数学问题是一个对人具有智力挑战特征的，不能用现成的解法、程序或算法解决的一种问题情景状态。

我们可以将某个数学问题看成一种系统，假如这种系统中的所有要素、性质和关系都是学生们知道的，那么这种系统对学生们而言便是一种稳定系统。假如这种系统中的所有要素特性或关系都是学生们并不是清楚的，那么这种系统便是一种问题系统。

数学问题可以分成两种：一种是指常规数学问题和经典问题，是指纯数学问题，是建立在纯数学领域里的形式化的问题情境。常规问题是目前中小学数学问题的主体。另一种是非常规问题（数学建模问题），是反映人类实际生产、生活与生存状态的问题情景，涉及特定的数学概念、规律与结果，目标是构建起适应其规律的数学模型。非常规问题主要有开放题、探究题、实际问题等，是在中小学教学实践中要着力加强的。

数学问题作为一种有待加工的信息系统，它主要由条件、运算和目标三个成分构成。

（1）条件。条件是指对问题已有的和已经给定的知识，也可能指某些数据、某种关系或是某种状态。例如，计算题中给出的数值和运算规律、已知数量以及数据之间的联系等，都是在数学问题中给出的条件数据。

（2）运算。运算是对目标之间的相互作用和影响所可以进行的计算行为，它能够通过一些运算手段将数学问题从问题状况转化成目标状况，这是解决问题的前提和依据。

（3）目标。目标是指在某个数学问题解决后需要达到的结果状态，即通常说的要求什么。如求某个未知元，做出某个图形或证明某个论断的正确性。

6.2　数学问题解决的特点

数学问题解决的过程也是一种复杂的心理活动过程，它对学生的思维发展和学习知识有着重要的影响，数学解题教学的目的在于发展学生的能力，是师生双方的共同活动，是需要培养和培训的。师范院校数学专业的学生不仅要会解题，还要会做解题教学研究，他们的解题能力直接反映其数学专业水平。目前很多学校进行的说课比赛，就是一种提高专业水平的非常有效的形式。

数学解题教学有以下功能。

（1）有助于提高学生对数学知识的理解程度，培养学生运用所学数学知识解决实际问题的能力。

数学解题过程是一个深入了解数学知识和灵活运用所掌握的知识点的过程，所以对数学问题解答的学习也有助于训练学生进一步提升对数学知识与技能的掌握程度。

（2）深化教学内容，促进师生数学思维能力的发展。

通过解题教学可以使师生掌握知识，形成技能技巧，发展数学思维，建立良好的知识结构和思维系统。

（3）考察数学教师的专业水平，催化数学教师的成长。

通过解题可以评价教师的教学效果和水平，如中高考、自主招生考试和各类数学竞赛中学生的解答情况能够间接地显示教师的水平。

6.3 数学问题解决的教学策略

1. 精心设置问题，提高问题的教育价值

问题的设置要体现基础性、技能性，以及知识之间的相互渗透性。多讲背景联系（来龙去脉）、少掐头去尾烧中段；多启发通性通法，少灌输技巧技法；多挖掘本质特征，少进行题海训练；多注意变式引申，少一些简单重复。

2. 数学问题解决教学的核心是探究与反思

“问题是数学的心脏”，教师对一个好的数学问题进行持续的探究和反思，可以促进教师的数学教学和学生的学业成绩，实现师生共赢，实现“学”与“教”的协调发展。

著名数学家波利亚就曾说过：“数学问题的解决还只是其中的一部分，而更重要的是问题解决之后的回顾与思考。”

实践证明，将问题解决后的反思运用于数学学习的全过程，培养学生对数学学习的检验和反思的习惯，是提高学生学习效果和培养学生数学能力的有效途径。通过对问题的思考，鼓励学生把问题解决后的思考与自身结合起来，提出相关问题并作为思考的一部分，这样可以充分地发挥学生的主观能动性，形成师生互动、生生互动的教学环境，同时也可以培养学生的求知欲，从而保护和培养学生的创新能力。这对学生的“敞开心扉、突出主体、个性的彰显”来说，无疑是非常有益的。在探究和反思的过程中，让曾经对数学不感兴趣的学生，对数学有了浓厚的兴趣，这正是我们需要做的。

3. 渗透与提炼数学思想方法

在数学问题的解题中，数学思想具有定向、联想、构造和模糊延伸功能，教师要深刻地认识到数学思维的含义。在解题时，教师要有意识地向学生渗透思想方法，引导学生如何去思考，怎样确定问题解决路径，如何置数学思想方法的运用于问题解决的核心位置，在具体的解法上要注意通性通法的运用，还要注意回顾和总结。

在解题教学设计时，不仅要弄清楚教材内容，特别是例题、习题中所蕴含的数学思想方法以及它与数学相关知识之间的联系，还要适时作出归纳和概括。

在解题教学活动中，以恰当的方式和时机揭示数学思想方法，使学生能体会、感悟，逐渐地理解、领会、内化，并进行正确的运用。要让学生将自己的数学思维方式转化为自己的观点，并将其运用于问题的求解。

6.4　数学问题解决的教学设计流程

1. 认知建构解题教学模式

认知构建解题教学模式是一种以解决问题为核心的解题教学方式，主要以激发学生的自我认知能力为主要手段，以师生互动、生生互动为主要学习情境。认知建构解题教学模式的理论基础包括认知主义心理学和建构主义心理学理论。操作程序有三个阶段：阶段一是教师提出问题，指导学生分析问题，寻找解决方案，在这个过程中，学生与老师一起探讨解决问题的方法；阶段二是教师鼓励学生积极思考，寻找其他解决问题的方法，这个过程可以采用多种多样的方案由学生进行合作讨论完成；阶段三是回归问题并修改原有问题。其中变更问题的途径有两种：一是将问题等价化，包括结论等价变化、问题等价变化、图形等价变化以及条件等价变化；二是在原有问题上作半等价的改变，例如将原问题的条件强化或削弱，从而使其成为强抽象或弱抽象的命题，即为半等效转换。

在解题教学中运用认知建构模式要注意以下三点：一是所选择的问题必须是典型的，也就是说，这个问题可以用多种方式来解决，可以进行多个方向的扩展，从而使教学目的得以实现；二是教师的角色在于引导，问题的解决与传播是以学生为中心的，因此，教学操作过程中应该体现出学生的主体性；三是教学形式可以多样化，教学手段也可以多种多样，例如探究问题时可以采用合作学习的形式，而学习图形变式时，则可利用计算机辅助教学。

2. 自动化技能形成解题教学模式

在数学问题的解决中，有很多问题都可以通过一定的步骤来解决，但这需要一定的练习方能使其成为一种数学能力，从而实现自动化，如解方程、解不等式、有理数运算等。自动化技能形成模式常常用于数学命题教学中命题运用的简单运用或常规练习课教学。自动化技能形成模式操作程序主要有：首先，教师先讲解样题，分析解题步骤，给出规范的解题过程；其次，选择题目，组织学生从浅到深的依照样题模仿解题；然后，老师对学生的练习做出形成性的评价，并对练习中的错误进行纠正，指导学生进行反思；最后，进行自动化练习，教师通过选编题组让学生不断练习，逐渐实现自动操作。

3. 模型建构解题教学模式

模型建构解题教学模式是指通过解题活动，使学生获得解决问题的策略与方法，以培养学生运用数学模型分析与解决问题的能力为目的，并以教师引导学生进行探究活动为主的教学模式。该模式的核心是通过探究，揭示数学知识的发生发展过程。模型建构解题教学模式的操作程序有五个阶段：阶段一是教师创设问题情境。问题情境的创设在于激发学生的学习动机，问题可以是生活中的问题，也可以是将一个熟悉问题还原为一个与现实生活相关或以现实生活中的现象为原型的问题；阶段二是进行因素分析。教师引导学生分析问题的各个因素，找出制约各个因素的条件，并用数学语言和符号来描述和解释这些因素；阶段三是建构模型。鼓励学生自己采用恰当的工具去建立问题的数学模型，使学生在实践中体会知识的发生发展过程；阶段四是解释模型。教师和学生一起解决新建立的模型，然后用原型来进行验证，并给出现实意义的解释；阶段五是进行反思。对问题及问题解答过程进行反思，反思内容包括问题情境、如何进行因素分析、如何建构数学模型及如何解释模型等。

4. 问题开放解题教学模式

问题开放解题教学模式，是以开放问题为材料，以通过解题活动使学生巩固已学知识、体会解题的策略和方法为目的，以师生共同探究为主要形式的教学模式。该模式模拟的是数学研究过程，可以发展学生的直觉思维能力，提高探究问题、解决问题的能力。问题开放解题教学模式的操作程序有以下五个阶段：阶段一是创设问题情境。教师呈现条件开放（不充分或条件多余），结论开放（没有给出结论或结论不唯一）或综合开放的开放性问题；阶段二是教师引导学生凭直觉提出假设；阶段三是进行判断，即师生共同对提出的假设进行判断，可以采用举反例的方法或特殊化的方法判断；阶段四是对假设进行修正并证明假设；阶段五是进行反思。完成证明后，对问题和解答进行反思，并看是否有新的解答方案，是否可以对原问题进行变式或推广。

5. 习题课、复习课和讲评课的教学设计流程

1）习题课教学设计流程

习题课是指教师在完成“新知”课程后，有目的、有计划地引导学生把所学的知识进行一系列的基础训练，目的是加深学生对概念的深入了解，使概念更加完整、具体化，并在一定程度上巩固所学的知识体系，逐渐建立起一个合理的认识框架。习题课的目标不是只会做，而是要通过练习来巩固和提炼问题的方法，并对习题进行分类和总结，使知识系统和方法系统更加完善；通过练习的变式与变形，延伸和扩展知识，使知识和方法得到升华。具体有以下设计流程。

（1）课前预习。选择适当的题目是课前预习的关键。题目的选择对提高教学效果有很大的影响，因此，在选择练习时，要求习题的选取要有针对性，要注意可行性，要有典型性，要有探索性还要注重对教科书习题的发掘。

（2）课上探究。数学习题课的教学形式多种多样、生动活泼，不能因循守旧。一般情况下，数学习题课的课堂活动分为四个环节。环节一是独立完成。教师根据教学内容优选一组习题，学生独立完成。在这一过程中，每个人都要明确自己想要表达的东西，就像在上一节关于等腰三角形的问题时，可以让他们先写一个指定的题目，然后让他们找出学生认为最有价值的题目进行变式练习。环节二是合作探究，解决问题。包括：①组内互助交流，即小组交流是发言者通过语言尽量把个人观点清晰地呈现给组内的其他成员，其他成员在此基础上，根据自身的认识和理解，提出自己的看法和观点；②组际合作交流，突破重点问题，即以小组为单位，将需要展示的问题写在黑板上，给予全班同学一个思考的过程。在这里需要强调的一点是，我们要让学生有足够的时间来思考，思考是交流与讨论中不可缺少的组成部分。环节三是精讲点拨，完善问题。在关键问题上，教师要及时引导和点拨、进行拓展与变式训练，在教室里引发讨论，展示学生的思考。环节四是进行有效练习，归纳提高，对于突出的问题，教师要用练习来加强学生的学习。强化练习针对课堂上的一些重要问题，设计重点练习，体现不同的思路和思路，并进行变式训练和分类对比。

（3）课后延伸。课后延伸要注意以下三点。一是教师要分层布置课后作业。作业要分层次进行，可以分为必须完成和选择完成的作业。二是老师要及时批改作业，并从批改中获取教学反馈信息。三是教师在批改作业后要做到：①公开标准答案，让学生找到自己的缺点；②安排作业讲评，在课堂上或课后分析学生的作业中存在的问题和优点；③作业修正，学生通过修改作业可以加深对知识的了解与理解，从而把知识学活、学牢，达到真正上好数学习题课的目的。总之，习题课的教学要体现出学生的学习活动是在进行“问题学习”，即将已有的基本概念、公式、定律、定理转移到不同的情境中，运用于各种情况中，找到问题的解法，并进行对比，选择最佳方案。

习题课教学的策略为：①习题课的教学过程应该注重体现解题思维的整个过程，充分挖掘数学教材中没有明确表述的能力、智力的教育要素，并注重对解题策略、思维方法、解题技巧的分类、归纳和评价。②在习题课中，针对各种情况下的数学问题，应紧紧把握“共同因素”，促进学生学习的“正迁移”，让学生产生“不过如此”的感觉，从而实现从困难到容易的转变。要把握同类问题的解题要领，寻找解题的规律和思路特征，实现“举一反三”的正向迁移。要把握例题间的变化和层次，发现其中的联系，达到“触类旁通”的目的，也要激发学生的“发散性思维”，从而促进学生思维的发展，培养创新思维。③习题课要强调“精讲多练”。“精讲”不是说讲得越少越好；“多练”并不意味着一味地多练，教师在讲授的过程中要切中要害，要充分展示解题思路、方法和规律，要解惑释疑，疏导学生在思考、解决问题中碰到的疑难，也要讲清解题的规范要求。教材已经详尽叙述了简单的运算过程，教师可以略讲甚至不讲，让学生看书或自行解决。习题课一定要留有充足的时间让学生练习。只有通过练习，才能检验学生是否真正明白，才能使学生真正地掌握所学知识。同时教师在训练过程中要注重训练的有效性。④在习题课教学中，教师和学生在解题过程中要相互交流，引导学生自己动脑、动手、动口，主动参与解题教学；指导学生自我评价，优化解题思路，改善解题策略，以达到最佳解题效果。

2）复习课教学设计流程

复习课教学设计流程如下。

（1）要进行课前预习。首先，在课前预习的过程中要明确复习目标。在预习时，要使学生清楚地了解本节课的复习内容和要求，提高复习的针对性。其次，还要梳理知识，构建网络。学生要按照老师的复习大纲，带着问题进行预习，达到对学习内容的初步认识，对“是什么”“为什么”有初步认识。然后要进行自我检测。在这一过程中，教师要求学生在指定的时间内完成预习作业中的练习题，从而发现预习过程中存在的问题。最后，要预习总结。这一过程可以使学生形成预习和反思的良好习惯，并要求他们写出预习反思，包括疑点和难点，以及未能解决的问题。

（2）进行课内探究。这个过程包括预习总结，问题呈现、自主探究，合作交流、精讲点拨，深化训练、提高能力和反思总结、随堂检测。①预习总结是指一节课一开始，老师简单地介绍一节课的内容，然后让同学们就预习问题进行讨论。老师们会根据学生的预习情况，将所遇到的问题集中起来，然后全班进行展示，让学生带着问题开始新的学习。②问题呈现、自主探究是指教师设置在一定的时间里，要求学生完成独立思考，并发现困难的问题。根据学生在自主学习过程中所发现的问题，指导学生进行自主探索，寻找问题的根源，并通过小组协作来促进学生们对问题的理解、认识与掌握。同时通过小组之间的交流，小组成员相互帮助，解决问题的重点和难点，形成较为完整的知识体系。③合作交流、精讲点拨是指老师根据所复习的知识，对知识的疑点、重点、难点、知识的交叉点进行分析总结，归纳提升，从而使学生能更好地理解和掌握知识。④深化训练、提高能力是指教师在教学中要坚持以基础为本，以能力为纲，将学科能力的培养有效地融入例题、习题的讲解中。通过例题的分析，学生从中总结出一些难以理解的问题。⑤反思总结、随堂检测主要是通过对课堂教学的反思和总结，引导学生对所学的内容和方法进行反思和总结，从而使学生的知识结构更加完整，提高对整体知识架构的掌握程度。

（3）进行课后练习。这包括达标训练和反馈评价。①达标训练即针对学生的弱点和重点知识的方法，选择适当的练习，并组织学生进行课后的练习，让学生对所学的知识进行内化，并将其纳入个人的知识体系中。②反馈评价指老师可以通过回访、批改作业等形式来检验学生的达标训练的效果。对于学生在达标训练中反复出现的问题，教师要在知识理解和解题思路等方面对学生进行指导，提高学生的解题能力。

3）讲评课教学设计流程

讲评课是学生持续学习过程中的一个“加油站”，也是一个“休整期”，所以讲评课的教学目的和特点就是“及时矫正错漏”和“增强学习自信心”。讲评课是教师与学生之间的“反馈—纠正”过程，在这一过程中，教师要及时、准确地获得学生的学习反馈，考虑所选择的“信息”是否具有普遍性和代表性，这决定着讲评课能否成功。讲评课教学设计的流程如下。

（1）进行课前预习。进行课前预习有以下步骤：分析体验—纠错寻因—查漏解惑—总结反思。

（2）课内探究。首先，教师要进行考情分析，确立目标。教师可以对试卷、试题、答题情况进行总结和分析，引导学生自主合作，互补完善。教师根据考情分析，引导学生进一步分析考试中的深层次原因，对错误的题，要让学生了解错误的原因、错在哪里、要怎么纠正？教师要引导学生进行反思；其次，组织学生展示思路，暴露问题，教师根据学生暴露的问题进行释难答疑，方法指导。然后，通过变式训练，以练促思、以练促改和以练悟法。通过课堂反馈，引导学生归纳、整理出这些错题的解答方法和思路，明确此类题目容易出现的错误的原因。同时要求学生答题时做到审题仔细、计算准确、答案规范等，从而提升学生的解题能力。最后，教师引导学生反思总结，自我整理。要求学生根据错误的原因、题型、知识点等问题，进行自己的总结与思考，并根据自己的感受，完成一份完美的答卷。

（3）进行课后训练。课后训练有二次达标和反馈评估。二次达标是指根据学生在测验中出现的普遍问题，设计出相应的逆向思路题或变式题，要求学生进行第二次考试并在规定时间内完成，以解决考生在测验中出现的主要问题；反馈评估即老师要及时批阅二次通过的考卷，并作出反馈，纠正错误。总之，讲评课不仅要“评”，而且要“讲”。“评”不仅要评出学生的“不足”“偏差”与“误解”；还要评出“好”的部分，要评出信心、评出方向，充分调动积极因素，以利于学生继续学习。“讲”，要指出问题的根源，解释错误的原因，纠正错误的办法以及预防的措施。

讲评课的教学主要有以下策略。第一，讲评课中所用的教材（教学内容）大多来自学生的作业。“习作”应包含：课外作业、堂上作业、测验等，教师对课堂作业、课外作业应经常批改、整理和归类，选材要力求全面，正误两方面都应兼顾，以便于归纳“得”和“失”。第二，讲评课的另一个特点是针对性强。因为“材料”来源于学生，学生的反应最大，所以很有可能造成“顿悟效应”。一堂好的讲评课，往往会收到事半功倍的教学效果。

6.5 数学问题解决教学设计案例及评析

6.5.1 应用性问题、数学建模教学设计

对于应用性问题、数学建模教学可以采用模型建构解题教学模式，在教学中注意对原始问题进行数学加工，注重对课本原题的使用与改编。

对课本中出现的应用问题，可以通过变式、改变提问方式、变化条件、互换条件结论，形成新的数学建模应用问题；对课本中的纯数学问题，可以按照规律编写出与实际生活有关或有一定应用价值的建模应用问题。如家庭日用电量的计算、登楼方案、住房问题、投掷问题等，都可用基础数学的知识来建立初等教学模型，用来解决一系列的问题。

国家大事、社会热点、造价成本最低、生产利润最大、风险决策、股市、期货、开源节流、扭亏增盈、最优化等问题是初中数学建模教学的好素材。从中适当地选取素材，融入教学活动中，使学生掌握相关类型的建模方法，不但可以使学生树立正确的数学观念，而且为学生日后能主动以数学的思维、方法、手段处理问题提供了条件。学生通过数学建模求解，体会到了各学科学习的意义和作用，也体会到了正确的现实生活离不开数学。

对于高等师范院校数学专业的学生，一要积极参加数学建模竞赛，二要通过“数学建模”课程的学习，对数学建模进行系统学习和研究，能够深度思考，能够很好地掌握数学建模中的常见问题，为将来进行

中小学数学建模的教学打下基础。

【案例】　初中数学函数建模教学设计

1. 教学目标

理解函数是刻画和研究变化过程中量与量之间关系的一种重要数学工具，掌握函数建模的过程和一般方法，能构建函数模型解决生活中的实际问题。经历函数建模的完整过程，通过实际参与建模活动不断深化模型意识和模型思想，能发现生活情境中蕴含的函数关系，将现实问题的抽象分析转化为数学问题，并选择合适的数学方法进行求解、验证。加深对所学知识的理解，感受数学的应用价值，提高对函数学习的兴趣。增强自身合作、评价、反思的意识和能力，发展自身的创造精神和实践能力。

2. 教学内容分析

本节课的实际情境来源于生活，根据生活经验和实际测量的数据我们发现，汽车在行驶过程中油耗和速度的关系大致为：当速度很低时，汽车油耗非常高；当速度很高时，汽车油耗也非常高。因此我们把汽车在油耗最小时的速度定义为家用汽车的经济时速。运用函数模型，根据已有数据绘制散点图进行模型求解，最终得出家用轿车的经济时速是 111 km/h。

3. 学情分析

处于八年级下学期的学生对函数知识已有所接触，具备相应的数学知识基础。学生的生活经验较为丰富，有能力通过网络或询问长辈等方式获取汽车油耗的相关信息，也有亲身参与数学建模的活动经验，初步具备一定的合作交流能力、阅读分析能力、逻辑推理能力、数学表达能力、抽象概括能力、查阅资料能力、数学写作能力等，足够支撑开展数学建模活动。

4. 教学设计过程

1）情境创设

师：近几年，私家车的数量越来越多，由此引发的环境问题不断增多，油价也越来越高。在购买汽车时，很多人都优先考虑购买较省油的车型，当然我们也要重视经济省油的驾驶方式。请分析某一车型（如一汽大众·朗逸）在日常行驶过程中的节油行为，忽略次要因素，找出汽车行驶过程中影响油耗的主要因素。

生：轻踩刹车、油门；经常清理汽车后备箱，不在车内放重物；高速少开窗，低速多开窗；保持稳定而合理的行驶速度等，都是日常行驶过程中的节油行为。其中保持稳定且合理的行驶速度是汽车行驶过程中影响油耗的主要因素。

师：这个速度是多少呢？我们今天一起来研究家用汽车的经济时速。

2）提出问题

表 6–1 显示的是大众·朗逸型小轿车行驶速度与相应油耗的关系。

表 6–1　行驶速度与油耗的关系

汽车行驶速度 /（km/h）	百公里油耗 /L
80	9.1
90	8.5
100	8.1
110	7.9
120	8.0
130	8.3
140	8.7

师：根据表格数据和生活经验，我们发现了什么？

生：在行驶过程中汽车的油耗和速度的关系大致有两种情况。①当速度很低时，汽车油耗较大；②当速度很高时，汽车油耗也比较大。

师：家用汽车在油耗最小时的速度是多少呢？

3）解决问题

师：选择合适的数学研究工具对于问题的解决至关重要，我们已经学习过的函数是刻画和研究变化过程中量与量之间的关系的一种重要数学工具，所以我们可以建立一个函数模型。函数有 3 种表示法，我们应该选择什么方法来表示问题中的函数关系呢？

生：通过表格可以预测油耗最小时的速度为 100 ~ 120km/h。本问题中油耗与速度不是一次函数关系，目前我们无法求出该函数的解析式，故可以画出函数的图象进行进一步预测。

学生活动：根据表格中的数据画出散点图（图 6–1），并用平滑的曲线连接起来，观察函数图象可以发现家用汽车在油耗最小。

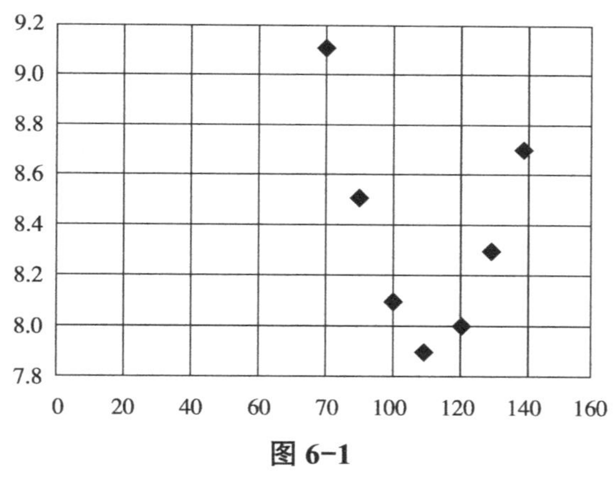

图 6–1

研究结论：通过研究，我们初步判断此实验车型的经济时速为 111 km/h。也就是说，当本车高速行驶时，一直保持该经济时速可以有效降低油耗。

师：如何对研究结果进行检验呢？

生：在数据测量过程中，多次测量取平均值以减少误差，还可以使用图形计算器、MATLAB、GeoGebra 等计算机软件画出更加准确的图象。

4）拓展研究

拓展一：如果想计算自家汽车的经济时速，需要做哪些必要的模型假设呢？应该如何进行数据采集呢？

（1）模型假设：速度平稳变化时，汽车变化较为平稳；汽油质量造成的油耗差别可忽略不计；汽车直行与拐弯的油耗量相同；汽车行驶的道路平坦无阻，无上下坡。

（2）数据采集方法：选择一种实验车型，使其达到固定时速不变，保持这一时速连续行驶 30 分钟，通过汽车的内置油表测出在这 30 分钟内的耗油量，可计算出该速度下此实验车型的百公里油耗。

拓展二：探究本实验车型的经济时速是否适合所有类型汽车？不同车型影响经济时速的主要因素是什么？汽车排量和经济时速有无函数关系？函数关系是什么？

拓展三：寻找真实生活情境中蕴含的函数关系，构建函数模型解决具体问题。要求：建模过程完整，研究问题明确，结论应具有科学性，研究对象有研究价值和意义，有自己的创意。

数学建模的主要目的是培养学生的数学应用意识，帮助学生掌握数学建模的方法。因此，在教学时，要注重培养学生把客观事物的原型与抽象的数学模型联系起来的能力。选择的问题难易程度应适中，题目难度以“跳一跳可以让学生够得到”为度。由于课堂时间有限，要把课内教学与课外活动结合起来。

6.5.2　情境问题教学设计

【案例】　“二元一次方程组”教学设计

1. 教学任务分析

本课教学重点为二元一次方程组的形成思想及解的概念；教学难点为二元一次方程组的形成过程。根据学生的认知序和教材的知识序，结合新课程理念，确定下列教学目标，如表 6–2 所示。

表 6-2　教学目标

	活　动	知识与技能	过程与方法	情感与态度
教学目标	活动一：一根 20 厘米长的铁丝，首尾相连围成正方形、长方形	（1）让学生了解二元一次方程组的概念；（2）通过具体情况理解二元一次方程组解的概念	（1）通过具体问题的对比，让学生经历二元一次方程组的形成过程；（2）让学生初步感受二元一次方程组的核心思想及利用方程组解决问题的基本策略	通过小组合作学习，培养学生的合作意识和团队精神
	活动二：学生之间比一比，赛一赛	让学生巩固二元一次方程组的概念以及二元一次方程组解的概念	通过学生之间的比赛、交流，让学生真正理解二元一次方程组的核心思想	营造和谐、活泼的课堂氛围，激励全体学生参与教学活动
	活动三：生活中的数学问题	让学生学会利用二元一次方程组解决生活中的实际问题	（1）让学生体验应用问题可列方程组解决；（2）让学生经历列表尝试法求二元一次方程组解的过程	

2. 教学准备

多媒体课件，一根 20cm 长的铁丝。

3. 教学过程

［环节一　创设情境，探索新知］

问题 1：假设你们每人手上有一根长 20cm 的铁丝，将这根铁丝首尾相连围成一个正方形，围出来的正方形都完全一样吗？

问题 2：同样用这根 20cm 长的铁丝，首尾相连围成的长方形都完全一样吗？你能用二元一次方程来表示吗？

设计意图：

（1）通过问题情境复习旧知，真正理解二元一次方程的意义。

（2）为探索新知做好铺垫。

问题 3：前面两个问题中都存在二元一次方程 $x+y=10$，为何围成的长方形有无数种情况，而围成的正方形只有一种情况？

设计意图：

通过两个问题的对比，让学生感受到 $x+y=10$ 与 $x=y$ 同时满足时，存在解的唯一性的过程，为二元一次方程组的形成做铺垫。

问题 4：你能否通过增加一个条件，使同学们围成的长方形都完全一样？希望大家能增加更多不同类型的条件。

设计意图：

（1）开放性问题的设置不仅激发学生的求知欲，而且通过该开放性问题让学生真正感受二元一次方程组的形成。

（2）培养学生的合作意识以及团队精神。

（3）通过此问题引出二元一次方程组的概念。

操作形式：

（1）学生先思考，再分组合作，小组汇报。

（2）根据学生的汇报，教师引导，从而引出二元一次方程组的概念。

巩固概念：

请在下列方程中选出两个方程，组成二元一次方程组。

$x-2y=3,\ x=4,\ y=2x^2,\ y=3,\ x+y+z=10.$

问题 5：你怎么能肯定，你所增加的一个条件就一定使长方形确定下来了呢？

操作形式：

（1）通过问题的解决，导出二元一次方程组解的定义。

（2）让学生真正理解什么叫二元一次方程组的解。

［环节二　变题训练　巩固新知］

比一比，赛一赛

1. 方程组$\begin{cases}x+y=6\\x-3y=-2\end{cases}$的解是（　　）。

A. $\begin{cases}x=5\\y=1\end{cases}$　B. $\begin{cases}x=4\\y=2\end{cases}$　C. $\begin{cases}x=-5\\y=-1\end{cases}$　D. $\begin{cases}x=-4\\y=-2\end{cases}$

2. 下列哪一个二元一次方程组的解为$\begin{cases}x=1\\y=2\end{cases}$？（　　）

A. $\begin{cases}y=3-x\\3x+2y=8\end{cases}$　B. $\begin{cases}y=1-x\\3x+2y=5\end{cases}$　C. $\begin{cases}x+y=3\\y=2x^2\end{cases}$　D. $\begin{cases}y=2x\\x+y=3\end{cases}$

3. 你能通过表 6–3 和表 6–4 的填写找到二元一次方程组 $\begin{cases}x+y=10\\2x-3y=5\end{cases}$ 的解吗？

表 6–3　$x+y=10$ 的解

x	…	5.5	6	6.5	7	7.5	…
y	…						…

表 6–4　$2x-3y=5$ 的解

x	…	5.5	6	6.5	7	7.5	…
y	…						…

[环节三　感受生活　运用新知]

小聪全家外出旅游，估计需要胶卷底片 120 张，商店里有两种型号的胶卷：A 型每卷 36 张底片，B 型每卷 12 张底片。小聪一共买了 4 卷胶卷，刚好有 120 张底片，如果两种胶卷分别买 x 卷和 y 卷。请根据问题中的条件列出关于 x，y 的方程组，并用列表尝试的方法求出 A 型和 B 型胶卷的数量。

设计意图：

(1) 让学生继续体验对于含有两个未知数的实际问题，可以列方程组来解决。

(2) 让学生再次经历列表尝试解二元一次方程组的方法。

(3) 在用二元一次方程组解决问题之后，进一步追问："你能列一元一次方程求出 A、B 两种型号的卷数吗？"

[环节四　总结回顾　梳理新知]

(1) 每位同学自己写一个二元一次方程组__________；(同学之间互相检查，为什么是二元一次方程组？)

(2) 你有什么方法找到这个方程组的解。

[环节五　作业布置]

(1) 数学作业本 (1) 号本 4.2 节。

（2）课本 A、B 组练习。

设计说明：

本节课设计充分结合学生的已有知识以及生活经验，通过一根 20 厘米长的铁丝，设计一些由易到难的问题串，引导学生去探究。在看得见、摸得着的长方形拼折过程中，引发学生的兴趣，提炼数学的本质。

本节课的设计旨在培养学生的数学思维。以一根 20 厘米长的铁丝，在围正方形和长方形的对比过程中，逐渐提炼出方程组的形成思想，并和学生一起概括出二元一次方程组及其解的概念。通过让学生添加形成长方形的条件，使学生在独立思考、小组交流中体会出方程组形成的过程以及方程组解的本质；在“比一比、连一连、写一写”的练习中，学生及时应用所学的概念和方法，巩固提高。编拟的三个问题环环相扣，体现了基础性训练与探索性、思维性训练相结合的习题体系，使学生的思维品质在质疑的过程中不断升华和发展，培养思维的严谨性和创造性。

本节课的设计以情景创设为背景，以教师为主导，以学生为主体，力求体现知识的形成过程。

在课堂中，尽量为学生提供“做中学”“想中学”“动中学”的空间。借助已有的知识和方法主动探索新知识，扩大认知结构，发展能力，从而使课堂教学真正落实到学生的发展上。

6.5.3 开放性问题教学设计

开放性问题指条件和结论中至少有一个不确定，或者解决问题的方法不确定的问题，需要学生运用所学知识通过观察、分析、对比、猜想、归纳、判断、推理等一系列探究活动，使它能够成为确定的问题。

数学开放性问题的核心是考查学生运用数学知识解决问题的能力，激发学生数学思维和创新意识，促进学生的数学应用能力，有利于学生创新思维的培养和实践能力的形成。

数学开放性问题形式具有多样性。开放题有的追溯多种条件，有的探求多种结论，有的寻找多种解法，体现现代数学气息，不像封闭性题型形式单一的呈现和呆板的叙述。

数学开放性问题解决具有发散性。开放题的条件复杂、结论不定、解法灵活、无现成模式可套用，解题时需要运用多种解题方法，通过多角度的观察、分析、运用、综合、类比、归纳、概括等方法，同时探求多个解决方向。

数学开放性问题教育功能具有创新性。正是因为它的这种高效的教育功能，对培养人才的数学能力有着重要的作用，适应了人才竞争的要求。

从考查内容来分类，开放性问题可分为数与式、方程、函数、几何图形、综合性问题等类型。

例 1　水果店里有梨子 200kg，比香蕉多 20%，苹果比梨子少 30%。

（1）苹果比梨子少多少千克？列式为 200×30%。

（2）苹果有多少千克？列式为 200×（1−30%）。

（3）香蕉有多少千克？列式为 200÷（1+20%）。

（4）梨子比香蕉多多少千克？列式为 200−［200÷（1+20%）］。

例 1 就是一道条件开放题，让学生根据问题选择合适的条件去解答。在设计开放的解题条件时，教师还可有目的地在题目中设计多余条件，让学生在审题中辨别必要条件或多余条件，摄取必要条件，排除多余条件，训练学生辨别能力和分析问题、解决问题的能力，养成独立缜密思考的习惯。

例 2　妈妈去商店买了一盏台灯，每盏台灯 52 元，可以怎样付钱？

（1）1 张 50 元，两张 1 元。

（2）1 张 50 元，1 张 2 元。

（3）5 张 10 元，两张 1 元。

（4）2 张 20 元，1 张 10 元，2 张 1 元。

（5）10 张 5 元，1 张 2 元

……

例 2 是结果开放题。教师还应从一些实际问题出发，根据实际问题抽象出数学问题，把提出问题和解决问题的机会留给学生，用数学的眼光去观察问题、提出问题、解决问题，感受数学知识和方法的应用价值。

例 3 学校有一废弃的足球场，长 100m，宽 70m，现要将其改造成一座图案美丽的花园，要求将草坪、花圃设计成不同的图形，并且与花园道路所占的面积比例合理。

这道题是一道综合性开放题，融合了许多数学知识，要求学生设计图案。学生可从长方形、正方形、圆形、环形、菱形等图形中选择，并将这些图形进行组合，这能培养学生综合运用知识的能力。

例 4 将 5/12、7/13、4/13、7/12、4/12 这五个分数按从大到小的顺序排列起来。

这是策略开放题，解决这道题可以采用以下不同的策略：

（1）把五个分数化成分母相同的分数，再进行比较。

（2）把五个分数化成分子相同的分数，再进行比较。

（3）把五个分数化成小数，再进行比较。

（4）根据分数的意义比较五个分数的大小。

6.5.4 综合实践课教学设计

《义务教育数学课程标准（2022 年版）》中把数学知识分为数与代数、图形与几何、统计与概率、综合与实践四方面的内容。在综合与实践课中，学生通过合作、搜索、实践调查、分析研究、撰写小报告等实践活动走进社会，了解社会的现状及发展趋势，用数学去解决生活实际中的问题，用数学去解决其他领域的问题。数学综合实践课旨在培养学生的创新意识，发展学生的个性特长，学生在教师引导下自主进行综合性学习活动。教学设计时要考虑学生的情况和实际的情况，要有一个清晰的线索，这个线索就是过程设计，这个过程要让学生更多地参与。学生要能在这个过程中有所发现，有所收获，最后完成积累经验。

数学综合实践的选题和内容可以超前于教材内容，也可以是复习巩固学过的知识。还可以结合地方实际开发校本教材。比如在一年级学习元、角、分的知识前让学生去超市认识商品的标价，先行了解、接触人民币的单位，感知商品的价格，这对于学生的学习可起到一个先行组织的作用。三年级学习了长方形、正方形的面积计算后的“你的房间有多大”“家离学校有多远”活动也是让学生在实践中体会数学的知识。再比如在五年级学习小数的计算后，开展了一次“生活中的小数计算”主题实践活动，都是对知识的温习和巩固。

数学综合实践的形式多变，可以是小调查、小制作、小设计，也可以是小课题研究、小型研究报告等；可以是来解决课堂内的问题，也有可能是课外的数学问题，或者是课内外结合着做活动；可以通过课堂学习方式完成，也可以通过作业形式。

数学综合实践的过程：①提出问题与要求阶段；②实践体验阶段；③解决问题阶段；④表达与交流阶段。即选题、开题、作题、解题，有的是用数学作为工具解决生产生活实际，或者是其他学科的问题。教师要引导学生以数学日记的形式把活动的过程以及活动中的收获与感受记录下来。

数学综合实践课的常见课型：成果总结整理课、展示分享课、实践操作课、小课题研究课、数学调查与统计分析课活动、策略指导课等。

【案例】　勾股定理的验证——综合实践课教学设计

教材分析：

勾股定理是初中数学教学中一个非常重要的定理，之前学生们运用方格纸，通过计算面积的方法探索了勾股定理。本课不只要求学生掌握验证方法，更重要的是通过丰富有趣的拼图活动，通过教师的指导、同伴的合作和学生亲自动手剪纸、拼图、验证等一系列数学活动，体会数形结合的思想，体会勾股定理的数学价值和文化价值。

教学目标：

（1）经历综合运用已有知识解决问题的过程，在此过程中加深对勾股定理、整式运算、面积等的认识。

（2）经历不同的拼图方法验证勾股定理的过程，体验解决同一问题方法的多样性，进一步体会勾股定理的文化价值。

（3）通过获得成功的体验和克服困难的经历，增进数学学习的信心。通过丰富有趣的拼图活动增强学生对数学学习的兴趣。

教学重点：

通过拼图验证勾股定理及勾股定理的应用过程，使学生获得一些研究问题与合作交流的方法经验。

教学难点：

利用数形结合的方法验证勾股定理。

教学方法：

引导、操作、合作、探究，多媒体辅助教学。

教学过程：

本节课主要是通过几个活动让学生体验并探究勾股定理的一些验证方法，首先通过情景创设激发学生探究的激情。

情境创设：

（1）你知道勾股定理的内容吗？说说看。

画直角三角形并写出勾股定理的表达式。

（2）你知道关于勾股定理的哪些历史故事？你知道勾股定理的来历和有多少种证法吗？

课件展示毕达哥拉斯的雕像图片和地砖图片，讲述毕达哥拉斯发现勾股定理的故事。

（3）前面我们运用方格纸，通过计算面积的方法探索了勾股定理。今天我们再来探究勾股定理的其他验证方法。

［活动一］

活动准备：用硬纸板各剪 4 个完全相同的直角三角形（不妨设两直角边分别为 a、b，且 $a \leqslant b$，斜边为 c），再剪 2 个边长分别为 c 和

（$b-a$）的正方形。

活动要求：你能选用这些中的部分图形拼成一个大正方形吗？你能用拼成的图形验证勾股定理吗？

学生小组合作交流探究并展示。（了解学生拼图的情况及利用自己的拼图验证勾股定理的情况。教师在巡视过程中，让学生展示自己的拼图及让学生讲解验证勾股定理的方法，并根据不同学生的不同状况给予适当的引导，引导学生整理结论。）通过对弦图的分析，得到面积的关系：$c^2=(b-a)^2+4ab$，化简得：$a^2+b^2=c^2$。

课件介绍三国时期吴国数学家赵爽的勾股圆方图（也称为赵爽弦图），并出示勾股圆方图和世界数学家大会会标。

［活动二］4 个直角三角形还可以怎么摆成正方形呢？

学生先独立探究，再小组活动交流，并上黑板展示拼图方法和验证。由面积关系得到：$(a+b)^2=c^2+4\times\frac{1}{2}ab$，化简得：$a^2+b^2=c^2$。

［活动三］你能用两个直角边分别为 a、b，且 $a\leqslant b$，斜边为 c 的直角三角形和一个直角边为 c 的等腰直角三角形拼图并验证勾股定理吗？

两个全等的直角三角形 ABC 和 BEF 的三边长分别为 a、b、c 可得面积关系：$(a+b)^2=c^2+2\times\frac{1}{2}ab$，化简得：$a^2+b^2=c^2$。

课件介绍：总统证法——美国第二十任总统伽菲尔德对勾股定理的证法。

活动总结交流：活动二和活动三的证法其实完全相同。

课件展示与欣赏毕达哥拉斯证法和印度婆什迦罗的证明，并让学生展示课前查找资料了解到的证明方法。

［活动四］制作五巧板验证勾股定理。

步骤：

（1）做一个 Rt$\triangle ABC$，以斜边 AB 为边向内做正方形 $ABDE$，并在正方形内画图，使 $DF\perp BI$，$CG=BC$，$HG\perp AC$，这样就把正方形 $ABDE$ 分成五部分①②③④⑤。

沿这些线剪开，就得了一幅五巧板。

（2）取两幅五巧板，将其中的一幅拼成一个以 C 为边长的正方形，将另外一幅五巧板拼成两个边长分别为 a、b 的正方形，你能拼出来吗？（给学生充分的时间进行拼图、思考和经验交流，对于有困难的学生教师要给予适当引导。）

归纳小结，形成技能。今天这节课你有何收获？

（如验证勾股定理的方法、数形结合的数学思想、我国古代科学家的成就、合作交流的方法与经验……）

课后作业：上网查找有关利用拼图来验证勾股定理证明的方法，每人至少能说出一种与本课提到的不一样的方法，若有好的方法可用小论文的形式写出来。

本教学设计，让学生通过制作拼图、动手操作、合作交流和发现问题，将学习内容问题化，使教材成为学生核心学习活动鲜活的材料。

学生通过动手剪纸、拼图、验证等一系列数学活动，体会数形结合的思想，体会勾股定理的数学价值和文化价值。

6.6 本章小结

数学问题可分为两类：一类是常规数学问题和经典问题，是纯粹数学问题，是建立在纯数学领域里的形式化的问题情境。另一类是非常规问题（数学建模问题），是反映现实生产、生活和生存的问题情境，包含一定的数学概念、规则和结果，目标是建立起符合其规律性的数学模型。

数学解题教学的目的在于发展学生的能力，是师生双方的共同活动，是需要培养和培训的。师范高等院校数学专业的学生不仅要会解题，还要做解题教学研究，他们解题能力直接反映其数学专业水平。

数学解题的教学要精心设置问题，提高问题的教育价值；对一个好的数学问题进行不断的探究和反思。在进行解题教学设计时，要弄清楚教材内容，特别是例题、习题中所蕴含的数学思想方法，并进行归纳和概括。

数学解题的教学设计模式主要有：认知建构解题教学模式；自动化技能形成解题教学模式；模型建构解题教学模式；问题开放解题教学模式。

解题教学常见的有复习课、讲评课、练习课等课型，在教学设计中常见的是：应用性问题数学建模教学设计；情境问题教学设计；开放性问题教学设计；综合实践活动课教学设计等。

通过数学问题解决教学，有助于学生理解和巩固已学数学概念和数学命题；有助于学生形成自动化技能；有助于学生建立数学概念和数学命题体系；有助于丰富学生解决问题的策略和方法；有助于学生积累数学活动经验，发展数学能力。

实践与思考

1. 根据讲评课、复习课教学设计流程，任选一题目进行教学设计，在小组内陈述自己的教学设计。

2. 用本章的教学设计案例进行试教，并在小组内进行自评、互评和教师点评。

3. 数学复习课教学中如何结合教材内容和学生实际设计问题？

4. 在数学解题教学中如何进行变式问题设计？

参考文献

[1] 邵利，罗世敏．中学数学课堂教学技能实训教程［M］．北京：科学出版社，2011.

[2] 吕传汉，等. 数学情境与数学问题 [M]. 重庆：重庆大学出版社，2001.

[3] 曹一鸣，张生春. 数学教学论 [M]. 北京：北京师范大学出版社，2010.

[4] 罗增儒. 中学数学解题的理论与实践 [M]. 南宁：广西教育出版社，2008：41.

[5] 李建才. 中学数学教师教学基本功讲座 [M]. 北京：北京师范大学出版社，1991：151–152.

[6] 波利亚. 怎样解题 [M]. 阎育苏，译. 北京：科学出版社，1982.

[7] 喻平. 数学教育心理学 [M]. 南宁：广西教育出版社，2004：3.

[8] 邱学华. 我国小学数学六十年的变迁：浅析小学数学教学中的争论 [J]. 小学教学（数学版），2009（9）：6–9.

[9] 张奠宙，宋乃庆. 数学教育概论 [M]. 北京：高等教育出版社，2004：271.

[10] 张奠宙. 数学"双基"教学的理论与实践 [M]. 南宁：广西教育出版社，2008：4.

[11] 杨骞. 数学"问题解决"研究概览 [J]. 中学数学教学参考，1997（10）：2–5.

[12] 王延文，冯美玲. 数学"双基"教学的现状与思考 [J]. 天津师范大学学报：基础教育版，2003（4）：37–41.

[13] 季素月. 数学技能教与学的若干思考 [J]. 数学教育学报，2003（2）：29–32.

[14] 李士锜. 熟能生巧吗 [J]. 数学教育学报，1996（3）：46–50.

[15] 杜宪刚. "勾股定理的验证"综合实践课教学设计 [J]. 数学大世界，2011（12）：60.

第 7 章　数学思想方法的教学设计及案例分析

7.1　数学思想方法的含义

1. 数学思想的含义

数学思想是数学中的理性认识，是数学中高度抽象和概括的内容，是从具体的数学内容和数学认识过程中提炼上升的数学观点。数学思想既蕴含于数学的知识内容之中，也揭示了数学的本质。在数学解决问题时，数学思想贯穿始终。

中小学数学中常见的数学思想有：化归思想、分类讨论思想、集合思想、数形结合思想、转化思想、方程思想、函数思想等。

2. 数学方法的含义

在数学学习过程中，方法是数学课程内容中最重要的一部分，它直接影响着教学的效果。数学方法是数学知识与能力的重要组成部分，能够帮助学生掌握数学思想。数学方法是指在用数学的眼光发现问题、提出问题、研究问题和解决问题的过程中，所采用的各种方式、手段和途径。

中小学数学中常见的一般数学方法有：建模法、消元法、代入法、图象法等；特殊的数学方法有：公式法、待定系数法、换元法、配方法等。

3. 数学思想与数学方法的关系

数学思想与数学方法二者是密不可分的，它们相互联系、相互依存。数学方法是数学思想实施的具体手段，是具体的数学行为，在课堂教学中，教师要有意识地引导学生认识数学思想和数学方法。数学思想是灵魂，数学方法是解决问题的关键。学生通过数学学习，形成数学素养，掌握数学思想和数学方法。教师要注重训练学生用数学思想和数学方法解决生活中的问题，以提高学生的综合素质。从解决问题的过程来看，总要经历问题——思想——方法的过程，数学思想产生于数学问题，但只有思想并不能解决问题，还需要根据数学思想产生出有利于解决问题的相应方法。

7.2 数学思想方法的特点

1. 抽象性和概括性

数学的抽象性，不仅表现为数学概念是抽象性的，而且表现为数学思想方法也是抽象性的，并且用抽象的数学符号表示出来。自然数是用以计量事物的件数或表示事物次序的数。在情境中，自然数是需要被抽象出来的，如数羊时用自然数表示羊的数量。因此，正确认识数学抽象性，巧妙地运用数学抽象性，数学教育会更加丰富多彩，数学的课堂也能够灵活多变。

2. 逻辑性和精确性

在科学的发展史中，数学是逻辑结构最严谨的科学、在解题的推理过程中必须严格遵循逻辑的基本原则。教师在教学过程中，如证明韦达定理可以由特殊到一般的归纳、类比推理出；其他课程可以由一般到特殊的演绎推理进行教学。这些必要的逻辑推理训练是不可或缺的，它是创造性数学思维中的必备工具，有利于培养学生的逻辑推理能力。

3. 广泛性和普遍性

“宇宙之大，粒子之微，火箭之速，化工之巧，地球之变，生物之谜，日用之繁，无处不用数学。”用数学思维分析问题，建立模型和解决问题正是数学思想方法的体现。无论是微小的技术还是像人造卫星的发射这样复杂的航空航天工程，都蕴含着数学思想方法。在物理中学到杠杆原理体现的是比例的数学思想，化学反应里表达的化学方程式配平用最小公倍数法使得原子的质量守恒……

7.3 数学思想方法的教学策略

1. 合理安排教学内容

数学课程内容是实现课程目标的重要载体。数学教材中的内容编排考虑到知识的逻辑顺序以及学生的认知规律，由易到难、由繁到简，正确使用数学方法，循序渐进地渗透数学思想。因此，教师组织数学内容时，需要对内容进行结构化整合，探索学生核心素养的路径。教师在备课过程中需要结合学生的年龄特征、心理特点，将教学内容进行合理的安排，根据以学定教，正确选择教学内容对应的数学方法，在教学过程中教师引导学生进行知识探究，通过问题解决，突出和深化数学方法。

2. 深入挖掘教材内容

教师要实现对学生数学方法的培养，需要结合实际案例和课程教材，深入分析教材的内容，清楚教材编写的意图，挖掘出教材中的数学思想方法。教材中的文字简洁而严谨，对数学概念的解读可以从汉字的本意开始，还可以适当地渗透数学文化，以揭示数学知识的本质，将数学知识中蕴含的数学方法化隐性为显性。在教学过程中，注重知识的迁移，将教材中的抽象问题置于现实情境中，使学生将数学知识化抽象为直观。

3. 营造良好学习环境

教师是学习的组织者、引导者与合作者；学生是学习的主体，教学活动应注重启发式，激起学生学习数学的热情，促使学生关注数学知识与实际的结合，让学生在实际背景中理解数量关系和变化规律，经历基于实际问题建立数学模型、求解模型、验证反思的过程，形成模型观念，让学生真正从数学思想方法的高度把握知识的本质和内在规律，体会数学思想和数学方法的实质，使数学思想方法在学习中得以真正的落实。数学概念是“过程”与“对象”的统一体。传统的教学模式往往“重结果”而“轻过程”，导致许多学生对难点只能死记硬背，不能正确理解真正的数学含义和适时地使用数学方法。

4. 加强问题引导

《学记》中提出的“道而弗牵，强而弗抑，开而弗达”的教学境界，是对启发性教学原则和主体教育思想的具体践行或落实。课堂提问要具有启发性、灵活性、针对性和激励性。在传统的教学模式中，教师在课堂上常常采用“满堂灌”的教学方法，但是新型教学模式要求教师重视过程评价，聚焦核心素养，提升教学质量。教师以问题链开展教学时，课前需思考课堂上如何对学生提问，设置什么样的问题，选择哪些学生作为提问对象，提问该问题的目的是什么。

5. 开展多层次思维训练

恩格斯提出:“一个民族要想站在科学的巅峰，就一刻也不能离开思维。”教师应有意识地在课堂上渗透数学方法，鼓励学生提出质疑，引导学生用数学的思维思考现实问题。数学思维能力是学生进行各种数学活动的基本思想、方法和技能，也是进行数学学习的重要基础。培养学生数学思维能力的有效途径之一就是让学生去探索新的数学方法以及解决实际问题。学生的学习情况和学习能力存在差异，面对不同层次的学生，教师可阶梯式设置涉及数学方法的开放题，引导学生总结自己的反思过程，这样才能真正让学生领悟数学思想方法，使学生的思维获得发展与培养，发散学生的数学思维，培养学生的创新能力。

7.4 数学思想方法的教学设计流程

数学课堂培养学生产生浓厚的学习兴趣、掌握科学的学习方法和树立终身学习的观念。数学为人们提供了一种理解与解释现实世界的思考方式，以及认识与探究现实世界的观察方式。教师在教学过程中，以问题链的形式引导和启发学生，培养学生的问题解决能力。

数学思想方法的教学设计流程一般分为如下三个步骤。

1. 分析教材，细化目标

教材是教与学中最重要的资源，教材中教学内容的编排结构和顺序是具有合理性和系统性的。教师要把握教材，因为清晰的知识结构是实施教材单元教学的关键。在一章或一单元的教学中，将涉及很多的数学思想方法，它蕴含于数学知识的形成、发展和应用过程中，有的数学思想方法与内容融于一体，这就需要教师根据教材内容有意识地突出一种或几种思想方法的教学。为此，教师在进行教学目标设计时要灵活使用教材，注意教学侧重点，明确问题，细化教学目标，即将大问题分解成具体的若干个小问题，突破教学重点和难点。同时这也是数学思想方法渗透的关键环节。

2. 落实措施，有机渗透

数学概念的形成既要注重“对象”，又要关注“过程”。它们在课堂中的形成越自然，会越有利于教师把握数学知识的整体性，找准逻辑关系，抓住数学教学的“序”。在实施教学时，教师可以在章引言中确定教学目标，创设生动具体的教学情境，贴近学生的生活，在问题情景中抽象出具体的数学模型，把数学思想和方法的教学落实到教学的每一个环节，让核心素养在课堂中落地生根，着意引导学生领会蕴含在其中的数学思想和方法。

3. 把握方法，完善思想

数学方法的运用由数学思想来指导，数学方法是数学思想实施的具体手段。课堂小结是教学过程不可或缺的环节，在课堂教学中，教师要有意识地在课堂小结和解题总结部分有意识地引导学生体会数学思想和方法。学生对数学思想方法的学习要经过感受、领悟和发展三个阶段，这也就决定了教师的教学过程应该是多次孕育—初步形成—应用发展三个阶段。

7.5 数学思想方法教学设计案例及评析

下面将对《义务教育课程标准实验教科书 数学 八年级 下册》（人教版）第十九章“平行四边形的判定”第 1 课时的教学设计进行分析。

1. 创设情境，复习引入

（1）上演小话剧。贝贝不小心损坏了老师的平行四边形玻璃教具，剩下最大的一块，保留了平行四边形的三个顶点（图 7-1），他到玻璃店，却无法复制一块原模原样的，贝贝一筹莫展……

（提出问题：如何复制一块原模原样的平行四边形玻璃教具？）

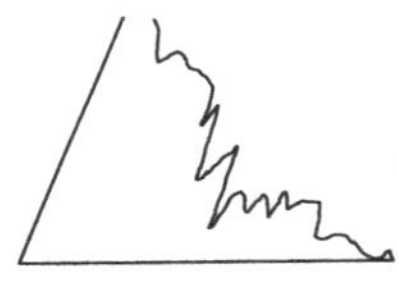

图 7-1

（2）复习平行四边形的定义与性质。用多媒体展示我们校园的平行四边形图片（图 7-2），复习刚学过的平行四边形的定义和性质。

图 7-2

设计意图：通过图片和小话剧活跃课堂气氛，增强学生的好奇心，让学生在进入新课之前，情感与认知都达到最佳的准备状态。让学生感受到数学就在我们的身边。

2. 设计活动，探究新知

为突出重点和突破难点设计两个活动。

[活动 1] 将两长两短的四根细木条用小钉钉在一起，做成一个四边形，使等长的木条成为对边（图 7–3）。它是平行四边形吗？（引导学生将实际问题转化为数学问题）

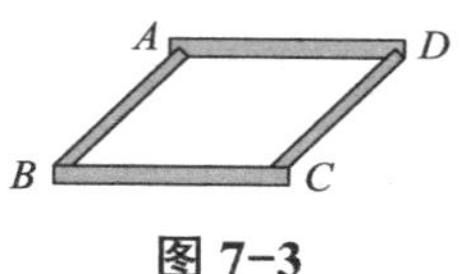

图 7–3

命题 1　两组对边分别相等的四边形是平行四边形。

命题 1 的证明如下。

已知：四边形 $ABCD$，$AB=CD$，$AD=BC$。

求证：四边形 $ABCD$ 是平行四边形。

（让学生小组讨论，教师到各小组巡回，参与学生的讨论，有针对性地启发和指导，为化解难点引导学生将平行四边形转化为三角形，并用平行四边形的定义来解决问题，鼓励他们提出疑问，鼓励他们团结合作。）

设计意图：想告诉学生，当以后面临实际问题时，应尝试着从数学的角度出发，应用学过的方法和技巧，去寻找解决问题的方案。

[活动 2] 将两根细木条的中点重叠，用小钉绞合在一起，用橡皮筋连接木条的顶点，做成的四边形是平行四边形吗？（引导学生将实际问题转化为数学问题）

命题 2　对角线互相平分的四边形是平行四边形。

（命题的证明让学生小组合作交流完成，教师巡视课堂，各小组派代表上台写证明过程，教师适当进行引导，适时渗透类比、转化等数学思想。）

设计意图：让学生经过自主探索与合作交流，敢于发表自己的观点，培养他们团结协作的集体主义精神。在轻松愉快的氛围中，春风化雨地对学生进行类比、转化等创新思维的培养，消除原有思维定式的束缚。

3. 总结深化，建构认知

让学生理一理平行四边形的判定方法，板书如下：

（1）两组对边分别平行的四边形是平行四边形。

（2）两组对边分别相等的四边形是平行四边形。

（3）两条对角线互相平分的四边形是平行四边形。

[为突出重点、突破难点，加深理解、加强应用，引导学生将得到的判定方法用符号语言加以描述（符号语言板书）。]

设计意图：教师升华数学知识，学生建构认知，促进学生认知结构的形成和发展，以及学生思维水平的提高。

4. 现学现用，巩固新知

[例1] 如图7–4所示，E、F是平行四边形$ABCD$的对角线AC上的点，$CE=AF$，请你猜想线段BE与线段DF有怎样的关系？并对你的猜想加以证明。

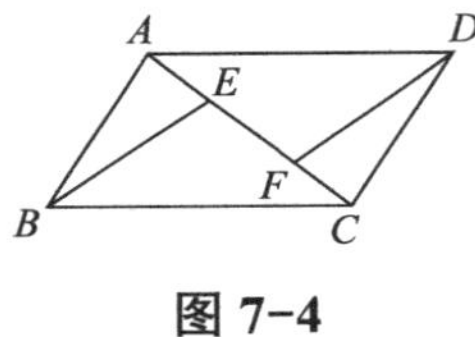

图 7–4

[例2] 如图7–5所示，▱$ABCD$的对角线AC、BD交于点O，E、F是AC上的两点，并且$AE=CF$。求证：四边形$BFDE$是平行四边形。

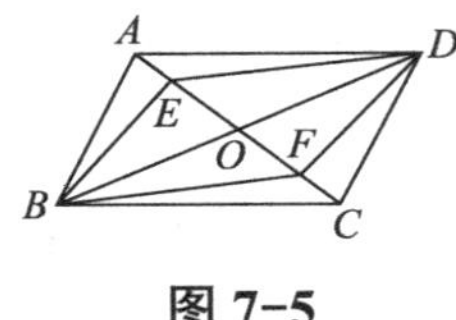

图 7–5

（让学生小组合作交流完成，各小组把交流的结果写在各自的小黑板上进行展示，教师点评并及时鼓励。为化解难点，对于例2教师可引导学生用不同方法进行证明，并渗透类比、转化等数学思想。）

设计意图：让学生自主学习、合作学习，既巩固了新知识，又培养了学生的发散思维。

5. 应用新知，小试牛刀

现在帮助贝贝解决疑难问题！

小话剧中提出问题：如何复制一块原模原样的平行四边形玻璃教具？

（鼓励各小组派代表上台用尺规作图，展示他们的画法，并说明这些画法的理由，教师应及时赞扬学生创造性的成果。）

设计意图：让学生体验成功的喜悦，激发学生的学习兴趣，体会数学来源于实践又服务于实践。

6. 课堂小结，布置作业

（1）让学生聊一聊本节课的收获和体会，示例如下。

你学了哪些平行四边形的判定方法？

在数学思想方法上有哪些收获？

你还有哪些感受？

（2）作业：课本 P91 第 4、第 5 题。

思考：贝贝要复制一块原模原样的平行四边形玻璃教具，还有其他方案吗？

（让学生课后思考，并带着这个问题预习下节课内容。）

设计意图：引导学生发挥主体意识，养成及时总结、反思的好习惯。鼓励学生在体验成功的喜悦后，积极地去再思考、再探索，并有继续学习新知识的欲望。

7.6　本章小结

只重视讲授表层知识，而不注重渗透数学思想和方法的教学，是不完备的教学，它不利于学生对所学知识的真正理解和掌握，使学生的知识水平永远停留在一个初级阶段，难以提高。反之，如果数学教学单纯强调数学思想和方法，而忽略表层知识，就会使教学流于形式，成为无源之水，无本之木，学生也难以领略到深层知识的真谛。因此，数学思想和方法的教学应与整个表层知识的讲授融为一体，使学生逐步掌握有关的深层知识，提高数学能力，形成良好的数学素质。

实践与思考

1. 中小学常用的数学思想方法有哪些？

2. 请尝试用本节介绍的两种教学模式，任选一课时的内容进行教学设计，并进行试教，由小组和指导教师进行点评。

参考文献

[1] 张金昌．深研教材，突显数学思想方法[J]．教育艺术，2022（8）：43–44.

[2] 陈新宁．品味数学抽象性[J]．科技创新导报，2012（33）：151.

[3] 王铭．对数学思想方法与知识应用的再认识：初中数学新大纲、新教材略析[J]．辽宁教育，1994（12）：41–42.

[4] 李学付．数学方法特点及其在科学实践中的应用[J]．淮南职业技术学院学报，2003（3）：112–113.

[5] 李艳妮．初中数学教学应如何渗透数学思想和数学方法[J]．赤子（上旬），2015（12）：286.

第 8 章　数学其他课型的教学设计及案例分析

8.1　数学引言课的教学设计

8.1.1　引言课的定义

由于研究内容的不同，中学数学课程内容可分为不同的单元或者模块，例如立体几何单元、解析几何单元、概率与统计单元等。所谓的数学引言课就是学习某部分或单元知识之初，教师先就知识整体向学生作一个粗浅的介绍和展望，指引他们初步了解、认识、体验新的学习任务，从而更好地完成教学过渡，顺利进入后续更具体、更详细内容的学习。

8.1.2　引言课的教育价值

1. 激发学生学习兴趣

教师在课堂上让数学引言课的作用得到充分发挥，可以使学生更好地感悟到学习的内容价值与意义，使数学课堂充满趣味性，调动学生的学习积极性。

2. 促进学生形成认知结构

数学引言课在数学课堂的教学中作为先行组织者，是先于学习任务本身呈现出一种适当相关的引导性材料。这种引导性材料可作为学习新内容的导入，唤醒学生已认知结构中的观念，使新旧知识之间建立起关联。这样学习者能够更轻松地对新知识进行同化，使知识之间能更好地衔接，从而更为深刻地理解知识。所以，先行组织者的实施能够帮助学生确立有意义学习的心理，促进认知结构的逐渐分化和整合协调。

3. 具有确定教学内容的作用

按照数学引言课的内容确定教学内容是关键，也是难点。因为引言课涉猎范围广，课程标准很难做具体规定。有些教材尽管用章头语简明扼要介绍相关内容和思想方法，甚至还配上章头图来展示数学应用或传播数学文化。但就教学容量和教学素材而言都不足以支持一节课的教学内容。所以数学引言课的内容通常只能由教学设计者根据自身的学识和经验予以适当的取舍、提炼和组织。数学引言课的主要内容可包括章节研究对象、学习的目的与意义、基本内容与知识结构、主要的思想方法与学习方法等。

4. 促进新的学习发生

与其他课型相比，设计数学语言课还要特别注意发挥教师在课堂上的主导作用。一般来说，数学引言课可以采用“感知—讲授”的教学模式。一方面，通过精选具体模型或生活实际的积累，丰富学生的感性认识；另一方面，注重归纳总结，引导学生观察、思考背景材料之中蕴含的朴实道理与思想本质，把握数学学习的规律，促进知识的迁移。

总而言之，作为课堂的开场白，引言课应该务虚不务实，宜粗不宜细，即笼统的、宏观的内容可以多一些，具体的、微观的内容可以少一些。引言课的主要任务并不是教会学生学懂知识并用来解决问题，而只是为了促进新的学习发生。因此，为了充分发挥引言课的教育功能，引言课所展示的教学情境应该是简单却不失典型性和代表性的，引言课要能够引领后续的学习过程，反映学习内容的整体面貌和基本思想，有利于激发学生学习兴趣和求知欲。教学设计要重点关注新旧学习之间的差异性，以此引发学生的认知冲突，通过不断质疑与反思，提高他们的认知水平，为以后的探索活动提供能力上的保证。

8.2　数学复习课的教学设计

8.2.1　数学复习课的定义

数学复习课是指对某一个阶段所学知识进行归纳整理，将所学知识梳理得更具有条理性，通过系统整理所学知识达到查缺补漏、温故知新和优化认知结构的教学目的一种课程。在实际教学中，教师通常以单元复习、章节复习、专题复习等形式来开展数学复习课。

数学复习课与数学新授课所面临的教学条件是完全不同的。数学复习课所涉及的知识在内容上是学生已经学习过的知识，学生脑海中对该节课知识有印象。同时，数学复习课的学习不可以只是停留在对所学过的内容进行无意义的简单重复，而是要在学生已有的基础上让学生产生对知识点的新的理解。

具体而言，数学复习课的主要教学任务包括整理知识，加深理解、综合应用。其一，数学复习课要在回顾知识的基础上，加强知识之间的联系，通过深层次加工进一步促进知识的结构化、网络化、系统化，逐步实现数学学习从由薄到厚向由厚到薄的过渡；其二，数学复习课要在重新审视已有认识的基础上，进一步深化和完善对知识内涵的理解，升华数学思想方法；其三，数学复习课还要对知识进行综合应用，进一步培养学生分析和解决问题的能力。

8.2.2　数学复习课的教育价值

按照复习的范围，数学复习课可以分为三种主要类型：单元复习课、阶段复习课、总复习课。单元复习课主要以复习巩固某个单元或某个章节所学的内容为主要目的。单元复习课一般安排在新授课和习题课之后，一般需要安排 1~3 节课进行复习。阶段复习课如期中复习课、期末复习课等以复习和巩固某一阶段所学内容为主要目的，一般会安排在阶段性考试之前进行。总复习课是指学生学完某个学科或即将毕业时，对所学内容进行总体概括复习的一种课型，如毕业班的复习课。

1. 构建科学的教学、复习模式

数学复习课主要采用“整理知识—课堂练习—讨论交流—重点讲评—针对训练”的模式展开教学，并采用师生互动、生生互动的模式，始终保证教学过程中学生的主体地位，教师则负责引导和辅助学生纠正或完善知识体系。在数学复习课的教学中，教师可创造有利的教学环境，如教学工具的使用、游戏活动设计等，尽可能增加复习课的趣味性，激发学生的积极性和创造性。当学生参与到课堂之中后，学生就可以不完全依赖于教师的指导而自主对所学知识进行归纳总结，尝试发现新问题、分析和解决问题。通过数学复习课的自主合作学习以及教师的帮助，数学复习课查漏补缺，温故知新的教学目标得以实现。复习模式的采用需根据学生的不同情况而做选取和改变。

2. 创建情境、激发学生复习兴趣

数学源于生活。教师可通过创设合理的教学情境使学生对问题产生新鲜感，帮助学生发现身边的生活现象，从而产生探索问题的欲望。创设学习情境可以有效避免学生对之前所学知识产生厌恶。

复习课的重点任务即教师与学生通过合作回顾所学知识内容，使学生在对知识的重新体会中建立知识结构。教师设置的问题一般要有针对性、启发性，要能引导学生建立知识结构。学生的活动主要体现在主动参与其中，积极回应教师所设置的问题并探究所学知识的内在联系。通过复习课上的师生互动，学生可以进一步提升自己的知识水平。

3. 便于学生把握课程知识体系

初中数学课堂教学的一个突出特点是数学知识的零碎性。因此学生在对这些知识进行复习的过程中，经常会出现有缺漏的情况。教师在准备复习课的教学时，需要建立多层次、多角度的体系，建立数学知识复习网络，以帮助学生了解数学的本质，从而使学生能够更好地掌握各个知识点之间的关系，以及综合理解数学知识，进而提高对数学课程学习的信心。数学复习课更多的是由教师带领学生对所学过的知识进行回顾复习，同时也帮助学生提高自身的数学基本素养。对数学知识建立层次，有利于培养学生的辩证思维能力，有利于培养学生用数学知识思考并解决生活中常见问题的能力。

4. 把握学习评价与学生反馈

在数学复习课中，教师要树立新的教学观念，建立以学生为主体的教学原则，充分尊重学生的意见和想法，并积极鼓励学生主动参与课堂，让学生发挥“小老师”的身份。教师可以通过小组提问、抢答分组、抢答加分的方式来活跃课堂气氛，并重视学生之间的个体差异，让班级中大多数同学都能够参与课堂的互动环节。

鼓励性语言的运用在数学复习课堂上具有重要意义。要发现学生的进步，对优秀的回答做出适当的鼓励和评价，提出指导性意见，使学生在每一次的问题回答之中受益，同时也要注意从学生的反馈中发现学生出现的问题，及时纠正。

5. 培养学生克服难题的思维

数学复习课主要是帮助学生对旧知识进行巩固，同时适当培养学生解决问题的技巧。学生在深入研究知识后，可以用辩证思想掌握数学规律，并将其应用于实际生活中。这有助于学生全面掌握数学知识，提高自身能力。学生在自主发现、自主提出以及自主解决问题的过程中，对问题产生兴趣。一方面，这种自主解决的过程可以提升学生的能力；另一方面，成功解决问题也会使学生产生对数学问题解决的兴趣和动力。

总的来说，数学复习课与数学新授课、练习课都是不同的。对于复习课而言，提升效率的关键是要通过多种方法帮助学生活跃思维，引导学生进入教师设置好的复习活动中，有效地使用一些学生宜接受的方法帮助学生巩固所学知识。

8.3 数学建模课的教学设计

8.3.1 数学建模课的定义

数学具有广泛的应用价值，是一种探索自然现象和社会现象基本规律的工具。数学建模指的是运用数学理论方法解决实际问题的过程。随着数学技术的发展和教育理念的不断革新，数学建模已经成为不同层次数学课程中的基本内容，并由此发展为一种新的课型——数学建模课。

8.3.2 数学建模课的教育价值

数学建模是数学与生活实际问题联系的枢纽。中学数学建模一方面引导中学生简化复杂研究；另一方面指导中学生借助模型的性质解决实际问题，特别是与生活密切联系的时间问题。数学建模课可以培养中学生的数学能力、动手能力、合作能力和创造能力。

1. 学习能力

数学建模课旨在培养学生对知识主动加工建构的能力。当学生通过自己的思考建立起对数学知识的感悟时，能够更深刻地理解数学知识，并不断提升自身的数学学习能力。学习数学不是简单记住上课所学内容，而是要通过吸收、反思做到知识的融合，建立新的认知结构。数学建模课对学生的要求不仅是知晓、应用数学知识，还要求学生通过自身探索使用。具体来说，中学数学建模课的教学目标是让学生更加了解数学知识应用的背景，使学生通过自己参与数学建模的过程，体会到数学与日常生活及其他学科之间的联系，增强数学应用意识，提高分析解决实际问题的能力。

2. 动手能力

中学数学建模活动具有一定的目标性和灵活性，为学生提供了较多的动手机会。学生在建模过程中需要通过动手测量、绘制图表的方式进行数据的收集。有时为了使模型有更高的精确度，还需要使用一些计算工具，如计算机和计算器等。为了验证对模型的假设，有时还需动手做更加直观的实物操作实验。中学数学建模教育培养学生的动手能力，不再是应试教育中只动脑不动手的旧教育方式。

3. 合作能力

自第一届美国大学生数学建模竞赛以来，几乎所有国家的大学生数学建模竞赛都规定参赛小组必须以三人为小组参加比赛，这也从侧面说明了中学数学建模活动必须培养学生的合作能力。数学建模活动一般来源于生活实际。这些生活中的实际问题，一般并无现成的答案，需要学生小组的群体成员通力合作，发挥集体的智慧，而不是一个人闭门造车。对于同一个问题，学生之间可以提出不同的假想，并选取最优方案，这一过程可以有效提高学生解决数学问题能力，进而达到事半功倍的目的。

4. 创造能力

培养学生的创造能力应当摆脱数学概念、定理、公式的讲授，摆脱无用的形式计算推理证明；应当以数学与数学建模为突破口，使学生掌握数学精神。

8.3.3　基于数学建模素养的导数的概念的教学设计案例

1. 教学目标

（1）经历由平均速度过渡到瞬时速度，再由平均变化率过渡到瞬时变化率的过程。抽象概括出导数的概念，感悟逼近的数学思想。

（2）明确瞬时变化率就是导数，理解导数的内涵。

（3）通过对现实速度的探究及导数概念的建立，体会数学建模事项，激发学生对本部分内容的兴趣。

2. 教学的重难点

（1）教学重点。经历从平均速度到瞬时速度的过程，在导数概念的形成过程中充分体会逼近的数学思想方法，感悟数学建模的意义。

（2）教学难点。建立数学模型，刻画世界的数学化过程的体会，进一步感受数学建模事项。

3. 教学过程

1）情境导入，实例探究

这一环节通过实例探究，通过两个问题设置情境，引入新课。

［问题 1］回顾上节课的运动员高台跳水问题，若直接用平均速度来描述跳水运动员的运动状态，会出现运动员在运动，但平均速度是零的悖论。引发学生思考问题：如何求出运动员在跳水过程中在某一特定时刻的速度？

［问题 2］如果此时运动员在他的高台跳水过程中刚好处于 t 时刻，那么运动员的瞬时速度又应该如何表示呢？

2）深入探究，概括提升

类比运动员高台跳水的问题，你还能列举出一些生活中的类似问题吗？它们有什么共性？一般函数的瞬时变化率应该如何表示呢？引出问题：能不能说出你求解的依据，具体步骤是怎样的呢？

3）树立知识，归纳总结，引出问题

通过本节课的学习，你有哪些收获？

本节课创设了运动员高台跳水的生活情境，提出了运动员瞬时速度的问题，体现了数学化原则，创造了学生数学建模素养发展的机会；帮助学生理清了平均变化率的知识脉络，建立了平均变化率与瞬时变化率之间的联系，体现了启发性原则，奠定了学生数学建模发展的基础；采取小组合作探究的形式，要求学生亲身实践求瞬时变化率的过程并在活动中研究瞬时变化率，体现了活动性原则，开辟了学生数学建模素养发展的途径。

本案例中数学建模活动大体需要经历两个关键环节。第一，确定影响运动员跳水瞬时速度的主要因素，如运动员起跳后所处的高度；运动员起跳后所处的时刻；跳水时的风速、风向等一些随机因素。构建数学模型主要考虑前两个量，将其视为最关键的因素。第二，建立跳水的瞬时速度模型，在实际探究过程中，随着 Δt 趋近于 0 平均速度趋向于一个定值。这个定值就是某一时刻的瞬时速度，整个探究导数概念的数学建模活动，培养了学生把情境中的实际问题转化成数学问题的能力，以及运用数学思维进行分析的能力，并通过发现情境中的数学关系，充分发展了学生的数学建模素养。

8.4 数学活动课的教学设计

1. 数学活动课的定义

数学活动课是指学生在教师指导下，围绕着某一个活动主题，通过自己的操作和实践行为获得一些数学知识，并解决实际问题。数学活动课的形式有很多种，包括动手操作、动手实验、数据调查、社会实践等。如今随着教学实践的不断发展，数学活动课已经逐步发展成为一种独立的数学课程，尤其在低年级中集中开展得较为普遍，效果也较好。

数学活动课重视从做中学。以数学活动课的方式学习数学，可以加深学生对理论知识的理解；有利于培养学生的创新能力和实践能力；可以让学生充分参与到课堂之中，让学生产生对数学课堂的兴趣，激励学生积极主动参与课堂思考，从而进行主动创造、探索。此外，数学活动课往往是以小组的形式进行，因此数学活动课的开展也有助于培养学生的合作意识和能力。

2. 数学活动课的教育价值

数学活动课是学生通过数学活动探究数学问题的过程。在数学活动课中学生具有高度的主体性，学习的形式也由学生自己选择。数学活动课的实践性和开放性使得其十分注重学生在学习过程中的体验，有利于学生更好地去理解数学的实用性。

中学数学课堂的活动课对学生获取专业知识、教师获得专业发展和数学课程获得发展都具有很重要的意义。对于学生来说，由于在数学活动课中，教师的权威只体现在帮助学生参与、促进学生发展、帮助学生形成数学问题并分析解决等方面，学生具有充分的自主性。这样的模式能够激发学生的求知欲和兴趣，培养学生的创造潜力，增强学生数学学习的信心。对于教师来说，数学活动课要求教师重视知识的综合性，关注相关学科的知识，加深加宽自身原有的知识体系。因此数学活动课十分有助于教师提高自身的创造能力和研究能力。同时，数学活动课也推动了数学课程的改革。

8.5 案例研究

8.5.1 投影（引言课）

1. 内容和内容解析

1）内容

投影及其有关概念，投影的分类及其特征。

2）内容解析

学习视图就需要掌握一些投影知识。基于学生对投影和视图的知识已有初步的感性认识，本节通过对实例的观察比较，引入基本概念，归纳总结基本规律。使学生对投影的认识从感性上升为理性，达到更高的水平，为学生对后面学习三视图打基础。

投影概念的定义从直观的、抽象化的、集合的三个角度看会有所不同。教科书采用的是从直观的角度进行定义。

本节以物体在日光或灯光照射下在地面或墙壁上形成的影子为基础，根据投影线与投影面的不同位置关系，将投影分为平行投影和中心投影两类，进而研究这两种投影的区别与联系。这个过程体现了研究几何内容的基本思路——从一般定义出发，分类研究图形的性质，最终形成统一。

基于以上分析，确定平行投影和中心投影的概念和特征为本节课的教学重点。

2. 目标和目标解析

1）目标

（1）了解投影的有关概念，能根据投影线的方向辨别物体的投影。

（2）了解平行投影、中心投影之间的概念，能分清他们的区别。

2）目标解析

能结合具体实例说明投影、投影线、投影面等有关概念是达成目标（1）的标志。

知道平行投影和中心投影是根据投影线间的不同位置关系进行分类的，能结合具体实例解释说明平行投影和中心投影的区别评价是达成目标（2）的标志。

3. 教学问题诊断分析

从学生的学情来看，学生对空间中直线与直线、直线与平面的位置关系的知识并不了解，从学习难度上看，学习本节内容有一定的难度。因此，第一步就是要加强与实际的联系，用多媒体来展示各种丰富的实物图片，让学生通过观察具体的实例，结合已有的生活经验，了解这些实物的空间位置关系，并把这种认知迁移到本节课，迁移到对平面投影和中心投影投影线不同位置关系的了解，最终能够正确归纳出两种投影的特征。

综合分析，把归纳平行投影和中心投影的特征，在投影面上画出平面图形的平行投影或中心投影确定为本节课的教学难点。

4. 教学条件支持分析

本节教学要借助多媒体展示各种丰富的实物图片和视频、微课等，引导学生建立概念，了解空间中直线与直线、直线与平面的位置关系。

5. 教学过程设计

1）创设情境，引入课题

师生活动：教师多媒体展示“皮影”“手影”视频，让学生观看。

引言：这段视频中出现了“皮影”和“手影”两种表演形式，那么它们的原理是什么呢？它们都与影子有关，这就是我们这课要学习的“29.1 投影”。

设计意图：通过让学生观看有关本节课学习内容的视频，激发学生的学习热情。

2）观察实物和图片，了解投影及其有关概念

［问题 1］物体在日光或灯光的照射下，会在地面、墙壁等处形成影子，影子与物体的形状有密切的关系。你知道物体与影子有什么关系吗？请同学们阅读教材 P87–88 页内容，并填空。

师生活动：教师通过多媒体展示实物及图片，学生进行观察、思考，自行阅读本节内容，完成教师设置的填空，了解投影、投影线、投影面的概念。

设计意图：通过亲自观察实物与图片，能让学生感知物体的影子能反映物体的位置、形状、大小。让学生感知数学概念的形成来源于生活，体会到投影即是生活中物体在光线照射下，在某个面上得到的影子，照射光线就是投影线，形成影子的地方就是投影面。

3）分析光线特征，了解投影的分类

［问题 2］通过阅读可以发现投影有几种分类？投影线间的位置关系有什么不同？

师生活动：教师展示课件图片，学生观察和思考后向同学和老师分享自己的想法，师生再共同进行归纳总结，最终一起探讨出平行投影和中心投影的概念。

［追问］你们知道日晷的工作原理吗？

师生活动：教师通过多媒体播放“日晷”的视频，展示其中的道理，以提高学生的学习兴趣。

设计意图：根据投影线间位置关系知道光线照射物体分两种情况，了解投影分平行投影和中心投影两类；通过观看“日晷”视频，体会投影在现实生活中的应用，培养数学应用意识。

［练习］教科书第 88 页练习

师生活动：给学生两分钟的思考时间，时间到后，教师就以上问题提问学生。

设计意图：练习设置得难度一般却有趣味性，使学生能运用所学

的投影知识，增强数学学习的自信心，发展空间观念。

4）思考总结，了解两种投影的区别与联系

［问题 3］平行投影和中心投影有什么区别与联系？

师生活动：首先，教师出示表格，并展示三种物体（木棍、三角板、矩形纸板）在阳光下形成的影子的微课，学生观察、思考；然后，由学生小组合作完成三种物体在手电筒照射下形成影子的实验；最后，学生根据两个实验的结果总结并独立完成表格。

设计意图：学生经历观察、思考、动手操作等活动，能体会到将实际问题抽象成几何图形的过程，这样的活动有利于学生分析问题的本质而不是停留在表面的理解。通过对比分析，学生能清楚地认识和理解平行投影和中心投影的区别，培养了学生的动手能力和合作能力。

［练习］观察图 8–1 的两幅图，图中表示的是两根标杆在同一时刻的投影。你能在图中画出形成投影的光线吗？如果能，请你思考一下：它们是平行投影还是中心投影？并说明相应的理由。

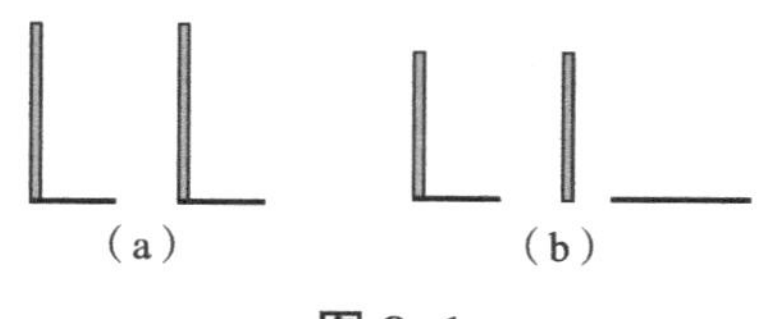

图 8–1

师生活动：教师观察学生，适时给予指导。学生根据教师的问题独立思考。待思考结束后，教师请学生讲解，并对学生的讲解进行点评。

设计意图：通过画出光线的方向的活动，引导学生分析辨别平行投影和中心投影，帮助学生巩固投影的基础知识，提高学生应用意识。

5）练习运用，深化认识

［练习 1］认真观察图 8–2 的两幅图，它们分别是两棵小树在同一时刻的影子。根据你的经验，你认为哪幅图是在灯光下形成的，哪幅图又是在太阳光下形成的？简要说明你的理由。

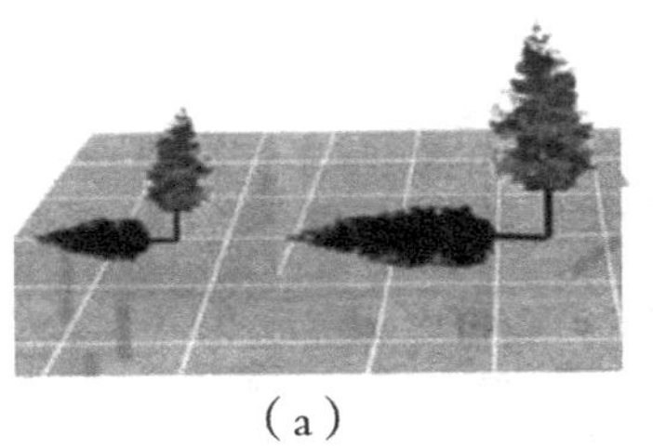
（a）

（b）

图 8–2

［练习2］认真观察图8–3，它是两棵小树在同一时刻的影子。你能在图中画出形成树影的光线吗？思考一下它们是在太阳的光线下形成，还是在灯光下形成的？思考完成后请画出同一时刻旗杆的影子，并说明你的思路。

图 8–3

［练习 3］观察图 8–4，你能确定图中路灯灯泡的位置吗？如果能，请确定路灯灯泡的位置。此时，你能画出小赵在灯光下的影子吗？如果能，请在图中画出。

图 8–4

师生活动：教师巡视并对有需要的同学给予适当的指导。学生独立思考或与同桌交流，完成练习后再进行小组分享交流，一起总结归纳。教师请小组代表进行讲解，并进行指导性评价。

设计意图：通过画图，学生能更深刻地认识平行投影和中心投影的区别和联系；经历平行投影与中心投影的形成过程，学生能进一步巩固关于两种投影的概念和特征的知识，以及有效强化空间观念。

6）巩固训练，能力提升

[练习 1] 在一个玻璃幕墙前面的地面上有一盆花和一棵树。观察图 8-5，晚上，幕墙反射路灯灯光形成了那盆花的影子，已知树影是路灯灯光形成的。对比观察，你能确定此时的路灯光源在什么位置吗？

图 8-5

师生活动：教师提出问题，学生先独立思考，再小组交流讨论，教师请学生展示作答，师生共同评价。

设计意图：引导学生回顾投影和光反射的知识，并结合题意画出光源的位置，既巩固了重点内容，又培养了学生应用意识和团结合作的能力。

[练习 2] 一块矩形的纸板在阳光下会形成什么样的投影呢？

师生活动：教师提出问题，学生小组合作完成模拟实验——矩形纸片在光照下的投影。完成实验后小组总结答案，教师展示微课课件。

设计意图：学生亲自体验操作的过程，体会投影与实物的关系，检验和校正“由物想图”的结果，加深对投影特征的理解，进一步培养空间观念。学生在已有经验上类比学习，提高学生自主动手能力。

7）联系实际，学以致用

[练习 1] 教科书 92 页习题第一题。

师生活动：教师通过提问的方式，让学生分享思路，并做指导性评价。

设计意图：投影与方位的综合运用，培养学生的数学应用意识和运用数学知识解决问题的能力，发展学生的空间观念。

[练习 2] 一根电线杆在一天中不同时刻的影长图会呈现不同的状态（图 8-6），你能按其一天中发生的先后顺序排列吗？

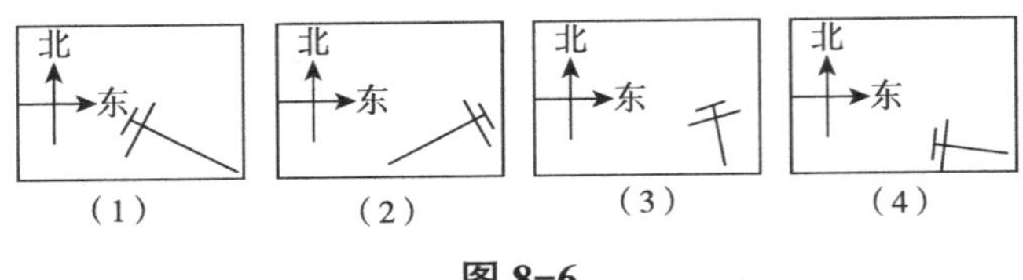

图 8-6

［练习 3］图 8-7 所示为一天中四个不同时刻两根电线杆的影子。将它们按时间先后顺序进行排列（填写序号）__________。

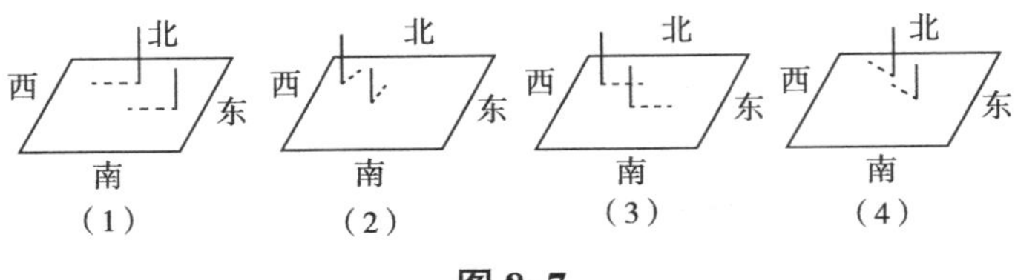

图 8-7

师生活动：学生先独立完成排序并作答，教师评价，然后进行小组讨论，最后完善思路。

设计意图：使学生进一步认识投影与方位的联系，巩固投影内容，体会投影的实际应用，发展空间想象能力。

［练习 4］球球和他爸爸在阳光下的沙滩上漫步（图 8-8）。假如你是球球，你不想让爸爸看到你的影子，那么你能画出自己的大致活动范围吗?

图 8-8

师生活动：教师提问，小组讨论交流并请小组代表展示。

设计意图：本题让学生进一步理解投影的含义，感受投影的形成过程。体会从具体（投影）到抽象（线段）的认知规律，进一步培养学生的抽象能力。

8）课堂小结

师生共同回忆本节课的重点内容，小组交流讨论，总结归纳本节课的主要内容、重点与难点，理清平行投影和中心投影的分类依据及其区别与联系。最后师生交流，让学生分享收获与提出疑难问题，教师则根据具体问题帮助学生解决疑难。

设计意图：通过小组讨论的方式让学生对本节课的内容进行总结归纳，加深学生对本节课内容的理解，帮助学生形成知识体系。

9）布置作业

教科书习题 29.1 第 2 题。

6. 目标检测设计

［练习 1］平行投影中的投影线是（　　）。

A. 一组聚成一点的射线　　　B. 一条射线

C. 一组互相平行的射线　　　D. 一组垂直于投影面的射线

设计意图：本题考查的知识点是平行投影、中心投影的特征。

［练习 2］小婷有一块长方形硬纸板，她想在阳光下做一个投影的实验，通过实验观察，你认为这块长方形硬纸板在平整的地面上，不可能出现的投影是（　　）。

A. 三角形　　B. 线段　　C. 矩形　　D. 正方形

设计意图：本题考查矩形在平行投影下的不同形状。

［练习 3］如图 8–9 所示，小华、小军和小丽同时站在路灯下，小军的影子是 AB，小丽的影子是 CD。

①你能在图中画出路灯灯泡的位置吗？如果能，请用点 P 表示；

②你能画出小华此时在路灯下的影子吗？如果能，请用线段 EF 表示。

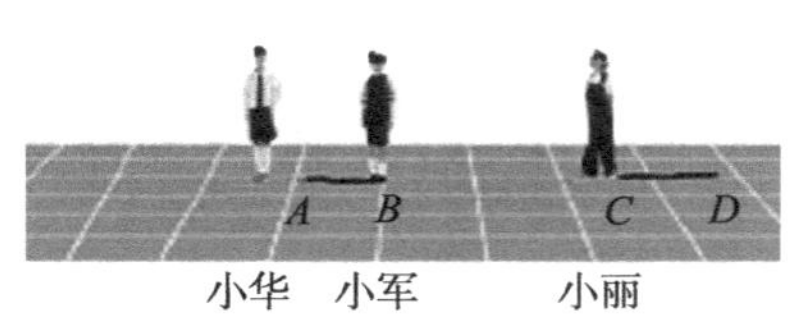

图 8–9

设计意图：本题考查的知识点是中心投影的含义及特征。

评析：相对于其他的常规数学课程来说，引言课教学设计的难点主要在于教学内容的选择。在此案例中，通过皮影、手影引出这节课的教学重难点——平行投影与中心投影。相信通过这节课的教学，同学们在日常生活中也可以分辨出平行投影与中心投影，同时也掌握了绘制平行投影与中心投影的能力。

学生的学情显示，学生在分析空间图形时还不能进行严格的逻辑推理。因此教师可以采用多媒体展示实物图片、播放视频等方式帮助学生快速地建立相关概念，并在此基础上帮助学生了解空间中的直线与直线、直线与平面之间的位置关系的知识点。通过这节课的学习，学生可以体会到投影在生活中大量存在，同时能够积极地参与到数学学习活动之中。

案例的不足体现在缺乏对学生动手实践能力的锻炼，缺少真正的直观演示，没能达到事半功倍的教学效果，对于课后作业的布置也仅仅停留在纸张之上，没有让学生在生活中主动探索发现与投影相关的知识。

8.5.2 一次函数专题（复习课）

本节课包括一次函数的概念、一次函数的图象、一次函数的性质三大模块。其中一次函数的图象和性质如表 8-1 所示。

8.5.2.1 知识回顾

1. 模块一 一次函数的概念

一般地，形如$y=kx+b$（k和b是常数，$k\neq0$）的函数，叫作一次函数。

（1）一次函数的解析式的形式是$y=kx+b$。要判断一个函数是否是一次函数，就是判断解析式的形式是否符合以上形式。

（2）当$b=0$，$k\neq0$时，$y=kx$是前一节课学习过的正比例函数，仍是一次函数。

（3）当$b=0$，$k=0$时，它不是一次函数。

（4）正比例函数是一次函数，它是一次函数的特例。

2. 模块二　一次函数的图象

（1）一次函数$y=kx+b$（$k\neq 0$，k和b均为常数）的图象是一条直线。

（2）由两点确定一条直线，在平面直角坐标系内画一次函数$y=kx+b$的图象时，只需先描出两个点，再连接两个点确定直线。

①若函数为正比例函数，通常取（0，0），（1，k）两点；

②若函数为一般的一次函数（$b\neq 0$），通常取（0，b），$\left(-\frac{b}{k},0\right)$两点，其中（0，$b$），$\left(-\frac{b}{k},0\right)$是直线与两坐标轴的交点。

（3）满足函数关系式$y=kx+b$的点（x，y）连接起来，在其对应的图象上是一条直线l。换言之，直线l上的点的坐标（x，y）均满足一次函数解析式$y=kx+b$。通常把一次函数$y=kx+b$的图象叫作直线l：$y=kx+b$，或直接称为直线$y=kx+b$。

3. 模块三　一次函数的性质

1）一次函数图象的位置

（1）$k>0$时，图象必定经过第一象限、第三象限；$k<0$时，图象必定经过第二象限、第四象限。

（2）$b>0$时，图象与y轴交点在x轴的上方，故图象必定经过第一象限、第二象限；$b<0$时，图象与y轴交点在x轴的下方，故图象必定经过第三象限、第四象限。

也就是说，若已知一次函数$y=kx+b$的图象的位置，可以确定其系数k和b的符号。

2）一次函数图象的增减性

（1）当$k>0$时，一次函数$y=kx+b$的图象从左到右上升，y随x的增大而增大。

（2）当$k<0$时，一次函数$y=kx+b$的图象从左到右下降，y随x的增大而减小。

表 8-1　一次函数的图象和性质

k, b 符号	$k>0$			$k<0$		
	$b>0$	$b<0$	$b=0$	$b>0$	$b<0$	$b=0$
图象						
性质	y 随 x 的增大而增大			y 随 x 的增大而减小		

8.5.2.2　例题

1. 模块一　一次函数的概念

［例 1］下列函数中，哪些是一次函数？哪些是正比例函数？

（1）$y=-\dfrac{x+1}{5}$　（2）$y=-\dfrac{x}{5}$　（3）$y=-2x-1$

（4）$y=-3-\dfrac{x}{5}$　（5）$y=x^2-(x-1)(x-2)$　（6）$x^2-y=1$

［例 2］已知 $y=ax^{a-3}$，若 y 是 x 的正比例函数，则 a 的值是________。

［例 3］已知：$y+m$ 与 $x+n$（m，n 为常数）成比例。

问：y 与 x 有什么函数关系？

［变式］已知：$y-2$ 与 x 成正比例

问：（1）当 $x=3$ 时，$y=1$，求 y 与 x 之间的函数关系式；

（2）判断它是不是正比例函数。

［例 4］已知：$y=(m-3)x^{m^2-8}$。

问：当 m 为何值时，y 是 x 的一次函数？

［变式］已知：$y=(m-1)x+m^2-1$。

问：当 m 取何值时，y 是 x 的正比例函数？

［例 5］若 $y=x+2-3b$ 是正比例函数，则 b 的值是（　　）。

A. 0　　B. $-\frac{2}{3}$　　C. $\frac{2}{3}$　　D. $-\frac{3}{2}$

［变式］已知函数 $y=(k-2)x^{|k|-1}$（k 为常数）是正比例函数，则 $k=$________。

2. 模块二　一次函数的图象

［例 1］一次函数 $y=-x$ 的图象平分（　　）。

A. 第一象限、第三象限　　B. 第一象限、第二象限

C. 第二象限、第三象限　　D. 第二象限、第四象限

［例 2］正比例函数 $y=kx(k<0)$ 在平面直角坐标系中的大致图象是（　　）。

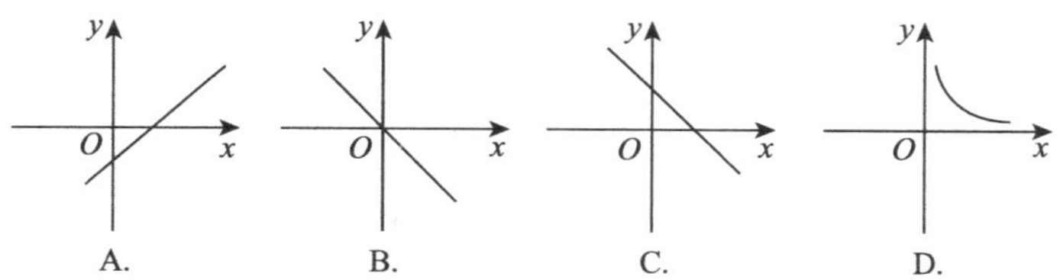

［变式］(1) 下图表示一次函数 $y=mx-n$ 与正比例函数 $y=mxn$（m，n 为常数，$mn\neq0$）的图象。则下列图象一定不正确的是（　　）。

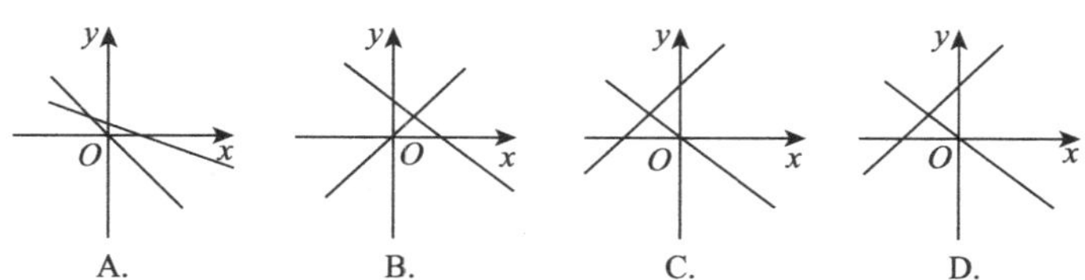

(2) 已知正比例函数 $y=kx$（$k\neq0$, k 为常数）经过点（2，4），则该正比例函数的图象上一定不会存在的点是（　　）。

A.（−2，−4）　B.（0，0）　C.（1，2）　D.（1，$y=2x$）

3. 模块三　一次函数的性质

[例 1] 请在平面直角坐标系中画出下列函数的图象。

(1) $y=2x$; $y=2x+3$; $y=2x-1$。

(2) $y=-\frac{1}{2}x$; $y=-\frac{1}{2}x+2$; $y=-\frac{1}{2}x-2$。

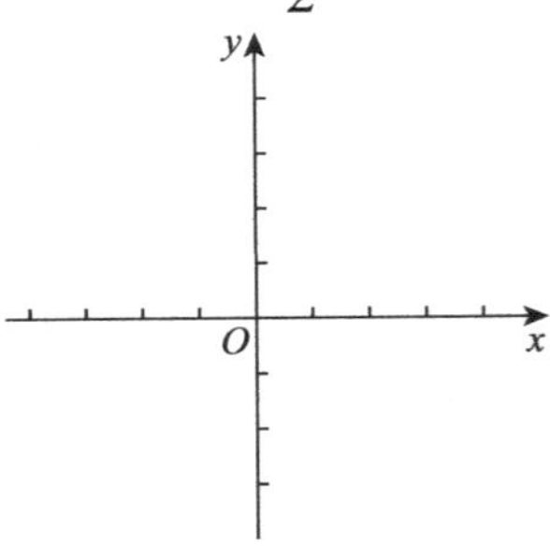

[变式] 如下图所示，在同一直角坐标系中，一次函数 $y=k_1x$，$y=k_2x$，$y=k_3x$，$y=k_4x$ 的图象分别是 l_1，l_2，l_3，l_4；试判断 k_1，k_2，k_3，k_4 的大小关系________________。

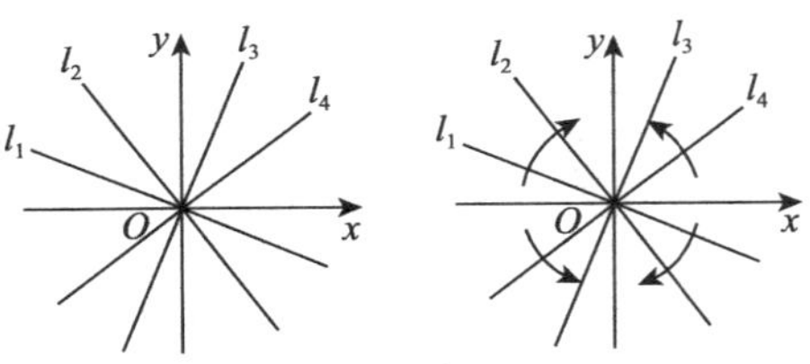

[例 2] 如果一次函数 $y=2x^{m^2-2m-2}+m-2$ 的图象经过第一象限、第二象限、第三象限，那么 m 的值为多少？

[例 3] 若一次函数 $y=kx+b$ 的图象与 y 轴负半轴相交，且过第一象限，那么（　　）。

A. $k>0$, $b>0$　　B. $k>0$, $b<0$

C. $k<0$, $b>0$　　D. $k<0$, $b<0$

［变式］(1) 已知一次函数$y=2(1-k)+\frac{k}{2}-1$的图象不经过第一象限，那么k的取值范围是________。

(2) 已知点$(-4, y_1)$, $(2, y_2)$都在直线$y=-\frac{1}{2}x+2$上，试判断y_1，y_2大小关系（　　）。

A. $y_1>y_2$　　B. $y_1=y_2$　　C. $y_1<y_2$　　D. 不能比较

(3) 一次函数的图象过点（1，0），且函数y随x的增大而减小，试写出符合这个条件的一次函数解析式________________。

(4) 已知一次函数$y=kx+b$的图象过点（0，3）与（2，1），则这个一次函数的函数值随着自变量的增大而________。

［例 4］已知一次函数$y=kx+k$的函数值随自变量的减小而减小，则该函数的图象经过的象限是（　　）。

A. 第一象限、第二象限、第三象限

B. 第一象限、第二象限、第四象限

C. 第一象限、第三象限、第四象限

D. 第二象限、第三象限、第四象限

［变式］若$ab>0$, $bc<0$，则$y=-\frac{a}{b}x+\frac{a}{c}$经过（　　）。

A. 第一象限、第二象限、第三象限

B. 第一象限、第三象限、第四象限

C. 第一象限、第二象限、第四象限

D. 第二象限、第三象限、第四象限

［例 5］(1) 直线的解析式是$y=2x$，若将直线向右平移 2 个单位，所得的直线的解析式是________________。

［例 6］如果直线$y=ax+b$不经过第四象限，那么ab____0（填“≤”“≥”“=”）。

［例 7］正比例函数的图象经过第一象限、第三象限，则下列符合条件的正比例函数是（　　）。

A. $y=\left(\sqrt{2}-\sqrt{3}\right)x$　　　　B. $y=(3.14-\pi)x$

C. $y=\left(\sqrt{2}-\dfrac{\pi}{2}\right)x$　　　　D. $y=\left(5-2\sqrt{6}\right)x$

［例 8］如图所示是一次函数$y=(5-a)x+a-1$的图象，那么a的取值范围是________。

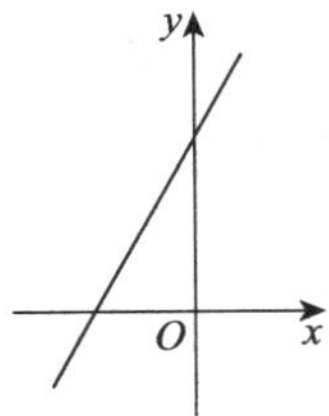

［变式］(1) 直线$y=2x+2$向下平移 1 个单位，再向右平移 2 个单位，所确定的直线的解析式是________________。

(2) 若一次函数$y=(3-k)x+(k-2)$（k为常数）的图象经过第一象限、第二象限、第三象限，k取值范围是多少？

(3) 如图所示，平面直角坐标系中有 4 条直线L_1、L_2、L_3、L_4，那么直线L_1、L_2、L_3、L_4中哪条直线为方程式$3x-5y+15=0$的图形？(　　)

 A. L_1　　 B. L_2　　C. L_3　　 D. L_4

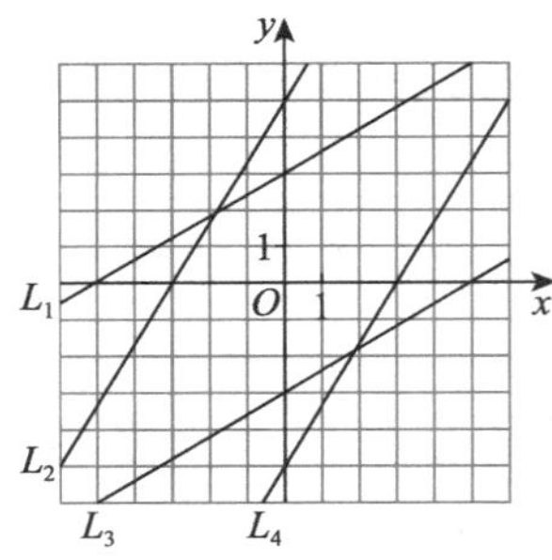

8.5.2.3　巩固训练

1. 正比例函数 $y=kx$ 的图象是经过原点的一条（　　）。

A. 射线　　B. 双曲线　　C. 线段　　D. 直线

2. 函数 $y=(m-1)x^{2m^2-1}+mn$ 在________条件下，y 是 x 的一次函数；在________条件下，y 与 x 成正比例函数。

3. 若 $y=(m-2)x^{|m|-1}+m+2$ 是一次函数，则它的解析式是多少？

4.（1）若一次函数 $y=kx+b$ 的图象与 y 轴负半轴相交，且经过第一象限，那么（　　）。

A. $k>0, b>0$　B. $k>0, b<0$　C. $k<0, b<0$　D. $k<0, b<0$

（2）若一次函数 $y=kx+b$ 的图象经过（x_1，y_1）和（x_2，y_2）两点，且 $x_1<x_2$，$y_1<y_2$，则（　　）。

A. $k>0$　B. $k<0, b>0$　C. $k<0, b<0$　D. $k<0$

（3）若一次函数 $y=kx+k$ 的函数值随自变量的减小而减小，那么函数的图象经过的象限是（　　）。

A. 第一象限、第二象限、第三象限

B. 第一象限、第二象限、第四象限

C. 第一象限、第三象限、第四象限

D. 第二象限、第三象限、第四象限

（4）如图所示，一次函数 $y=ax+\dfrac{1}{a}$ 的图象大致是（　　）。

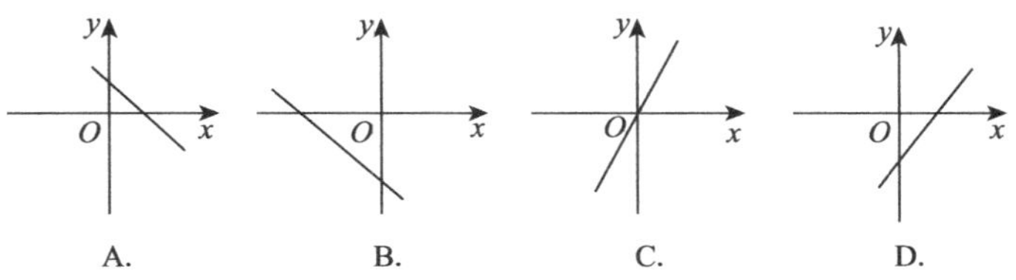

（5）若$ab>0, bc<0$，则$y=-\frac{a}{b}x-\frac{a}{c}$经过（　　）。

A. 第一象限、第二象限、第三象限

B. 第一象限、第三象限、第四象限

C. 第一象限、第二象限、第四象限

D. 第二象限、第三象限、第四象限

5. 函数①$y=ax+b$和②$y=bx+a(ab\neq 0)$在同一坐标系中的图象可能是（　　）

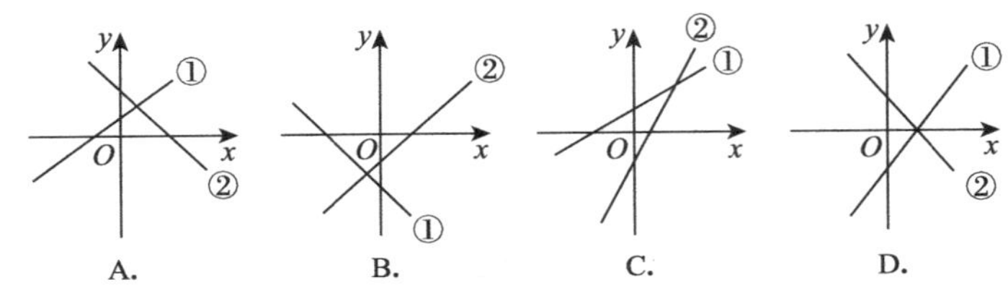

6. 当k的取值范围为____时，关于x的方程$2|x-2|+k=|x-5|+2$至少有3个解。

A. $k>3$　　B. $3\leqslant k\leqslant 7$　　C. $3<k<7$　　D. $3\leqslant k<7$

8.5.2.4 评析

该案例属于复习课的典型案例，通过列举大量立体的组织形式，给学生带来一堂复习课。先对一次函数的概念、图象和性质等三方面进行综合回顾。随后通过大量的例题对这三方面的知识应用进行回顾，使学生能判断什么是一次函数，能画出一次函数的图象并能根据一次函数的性质判断图象所在象限。

复习课主要是为了得到学生的学习反馈情况，以便教师查漏补缺，调整教学进度与教学方案。因此，评价体系应该是评价目标多元、评价方法多样的，关注学生结果的同时也要关注学生的学习过程。

该案例的不足之处在于对立体的组织罗列过多，而忽略了学生的主动参与。如果课堂能够得到更多的学生参与，提高学生的积极主动性，复习效果将会更好。将学生分成不同的学习小组，采用小组讨论并展示各组讨论结果的方式，也是复习课的一种重要形式。无论是什么样的教法，什么样的学法，只有让学生参与其中，真正进行合作交流，学生的学习方式才能从根本上发生改变。

8.5.3　“方案选择问题”建模探究（建模课）

1. 内容解析

函数是一种研究变量与变量之间的对应关系以及变化规律的数学模型。函数模型在现实世界中有着广泛的应用，它的这种变量与变量之间的对应关系及变化规律的研究可以很好地刻画现实世界以及现实生活中的事物之间的关系。学生在八年级下学期的教材内容中初次接触函数思想与函数模型。学生的学习从最简单的一次函数模型开始，即简单的线性模型。但要注意的是一次函数本身是没有最大值与最小值的，但放到实际问题中，结合实际问题的背景，自变量的取值往往会有一个范围，也就是在相应的区间内求值，同时要注意范围的端点处是否可取。函数模型在应用过程中，要先分析题目背景里的自变量与因变量，从而根据题意建立自变量与应变量之间的相对应的关系式，把实际问题抽象成为函数问题。根据函数的性质，刻画自变量与应变量之间的对应关系和变化规律，通过对图象的观察，解决函数问题，再结合实际的背景，利用函数问题的解对实际问题予以解答。

2. 教学目标

（1）学生能够学会运用一次函数的知识来解决实际的问题，并从中学会函数模型的建立与求解的过程，体会函数思想。

（2）学生在用函数模型解决实际问题的探究过程中，能够学会从不同的角度出发去思考问题，提高解决问题的能力，优化解决问题的方法。

（3）学生在用函数模型解决实际问题之后，能够再对这一过程进行反思总结，归纳出解决问题的一般性方法。

3. 教学重点和难点

教学重点：应用一次函数模型来解决实际问题中的方案选择问题。

教学难点：从实际背景中抽象出函数问题，建立函数模型。

4. 教学过程设计

1）问题情境，激发学习兴趣

我们在实际生活中会遇到一些问题，有多种选择的方式，我们会从中做出最佳的选择来制订自己的行动计划。针对这一情况，大家有没有相关的生活经验可以跟大家说说呢?

教师板书课题，学生谈自己的体验。提出问题，引入课题，让学生体会到选择方案是在生活中普遍存在的，对各种方案进行分析选择出最优的方案是非常有必要的。通过生活中的例子引入，激发学生学习的兴趣。教师引导学生探究教材上的问题“怎样选取上网收费方式?”。如表 8–2 所示为三种上网的收费方式题的能力就尤为重要。

表 8–2　三种上网的收费方式

收费方式	月使用费 / 元	包时上网时间 / 小时	超时费 /（元 / 分钟）
A	30	25	0.05
B	50	50	0.05
C	120	不限时	

师：“选择哪种上网方式”的依据应该是什么呢? 学生讨论得出，哪种收费方式最经济是选择上网方式的依据，因此费用最少的就是最佳方案。通过设问，引导学生分析，明确问题的目标，启发学生思考，为下一环节建立模型打下基础。

2）建立数学模型，引导学生探究

师：哪种上网方式的收费是变化的? 哪种是不变的?

生：上网方式 A、B 的收费是随着上网时间的变化而变化的，方式 C 的收费是不变的。师：方式 C 的费用是多少钱呢?

生：方式 C 的收费是 120 元。

师：方式 A、B 的上网费用是由哪些部分组成的呢?

学生讨论分析后得出：方式 A 与方式 B 的收费方式类同，当上网时间未超过规定时间时费用就等于月费，但当上网时间超出规定时间时，超出的部分要额外收取一定的费用即此时的费用 = 月费 + 超时费用。教师再引导学生得出超时费用 = 超时价格 × 超时时间。

教师在学生已感知问题中数量关系的基础上，进一步引导学生标出已知量，设出变量或者未知数，用式子表示出已知量与未知量之间的关系，将问题转化成为求一次函数值的大小，再进行比较，从而引导学生建立出函数模型。

3）模型求解，交流讨论

学生在教师的引导下，通过观察函数图象，再对上网时间进行分段讨论，对图象进行分析、比较，找出各段的最小值，在此过程中培养学生分析问题、解决问题的能力，让学生感受函数与方程结合，以及数形结合的数学思想方法。

4）应用拓展，归纳总结

教师引导学生对上述比较的结果进行解释，得到其实际意义。

小结与反思模型求解完成之后，教师再引导学生对这一模型分析、建立、求解、应用的过程进行反思总结，可以用提问的方式引导学生进行回顾。比如，在这一实际问题中，你是如何明确探究问题的？是怎样找到量与量之间的关系的？是怎样经过抽象将其转化成数学问题，抽象出函数模型的？是怎样借助函数的知识来解决这一问题的？能将其总结成一般性的方法吗？学生在教师的引导下，自主回顾思考，对模型建立求解的过程进行反思巩固，再与同学们一起交流自己的感悟与观点。在反思这一环节，给学生设置一些问题，让学生带着问题进行回顾，可以促进学生的反思过程更加具有针对性，从而明确重点与关键点。

8.5.4 规律探索（活动课）

1. 教材分析

本节课是七年级上册第二章“整式的加减”的章节数学活动 1、活动 3（课本 72、73 页）。活动 1 主要研究找图形的规律，并用整式表示出来；活动 3 主要是探究日历中所蕴含的可以用整式来表示的数字规律。它们是在学生学习了整式之后可以开展的数学活动，既可以让学生体会怎样用整式表示一些图形的规律，又可以拓展学生的思维，提高动手操作及归纳推理的能力，培养学生的合作意识。

2. 学习目标

（1）会用代数式表示简单问题中的数量关系，能用合并同类项、去括号等法则验证所探索的规律。

（2）经历探索数量关系，运用符号表示规律，通过运算验证规律的过程，培养学生观察、分析、推理的能力。

（3）培养学生不怕困难、勇于探索的学习态度，合作交流的意识和能力，感受符号运算的作用。

3. 学习重难点

重点：探索数量关系、运用符号表示规律，并通过运算验证规律。

难点：会用代数式表示问题中的数量关系。

4. 学习方法及策略

从学生已有的生活经验和数学经验出发，研究找图形和数字的规律，通过动手操作、观察、归纳，感受整式是有效描述世界的重要手段。

通过观察归纳发现规律，感受我们的生活中处处有数学。

5. 学习资源准备

一盒火柴棍、月历、一体机。

6. 教学流程

教学流程如表 8–3 所示。

表 8-3　教学流程

环节	教学程序	学习内容及学生学习活动	教师导学活动	“一对一、兵教兵”在各教学环节的融入情况设置
激情导入	创设情境（3 分钟）	小游戏：比一比，男生和女生分别记忆一组数字，限时 5 秒。 男生：34211213231（无规律） 女生：123123123123（有规律） 议一议：为什么女生会记下来，而男生没有记下来？ 学生回答：女生记忆的数字简单！有规律！ 【设计意图】通过简单的小游戏，引出数字有规律的一个优势——利于记忆，从而引入课题，同时激发学生的学习兴趣	教师给出数据，计时 5 秒，让学生体会数据有规律和无规律的区别，从而引出课题并板书：“第二章　数学活动课——规律探索”	
任务启动	明确探究任务（2 分钟）	学生齐读学习目标： （1）应用整式和整式的加减运算表示实际问题中的数量关系。 （2）掌握从特殊到一般，从个体到整体地观察、分析问题的方法。尝试从不同角度探究问题。 （3）积极参与数学活动，在数学活动过程中，合作交流、反思质疑。 本节课的探究任务共 2 个： （1）通过用火柴棍拼三角形，探索图形规律，并用整式表达。 （2）探究日历中所蕴含的可以用整式来表示的数字规律。 【设计意图】通过学生齐读学习目标，让学生明确课内任务，有的放矢，提高课堂效率	教师展示学习目标，让学生明确本节课的探究任务	

续表

<table>
<tr><th>环节</th><th>教学程序</th><th>学习内容及学生学习活动</th><th>教师导学活动</th><th>“一对一、兵教兵”在各教学环节的融入情况设置</th></tr>
<tr><td rowspan="2">知识构建</td><td rowspan="2">合作交流探究（22分钟）</td><td>探究活动（一）火柴的世界
如下图所示，用火柴棍拼成一排由三角形组成的图形，如果图形中含有2，3或4个三角形，分别需要多少根火柴棒？如果图形中含有 n 个三角形，需要多少根火柴棍？ 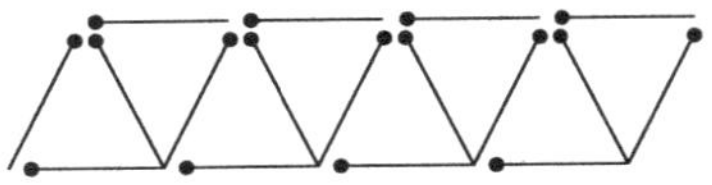
学生分成几个小组，摆放图形进行探究。
利用准备好的火柴棍，让学生亲自动手摆一摆，算一算。鼓励每个同学尽可能独立思考，并与同伴进行交流</td><td>教师可以用屏幕分别排出由1个、2个、3个、4个……三角形排成的图形</td><td>一对一合作，一个用火柴棍按要求拼图，一个记录，最后在小组观察、讨论，一起找规律</td></tr>
<tr><td>分析：
<table><tr><td>三角形个数</td><td>1</td><td>2</td><td>3</td><td>4</td><td>5</td><td>...</td><td>n</td></tr><tr><td>火柴棍根数</td><td>3</td><td>5</td><td>7</td><td>9</td><td>11</td><td>...</td><td>$2n+1$</td></tr></table>学生在探究过程中会从不同角度观察图形，会用不同的表达方式呈现规律，小组讨论交流，看哪个小组找到规律的方法最多？从数和形两方面进行探究，教师不能过于引导，以免局限了学生的思维。
讨论后每一组派代表总结发言，总结本组的思考方法和最后结论。
当我们遇到图形有规律的变化问题时，可以先观察图形的变化规律，然后再用数学符号将其表达出来。例如像刚才那样的图形变换每</td><td>思路点拨：鼓励学生从多角度思考。
关注学生在探索数量关系活动中的参与态度、思维水平和抽象能力；关注学生与他人进行合作与交流的意识，对不能得出结果的小组教师可以进行适当的指导。
总结学生应用到的数学方法</td><td>学生一对一检验最后所得出的图形变化规律表达式</td></tr>
</table>

续表

<table>
<tr><th>环节</th><th>教学程序</th><th>学习内容及学生学习活动</th><th>教师导学活动</th><th>“一对一、兵教兵”在各教学环节的融入情况设置</th></tr>
<tr><td rowspan="2">知识构建</td><td rowspan="2">合作
交流
探究
（22分钟）</td><td>次都是增加相同根数的火柴，我们就可以用这样一个表达式将其图形中的数字规律表达出来：
第 n 项 = 起始数 + 增加的次数 × 每次增加的个数；
从第一幅图形到第 n 幅图形变化的次数往往是（$n-1$）次。
【设计意图】应用列表法得到用整式表示三角形个数和所用火柴棍的根数的对应关系，让学生体会到特殊到一般、数形结合、个体到整体的观察、分析问题的方法。
说明：通过这个活动发现如下关系是关键，第一个三角形是 3 根火柴棍，以后每增加一个三角形，火柴棍根数增加 2。接下来就可以用这种方法和策略解决问题</td><td></td><td></td></tr>
<tr><td>探究活动（二）　月历中的数字规律
小组合作，并思考以下 4 个问题：
（1）如下图所示，阴影部分方框中的 9 个数之和与方框正中心的数有什么关系？
<table>
<tr><td></td><td>1</td><td>2</td><td>3</td><td>4</td><td>5</td><td>6</td></tr>
<tr><td>7</td><td>8</td><td>9</td><td>10</td><td>11</td><td>12</td><td>13</td></tr>
<tr><td>14</td><td>15</td><td>16</td><td>17</td><td>18</td><td>19</td><td>20</td></tr>
<tr><td>21</td><td>22</td><td>23</td><td>24</td><td>25</td><td>26</td><td>27</td></tr>
<tr><td>28</td><td>29</td><td>30</td><td>31</td><td></td><td></td><td></td></tr>
</table>
（2）如果将阴影部分的方框移至下图的位置，（1）中的关系还成立吗？
<table>
<tr><td></td><td>1</td><td>2</td><td>3</td><td>4</td><td>5</td><td>6</td></tr>
<tr><td>7</td><td>8</td><td>9</td><td>10</td><td>11</td><td>12</td><td>13</td></tr>
<tr><td>14</td><td>15</td><td>16</td><td>17</td><td>18</td><td>19</td><td>20</td></tr>
<tr><td>21</td><td>22</td><td>23</td><td>24</td><td>25</td><td>26</td><td>27</td></tr>
<tr><td>28</td><td>29</td><td>30</td><td>31</td><td></td><td></td><td></td></tr>
</table></td><td>教师引导得出结论：方框内数字之和是中间数字的 9 倍。
提示学生可以设其中一个数为字母，例如 a，再根据数字之间的联系表示出来。
指导学生得出最优方案：用字母表示正中间的数</td><td>两个同学之间互相核对计算结果，互相纠错。
互相对比字母不同设法的差异，看看谁的更好一些</td></tr>
</table>

续表

<table>
<tr><th>环节</th><th>教学程序</th><th>学习内容及学生学习活动</th><th>教师导学活动</th><th>“一对一、兵教兵”在各教学环节的融入情况设置</th></tr>
<tr><td>知识构建</td><td>合作交流探究（22分钟）</td><td>（3）不改变方框的大小，将方框移动几个位置试试，你能得出什么结论？
（4）这个结论对于任何一个月的月历都成立吗？你能用字母表示吗？
学生计算、讨论、交流并归纳，观察不同月的月历，计算验证。
这个结论对于任何一个月的月历都成立。
最后学生选择用字母表示数，可能设哪个数为字母a情况各不相同，这时可让学生尝试评价不同方法之间的差异，从而得出最优方案。用字母 a 表示正中间的数，如下图所示。
<table><tr><td>$a-8$</td><td>$a-7$</td><td>$a-6$</td></tr><tr><td>$a-1$</td><td>a</td><td>$a+1$</td></tr><tr><td>$a+6$</td><td>$a+7$</td><td>$a+8$</td></tr></table>【设计意图】在数学活动合作交流的过程中使学生体会到解决问题策略的多样性，积累数学活动经验，进一步培养学生的创新意识，提升学生应用数学知识解决实际问题的能力</td><td></td><td></td></tr>
<tr><td>训练拓展</td><td>双基训练（10分钟）</td><td>针对训练（一）
（1）如下图，搭一个正方形需要4根火柴棍（几何画板演示），①搭100个这样的正方形需要多少根火柴棍？②搭 n 个这样的正方形需要多少根火柴棍？</td><td>教师深入小组，倾听学生解题方法，要求组内一对一辅导。
教师对第2个题进行引导，提示学生每增加一张桌子，增加4人，但起始数为6。</td><td></td></tr>
</table>

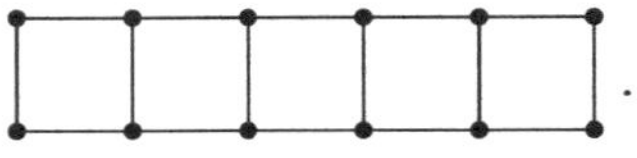

续表

<table>
<tr><th>环节</th><th>教学程序</th><th>学习内容及学生学习活动</th><th>教师导学活动</th><th>“一对一、兵教兵”在各教学环节的融入情况设置</th></tr>
<tr>
<td>训练拓展</td>
<td>双基训练（10分钟）</td>
<td>[答案] ① 301 根，② $3n+1$ 根
（2）若按下图方式摆放桌子和椅子，摆放 n 张桌子可坐几人？ 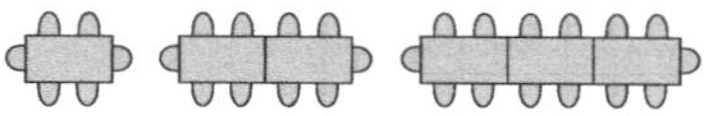
<table>
<tr><td>桌子张数</td><td>1</td><td>2</td><td>3</td><td>4</td><td>5</td><td>…</td><td>n</td></tr>
<tr><td>可坐人数</td><td>6</td><td>10</td><td>14</td><td>18</td><td>22</td><td>…</td><td></td></tr>
</table>
[答案] $4n+2$
【设计意图】让学生应用所学的图形增加规律、方法和策略解决同类问题，巩固知识方法。
针对训练（二）
（1）在月历中正方形框出的 9 个数字的和为 90，请在下列方框中写出这 9 个数。
<table>
<tr><td></td><td></td><td></td></tr>
<tr><td></td><td></td><td></td></tr>
<tr><td></td><td></td><td></td></tr>
</table>
（2）在月历中正方形能框出和为 100 的 9 个数吗？和为 216 呢？
（3）在上面的月历中，任意圈出一竖列相邻的三个数，如下图所示，设中间一个数为 a，则这三个数之和为________（用含 a 的代数式表示）。</td>
<td>教师提示：要结合现实，日期只能是 1~31 的整数。
教师答疑解惑，明确练习答案。
教师以《题西林壁》引出要从不同方位观察月历，发现“横”“纵”“侧”的规律，并指导他们用字母表示。
本次活动教师应重点关注：
（1）学生能否会用整式表示数量关系。
（2）学生运用符号语言表述问题的能力</td>
<td>先独立思考，再一对一进行检查，对答案，一对一，优生对后进生讲解本题解题思路和方法，共同进步，合作共赢。
学生两人之间互相讲解答案的由来，检验对本道题的掌握情况</td>
</tr>
</table>

续表

<table>
<tr><th>环节</th><th>教学程序</th><th>学习内容及学生学习活动</th><th>教师导学活动</th><th>“一对一、兵教兵”在各教学环节的融入情况设置</th></tr>
<tr><td rowspan="2">训练拓展</td><td>双基训练（10分钟）</td><td>
<table>
<tr><td></td><td>1</td><td>2</td><td>3</td><td>4</td><td>5</td><td>6</td></tr>
<tr><td>7</td><td>8</td><td>9</td><td>10</td><td>11</td><td>12</td><td>13</td></tr>
<tr><td>14</td><td>15</td><td>16</td><td>17</td><td>18</td><td>19</td><td>20</td></tr>
<tr><td>21</td><td>22</td><td>23</td><td>24</td><td>25</td><td>26</td><td>27</td></tr>
<tr><td>28</td><td>29</td><td>30</td><td>31</td><td></td><td></td><td></td></tr>
</table>
［答案］
（1）
<table>
<tr><td>1</td><td>2</td><td>3</td></tr>
<tr><td>8</td><td>9</td><td>10</td></tr>
<tr><td>15</td><td>16</td><td>17</td></tr>
</table>
（2）不能，9个数的和应该是9的倍数。
（3）$3a$。
【设计意图】巩固所学的月历中数字的规律，认识到规律也要联系实际</td><td></td><td></td></tr>
<tr><td>迁移拓展（5分钟）</td><td>根据今天所学的方法，试完成以下任务：
（1）“横”看，从左到右，数字有什么规律？用字母怎么表示？
（2）“纵”看，从上到下，数字有什么规律？用字母怎么表示？
（3）“侧”看，从左上到右下，数字有什么规律？用字母怎么表示？
（4）“侧”看，从左下到右上，数字有什么规律？用字母怎么表示？
学生从不同层次探究后，得出结论。
月历中数字的排列规律及其字母表示：
“横”看，从左到右，数字依次递增1，用字母表示从左到右为：$a-3$，$a-2$，$a-1$，a，$a+1$，$a+2$，$a+3$。</td><td></td><td></td></tr>
</table>

续表

环节	教学程序	学习内容及学生学习活动	教师导学活动	“一对一、兵教兵”在各教学环节的融入情况设置
训练拓展	迁移拓展（5 分钟）	“纵”看，从上到下，数字一次递增 7，用字母表示从上到下为：$a-14$，$a-7$，a，$a+7$，$a+14$。 “侧”看，从对角线左上到右下看，数字依次增加 8，用字母表示从左上到右下为：a，$a+8$，$a+16$，$a+24$；从对角线左下到右上看，数字依次减小 6，用字母表示从左下到右上为：a，$a-6$，$a-12$，$a-18$。 【设计意图】培养学生从不同角度发现问题，寻找规律，锻炼学生的符号语言表述能力		
素养培植	要点梳理反思小结（3 分钟）	（1）增长型图形中的数字规律，一般可用表达式： 第 n 项 = 起始数 + 增加的次数 × 每次增加的个数 （2）数字之间规律的探索方法： 先找出数字与数字之间的联系（通常从和、差、积、乘法等方面考虑），再用字母表示他们的关系，并用整式的加减法化简	教师引导学生归纳本节课的知识要点	学生一对一检验最后所得出的增长型图形中的数字规律表达式以及数字之间规律的探索方法

7. 导学反思

本节课是七年级上册第二章“整式的加减”的章节数学活动 1、活动 3，它们是在学生学习了整式之后可以开展的数学活动，既可以让学生体会怎样用整式表示一些图形的规律，又可以拓展学生的思维，提高动手操作及归纳推理的能力，培养学生的合作意识。在上完本节课后，教学目标基本完成，但练习设计偏少，学生在小组合作时还是会有学生不主动，有点消极。用字母表示排列规律难度有点大，教师引导得不够。

8. 评析

在数学活动课的课堂教学中，教学目标指向让学生愿意亲近和了解数学，对数学产生喜爱之情，从而主动探索数学，发现数学的美。数学活动课可通过创设对学生有吸引力的、让学生感兴趣的、贴合现实的、有趣味性的数学情境，来培养他们对数学的热爱之情。用学生熟悉的、感兴趣的内容进行教学是常用的教学手段，不仅可以使学生更容易接受新的知识，还提高了学生的学习积极性，更容易激发学生潜能。

该课堂通过让学生们思考如何用火柴棍去摆三角形的问题引起思考，在学生对规律问题产生兴趣之后再让学生相互讨论、合作交流探索月历中的数字规律。在对日历问题进行研究之后，有的同学发现的规律仅停留在老师布置的问题上，但也有一部分同学已经注意到，如果从不同的方向来看，那么发现的规律是不一样的。于是教师趁热打铁提出相关问题，这有利于学生养成从不同角度发现问题、寻找规律的良好数学学习习惯。随后教师有意识地引导学生验证总结。

活动课的课堂教学要尊重学生的主体地位，数学知识要生活化，以便让学生体验到数学来源于生活，身边处处有数学，促进学生全面发展。

8.6 本章小结

除数学教学中常见的数学概念课、数学定理课、数学方法课等主要课型之外，为了全面达成课程目标，数学教学需要一些其他的课型来作为补充。本章选择数学引言课、复习课、建模课以及活动课进行介绍，简要分析这些课型的教学意义及功能，并选择几个典型的教学设计案例进行分析。

实践与思考

1. 思考数学引言课、复习课、建模课、活动课分别有什么样的特点？

2. 数学建模课与数学应用题课有什么区别？

3. 你能针对所学过的科学计数法课程设计一堂相应的复习课吗？

参考文献

[1] 周秋艳．转轴拨弦三两声，未成曲调先有情：从高中数学核心素养的视角看立体几何引言课教学［J］．中学数学研究，2018,(9)：1–4.

[2] 高果．高中数学引言课的教学策略研究［D］．岳阳：湖南理工学院，2019.

[3] 卫庆芳．初中数学复习课教学策略［J］．数理化解题研究，2021,(8)：37–38.

[4] 钱建芬．内容综合思维进阶方法贯通：“直线与圆的位置关系”复习课的教学设计［J］．中学数学月刊，2022,(3)：35–38.

[5] 金晓燕．高校开设数学建模课的必要性［J］．科技风，2014,(14)：207–208.

第 9 章　专业实践——创新行为

9.1　实践性创新：模仿

9.1.1　模仿学习的价值

数学教育心理学中曾提到，数学教学中不可缺少的就是模仿，而且中小学生的好奇心强，在接触新鲜事物时模仿能力也强，这为我们模仿创造式的教学提供了得天独厚的条件。模仿对学生行为习惯的养成和思想素质的发展，具有十分重要的意义。模仿渗透体现在我们教学的点滴之中。我们经常看到，当学生遇到新的问题时，总是绞尽脑汁地左思右想，从不同的角度和不同的方面来思考，有时还提出种种猜想，都是为了寻找参照物，想从参照物中得到启示，模仿参照物来解决面临的新问题。因此教材往往会在例题教学结束后，安排巩固内容让学生模仿例题的思路进行解答，使学生在模仿的过程中进一步理解所学知识，促进学生对知识的掌握。

从模仿到思考过渡的数学自学能力的培养，其中强调的模仿是对形式的模仿，思考是对内容的思考。数学学习要经历模仿到思考的全过程，这也是深度学习的关键，因为数学深度学习理论的提出是考虑到中学数学教学要抓住数学学科的内部规律，凸显数学学科的核心理念，深研知识背后的规律，培植学生深层思考和学习的能力。而模仿能力的培养是学生进行数学知识纵向探索和学科内部规律分析的关键。因为，只有模仿能力形成了，学生才能够从教师和同学的身上学到更多的数学方法，才能够通过自己的努力解决之前无法解决的问题，明确自己的力量，找到数学学习的动力，成为数学课堂的主人。

9.1.2　模仿教学的价值

模仿创造法在数学中的应用是非常广泛的，后续问题模仿已知问题而得到解决的情况有很多。如分数与分式、质因数与分解质因数、最小公倍数与最大公约数、因式与因式分解、最低公倍式与最高公因式、排列与组合、等差数列与等比数列、方程与不等式、数列极限与函数极限，后者都可以模仿前者而展开。前者我们称为引发物或参照物，后者我们称为后继物或创造物。

在传统的数学课堂教学中，模仿是学生学习的重要方式，但机械的模仿束缚了学生的思维，不利于学生创新意识和创新精神的培养。在课程改革以后，动手实践、自主探索与合作交流成为学生学习数学的重要方式，但过于重视学生合作、实践、自主探究，缺少教师有效指导的课堂教学会导致学生表面上看上去反应活跃、学习积极，对知识的掌握程度却不尽如人意。因此教师需要重新审视模仿与合作、实践、自主探究之间的关系，有效的数学学习活动不能单纯地依赖模仿与记忆，动手实践、自主探索与合作交流是学生学习数学的重要方式。教师应当引导学生摆脱机械模仿，进行数学建模，从而发展数学思维。

在数学课堂教学中，学生的数学核心素养的形成是在有效模仿的基础上建立的，从教学实践来看，学生在解决数学问题时往往由于在模仿时不能抓住问题的数学本质，受非数学本质因素的影响，导致出现各种错误。因此教师在课堂教学中需要引导学生进行有意义的模仿，让学生在模仿的过程中抓住问题的数学本质，对现实情境中的问题进行抽象，体验数学建模过程。

9.1.3　模仿教学的策略

刚刚入职不久的新教师，对学校的很多事情都感到很茫然：怎么上高效率的课？怎么让 95% 以上的孩子掌握基本知识点？补充什么样的题目进行思维训练？怎么管理班级？怎么处理课堂突发事件……这些都是让新教师倍感头疼的事情，而最有效的应对策略就是模仿教学。

首先，在模仿对象的选择上，教师应该以优秀教师或者教学名家的教学为参照，模仿教学名师的优质课。通过对教学名师的教案设计、教学过程、教学评价等的学习和模仿揣摩其教学理念，进而实现由外在具体行为的模仿转向内在抽象理念的模仿。

从身边优秀教师身上汲取经验，优秀教师的教学风格、教学模式都是经过千百次的教学实践形成的，新教师大部分都是从模仿身边优秀的有经验的教师的教学风格，经过一段时间的沉淀，进而形成自身的教学个性和特色。

其次，在教学模仿原则上，要勇于“取”和善于“舍”。模仿教学的主要特点是仿造性、快速化、节省精力和提供新意。模仿教学有助于避免花大量时间和精力，挖空心思，却创造出不合理的教学设计的现象。我们要学的是名师的思想、名师的灵魂，而不是某个具体的方法。“教学有法，但无定法，贵在得法”。学习名师但不能照搬名师，名师的课堂以其深厚的教学底蕴为支撑，教师应有自己独立的思考，结合自身特点和学生学情，及时调整原有学习资源，将名师的教育教学理念进行深化并延伸。

最后，在教学模仿方法上，可以从多个途径吸取教学名师的成功经验。模仿教学的形式多样，一是通过对书本、期刊论文的学习，寻找学习和模仿的素材，积累知识，拓宽视野；二是从经验型教师的教学中吸取成功的经验，多参加听课、说课、评课，在教学实践中获得成长；三是积极和虚心地向教学名师请教学习，以获得名师的指导和帮助。同时，在模仿过程中，不能全盘照抄，而要根据自己的特点进行选择，通过模仿他人，转化自己的教学经验，进而形成属于自己的个性化教学风格。

9.2 实践性创新：探究

9.2.1 探究概述

在模仿教学的基础上，进一步探究教学，是教师提升教学能力和加强教学手段的有效途径。探究是探索的同类行为动词。在《义务教育教学课程标准》(2022 年版)中，探索是指在待定的问题情景下，独立或合作参与数学活动，理解或提出数学问题，寻求解决问题的思路，获得确定性结论。

从词源学的角度看，探究是一个行为动词，也称作发现学习。是指学生在学习情境中，通过细致观察、仔细阅读后，发现问题，去搜集相应数据或信息，并形成解释，获得答案，再进行交流、检验、探究性的学习。从时间轴角度看，"探究"这一教学思想的起源可以追溯到希腊哲学家苏格拉底的"产婆术"，又称"问答法"或者"苏格拉底法"，即通过提问的方式引导学生进行思考，主动发现并归纳结论的方法。而教育哲学家、心理学家杜威是最早在教育教学中倡导并进行实验探究学习的。

一些精妙的探究方法虽然得到广泛认同，但在实践中一直按照原有的探究方法进行，思路可能会受阻。不同的教学内容和不同的教育对象，以及各个学校教学资源的限制，会使探究实践效果受到影响。这就需要进行实践性创新，采用创新探究进行教学。

1. 创新性实践探究原则

(1) 合适数学内容原则。并非所有的数学教学内容及数学问题都具有探究价值。由此可知探究并不适用于所有的数学内容。实践过程中需要判断一个教学内容是否采用探究，或采用什么探究形式。

(2) 开放性原则。探究的内容和活动要具有开放性，探究形式要多样化，解法应做到一题多解，保证学生在探究时有施展拳脚的空间。

(3) 以教师为主导、以学生为主体的教学原则。探究时，教师要发挥主导作用，把控探究方向，维持课堂纪律，给予充分的探索时间，让学生"学起于思，思源于疑"，动眼、动脑、动手、动口，让学生自己提出问题，分析问题，并解决问题。

2. 实践探究主要形式

单纯地依赖模仿和记忆并不是数学学习的唯一方式和有效途径。动手实践、自主探究与合作交流才是学生数学学习的重要方式和有效途径。实践探究的主要形式主要有如下两种。

（1）自主探究。学生需要根据生活情境，独立思考，自己提出问题，并有计划、有目的、有步骤地进行研究与探索，从而获得结论的学习方法，是培养创新实践能力的一种教学模式。自主探究可以提高学生的独立思考能力，发展学生的实践探究能力，锻炼思维的灵活性。

（2）合作探究。教师安排或分配学习探究小组。首先探究小组一起讨论、探究数学问题，各抒己见，寻求解决问题的方法；然后小组与小组之间进行展示和竞争，相互评价；最后教师进行总结。教育家保罗·弗莱雷说“没有对话，就没有交流；没有交流，也就没有真正的教育”。对话是交流的形式，交流是探究信息的共享、思维的碰撞、积极探索未知的火苗。课堂教学中的合作探究活动，应积极实践充满活力的对话交流情境，并营造积极的学习氛围，培养学生的创新意识和创新能力。

3. 教学探究价值

以探究为主的课堂教学，是新课程理念倡导的一种新的、充满活力的教学方式。该方式有利于培养学生的创新意识和创新能力。

一方面，教学探究是教学中的活动亮点。教育者创新或优化的教学探究活动或探究形式，促使受教育者通过创新的途径，获得新的体验，从而更直接、更速度地达到教学目标中的探究目的。数学科目的知识理论性强、逻辑严谨，对学生的理解能力和接受能力都有一定的要求，学生和知识之间有一定的距离差距。教师的作用就是要用学生能理解和接受的教学方式，实现知识的有效教学，铺路建桥，让该差距变为零。教学课堂中，因教学内容的不同，教育对象的不同，教育者的能力和想法的不同，可设计出形形色色的探究活动，这往往成为教学课堂中的一大亮点。

另一方面，在数学教学中，探究只是手段，数学思想方法才是内里，故在探究教学中渗透数学思想是实践探究的价值体现。在探究中渗透的数学思想方法为：数形 —类比 —转化 —归纳。

数形：在实践教学中，结合图形进行观察、探究会更加直观和形象。

类比：在教学中，类比相似已知的探究方法，去探究新内容或新问题，得到探究方法及结论。

转化：在实践中，教师可设计元认知提示语，多次利用简单的问题，引导学生将新的、未知的问题转化为旧的、已知的问题，用熟悉的探究方式进行实践探究，加强学生的转化思想。例如：在探究一次函数的单调性时，教师要提示学生如何由直观图象的变化规律转化为数学语言，即自变量 x 的变化对函数值 y 的影响。

归纳：由特殊到一般。实践中，循序渐进地引导学生经历数学学习“发现—观察—猜想—归纳”探究活动过程。

9.2.2　探究教学的基本策略

在数学教学中，探究教学的基本策略的流程图如图 9–1 所示。

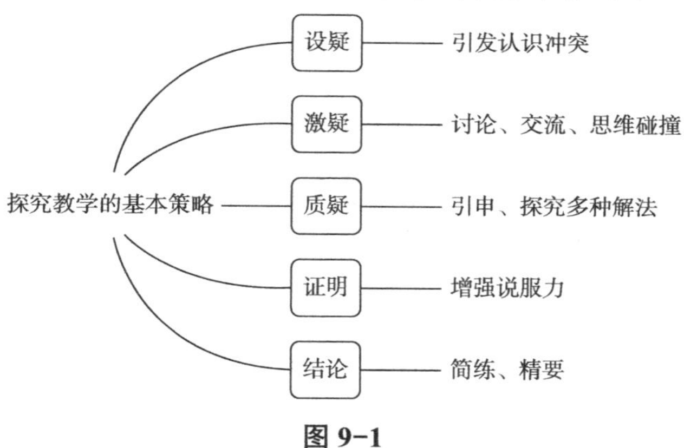

图 9–1

①“设疑”环节是创设情境背景，引发学生的认知冲突。②“激疑”环节是在探究过程中，通过精妙的语言艺术，适时提问，激发学生的探究兴趣，让学生积极讨论，抓紧时间交流，使思维碰撞出知识的火花。③“质疑”环节是对学生探究的结论提出合理质疑，即除了这一种解法，还有无其他不同的解法。④“证明”环节，是用严谨的论证方法，论证探究得到的解释或可能的结论，增强结论的说服力，说明探究结果的正确性。⑤“结论”环节，是归纳概括探究结果。概

括的内容要精要、简练，体现数学的简洁美；结论除了用文字表述，还可采用几何表述，或符号表述。

9.2.3 探究教学在实践过程中的注意事项

（1）实践探究所设计的问题要由浅到深，设计的活动要注意先后顺序。

（2）教师提问要讲究语言艺术，并注意掌握提问的时机。

（3）给予学生足够的探究思考、探讨、交流的时长。

（4）强调对基本概念和基本思想的理解，由于数学高度抽象的特点。教师要负责解释清楚教学内容的基本概念的来龙去脉，探索研究教材。追溯数学知识相关的数学故事及相关数学家的思维活动。

（5）合理利用现代信息技术。实践探究中，利用几何画板模拟动画，要在备课阶段，提前演练，以保证在正式课堂时的流畅度。在揭示运动规律时，要为学生营造生动形象的学习情境，引起学生的学习兴趣，为探索问题做一个良好的开端。

（6）做好实践探究中可能出现的问题预设，准备周密。

（7）明白探究的结果，只是提供了一个解释、一种可能，并不一定正确，还需要严密的论证过程。

（8）实践性创新的探究，重结论，更要重过程，多关注学生数学探究的执行能力，及时反思、评价，改进教学探究方式。

（9）不吝啬赞美，真诚表扬学生；婉转地评价，及时对学生的想法进行评价，肯定学生探究成果，提出探究过程的创新意识。

9.3 创新性实践：突破

9.3.1 创新性实践的界定

创新性实践是一种有别于传统教学的创新型教学的新型体系。这种教学重视学生的学习过程，而不是结果，重视培养学生的思维和能力，也注重创造力的培养。实践过程中，学生是发展的主体，而主体的发展只有通过主体能动的实践活动才能实现。创新型教学重视基础知识和基本技能的传授，但不以此为最终目标，最终目标是促进创新能力的发展。创新型教学不是像传统教学那样侧重讲解知识，把已经得出的结论知识传授给学生，而是引导学生通过自身的探究、分析、发现、思考，得出属于自己的结论，从而培养学生发现、提出、分析和解决问题的能力。

泰勒发现创造性问题解决的教学模式包括创造才能、思维才能等，它特别强调教师对学生的激励、启发以及学生之间的竞争与合作，注重学生学习的需要、兴趣、主动性等个性倾向因素。解决问题往往需要在不断地实践与创新中得到最优的解题方法，建立模型，将抽象问题化为具体，化繁为简。

9.3.2 创新实践在教学上的主要表现

教学过程中，教师要关注学生的心理和兴趣需求，以学生为主体。教师合理地进行学情分析，把握数学的本质，启发学生思考，培养学生思维，使学生素养得以提升，这也是教学实践中的创新性教学。

现代教学课堂中，多媒体技术使教师由单一知识的传授者转变为课程的设计者和开发者。运用多媒体技术在课堂中逐步将教学内容呈现出来，使得学生的学习方式、教师的教学方式和师生课堂活动的互动发生了变化。在教学实践上，结合信息技术是教育技术的创新突破，使得课堂教学变得生动有趣。

9.3.3 在教学实践中突破创新的方法

1. 数学教师要培养创新意识

多变的课堂教学方式本身也是一种创新的教育活动。教师要转变原来以内容传授为导向的传统课堂教学方式，以培育学生的创新意识与实验技能为重点，从教育理论上和教学方法上进行实践创新，逐步确立创新型的课堂教学原则。教师应通过挖掘课程和教材，有效把握课程，将与社会发展相适应的新东西、新现象带到课堂，与教材内容有机融合，促使学生积极主动地探索。

2. 改变陈旧的教学模式

泰勒所创立的教学方法以发展学习者的各种能力为主要目标，但人们在教学研究和实验活动中常常只关注学生的学业成绩，却忽略了学习者的个人发展和社会需求。在传统的教学方法中，总会产生“满堂灌”的现象，而加德纳的多元智能论提供了弹性的、多因素综合的智力观，提倡全面发展的教育理念。新课程标准也主张发挥学生的多元智能，并培育学生的实践能力与创新精神，这一理念在如今的教学中也应该得到落实。

3. 坚持以学生为主导的教育理念

要培养学生的创新能力，需要切实以学生为主体，一切教学行为和活动都应该以激发学生的主观能动性为起点，指导学生的自主行为，让他们真正成为认知的主体。数学教育是揭示数学教育思维过程的方式，教师要充分暴露学生思维的问题，让数学教育过程变成学生再思考、再创新的过程；而教师也要营造贴切生活的教学情景，创设民主的数学课堂，提出疑难，让他们共同探究，并引导他们提出自己的想法，鼓励学生大胆质疑，让他们积极地参与教学，相互启发，这才能够推动他们创造性成长。

4. 培养学生创造性学习的习惯

学生的学习应该是一种积极主动的行为，教师是他们的推动者、引导者和合作伙伴。新课标中提出的自主学习、合作学习、探究学习三种学习模式，指导学生从实际环境中认识问题和提出问题，通过观察、猜想、试验、运算、逻辑推理、验证、数据分析、直观想象等方式分析和解决问题，通过感受和应用数学思想方法，逐步掌握中学数学的基本思想方法，获得基本的数学活动经验，培养创造性学习习惯。

9.4　本科组中学数学教学设计与微课设计案例及评析

9.4.1　案例　“函数的概念”教学设计

1. 教材地位和作用

本节课是《普通高中教科书　数学　必修　第一册》（人教版 A 版）第三章第一节第一课时（第 60 ~ 64 页）。

（1）概念本身角度。函数是高中数学最抽象的概念，初中曾用运动变化的观点给出函数的描述性定义，并把函数看作两个变量间的依赖关系，但这一定义有一定的阶段性和局限性。

（2）学科角度。函数是贯穿高中数学的一条主线，描述客观世界中变量关系的最为基本的数学语言和工具，学生需要在初中函数概念的基础上，理解重新定义函数的必要性，掌握用集合语言和对应关系刻画函数的方法，建立完整的函数概念。这也为研究基本初等函数，比如指数函数、对数函数、幂函数、三角函数以及函数的性质等做铺垫，让我们体会到重要概念对数学发展和数学学习的巨大作用；同时，函数的基础知识在日常生活、社会经济及其他学科中也有着广泛应用。

2. 学情分析

（1）从学生知识层面看。通过初中函数相关知识的学习，学生具备了一定的知识经验和基础；通过必修一第一章“集合”的学习，学生对集合思想的认识也日渐提高。这为重新定义函数，从根本上揭示函数的本质提供了知识保证。

（2）从学生能力层面看。学生已有一定的分析、推理和抽象概括能力，初步具备分析、推理和抽象概括能力，但对于深刻认识函数的概念及符号等方面的能力还有待进一步加强。

（3）从学生情感培养方面看。多数学生对新内容的学习有很高的学习兴趣和积极性，教师可将生活中的德育融入数学课堂、在理性严谨中渗透德育教育，通过讲解数学史，使学生体会到数学的魅力和古人的智慧，提高学生对数学概念的感性认识经验。

3. 设计理念

（1）以学生发展为本，立德树人，提升素养。本节课严格按照新课标理念和要求进行课堂教学设计，注重学生主体地位，倡导自主探究、自主建构的教学方式。教师将教学内容设置为递进式系列问题，将数学史融入课堂，引导学生进行“再创造”，让学生们感悟数学家们走过的路，体会函数概念逐渐抽象的过程，经历数学化活动，形成优秀的数学品性。真正落实立德树人根本任务，培育科学精神和创新意识，发展学生数学抽象学科核心素养。

（2）优化教学内容，突出主线，渗透思想。这一章节起始课是培养学生用数学眼光看世界、用数学语言表达世界、用数学思维分析世界的难得素材。本节课通过小组合作探究，突出学生的主体地位；通过师生共同交流，利用旧知探索新知，重构抽象的函数的定义，引导学生用数学的语言表达世界。教学中突出知识明线：函数的概念—函数符号—函数的三要素；带领学生亲身体会函数的概念的发展历程，渗透数学史，注重挖掘发展暗线：函数即解析式—变量依赖说—变量依赖说—集合对应说；渗透思想方法：具体到抽象、特殊到一般。

（3）把握数学本质，启发思考，改进教学。用丰富的具有代表性的例子进行可视化教学，让学生体会旧函数概念局限性，引领学生更完善地理解以及更深入地应用函数概念，在形成集合对应视角下的高中函数概念过程中体会数学本质，在新知启发过程中感悟数学的科学价值、应用价值、文化价值和审美价值。

（4）重视过程评价，突出素养，提高质量。注重讲练结合，提炼数学思想方法，特别是用概念判断函数、构建实际问题情境，在问题解决中关注学生知识技能的掌握。教师通过让学生实践操作，加深对函数概念中的符号和关键词的理解，从具体到抽象，再由抽象返回具体，提升数学抽象和数学建模的数学核心素养。

本节课通过口头提问、教师追问、课堂练习、学生访谈等方式建立目标多元、方式多样的评价体系，评价的同时帮助学生认识自我、提高学习兴趣，帮助教师改进教学，以使其符合学科特征和学生认知规律，发展学生数学核心素养。

4. 教学目标

（1）会用集合与对应的语言来刻画函数，理解函数的概念；理解函数符号 $y=f(x)$ 的含义；了解函数的三要素；会求一些简单函数的定义域。

（2）亲身经历函数概念的形成过程，渗透数学史，从生活情境出发，体会由具体逐步过渡到符号和代数化的过程，学会数学表达和交流，激发数学学习兴趣，发展数学应用意识。

（3）感悟函数与生活的联系，将生活中的德育融入数学课堂、在理性严谨中渗透德育教育，培养学生细心观察、认真分析、严谨表达的良好思维习惯，养成用函数模型描述和解决现实世界中蕴含的规律，培养学生数学抽象思维和创新意识。

5. 教学重难点

重点：函数的概念

难点：函数概念的表述及对符号 $y=f(x)$ 的理解。

6. 教学方法的选择

本着教学要“以学生主体，教师为主导”的基本理念，基于本课内容蕴含着数形结合等丰富的数学思想，是培养学生观察能力、概括能力、探究能力和创新意识的重要素材，结合教学实际，我采用线上线下混合式教学的模式，以问题为驱动，结合启发式教学法与合作探究学习法相的教学方法，突出学生的主体能动性。

7. 教学过程设计

（1）教学环节。教学环节如图 9-2 所示。

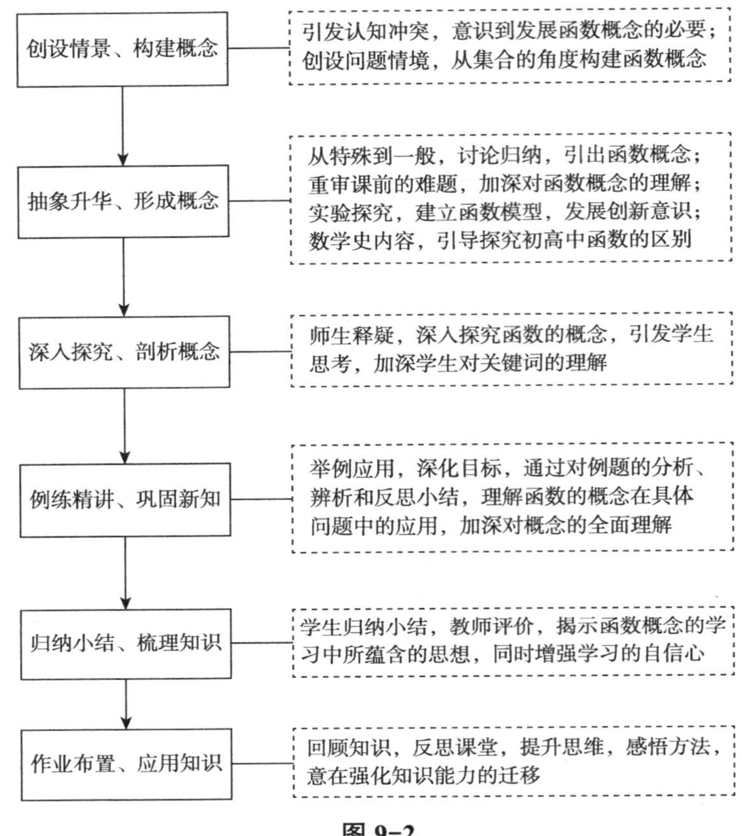

图 9-2

（2）教学过程。教学过程如表 9-1 所示。

表 9-1　教学过程

教学环节	教师活动	学生活动	设计意图
创设情境，构建概念	**生活情境 1**　天宫二号发射精彩瞬间。 **生活情境 2**　我国高速铁路运营里程逐步增加。 **教师：**客观世界中有各种各样的运动变化现象。 **教师：**所有这些变化现象都表现出变量间的对应关系，数学上我们可以用函数模型来描述。随着函数学习的深入你会发现，函数是贯穿高中数学的一条主线，是解决数学问题的基本工具。	**学生能够发现：**现实世界中的许多运动运动变化现象都表现出变量间的依赖关系	从实际问题出发。教师另辟新径，结合现实性和趣味性，培养学生善于思考、善于观察和联想、从实际问题中发现问题、提出问题的能力。

续表

教学环节	教师活动	学生活动	设计意图
创设情境，构建概念	**教师：展示学生线上智慧平台作答的情况** **问题 1**　你能说出初中函数的定义吗？ 在变化过程中，有两个变量 x 和 y，对于 x 的每一个确定的值，y 都有唯一确定的值与之对应，那么我们称 y 是 x 的函数。其中 x 是自变量，y 是因变量。 **问题 2** （1）正方形的周长与边长的关系 $l=4x$ 与正比例函数 $y=4x$ 相同吗？ （2）$y=1$（$x\in R$）是函数吗？ 58.00%　35.00%　7.00%　55.00%　34.00%　11.00%　A　B　C 课前线上学生作答情况 **教师：**分析作答情况，引导学生意识到发展函数概念、丰富函数内涵的必要性。 **教师：**引导学生小组合作交流，对课前完成的问题情景再思考。 **情境 1**　某“复兴号”高速列车加速到 350km/h 后保持匀速运行半小时。若列车行进的路程用 s（单位：km）表示，运行时间用 t（单位：h）表示。请你写出这段时间内它们之间的关系。 **教师：**设置层层递进的问题串，让学生探究、猜想。 **思考：**（1）有几个变量？变量的取值范围分别是多少？ $t\quad A_1=\{t\mid 0\leqslant t\leqslant 0.5\}$ $s\quad B_1=\{s\mid 0\leqslant s\leqslant 175\}$ （2）这段时间内，路程 s 与时间 t 的关系如何表示？	**学生发现：**利用初中函数的定义，已经不能够顺利解答这两个问题，但是又不知道原因在哪里。 **学生：**能够容易回答出有 2 个变量 s 和 t，取值范围分别为： $0\leqslant t\leqslant 0.5$， $0\leqslant s\leqslant 175$。 s 和 t 之间的关系：$s=350t$。	知识回顾一般有两个作用：一是铺垫、激发兴趣，所谓“激其情，奋其志，启其疑，引其思”，二是充分了解学生的数学现实、生活现实，为新知识找到合理的生长点。 问题 2 的提出产生认知冲突，让学生意识到发展函数概念、丰富函数内涵的必要性，为从函数角度研究函数的概念埋下伏笔。 课本是教师教学的蓝本和依据，课本实例具有非常好的典型性和代表性。通过设置 3 个问题情境，锻炼学生多角度观察事物的能力和缜密思考、准

续表

教学环节	教师活动	学生活动	设计意图
创设情境，构建概念	$s=350t$ 体会解析式对变量间对应关系的刻画；引导学生关注变量 s 和 t 的取值范围；同时引导学生初步尝试从集合角度来刻画变量之间的对应关系，又为重新定义函数奠定基础。 教师不急于要求学生找到答案，而是步步**追问**："变量有范围，如何更精准地刻画变量间的对应关系？"引发深入思考。引导学生逐渐从集合的角度分析函数问题。 **情境 2**　某公司要求工人每周工作至少 1 天，至多不超过 6 天。如果公司确定的工资标准是每人每天 350 元，而且每周付一次工资。若工人工作天数为 d，该怎样确定一个工人每周的工资 w（单位：元）？ **思考：**那么：有几个变量？变量的取值范围分别是多少？一个人的一周的工资 w 与他工作天数 d 的关系怎样表示？ **教师：**仿照情境 1，你能用集合语言精确表述这种对应关系吗？引导学生尝试一起用集合语言分析问题。 **思考：**（1）有几个变量？变量的取值范围分别是多少？ d　$A_2=\{1，2，3，4，5，6\}$ w　$B_2=\{350，700，1050，1400，1750，2100\}$ （2）一个人的一周的工资 w 是他工作天数 d 关系如何表示？ $w=350d$ **情境 3**　下图是北京市某天的空气质量指数 I 的变化图你能确定这一天内任一时刻 t 的空气质量指数的 I 值？ **思考：**有几个变量？变量的取值范围分别是多少？对应关系是什么？	**学生：**独立思考，逐步适应用集合语言刻画函数关系。 **学生：**能够容易回答出有 2 个变量 d 和 w，取值范围用集合的列举法分别为 $A_2=\{1，2，3，4，5，6\}$；$B_2=\{350，700，1050，1400，1750，2100\}$。它们之间的关系为 $w=350d$。	确表达的能力；激发学生积极主动的思考及自主交流，培养思维的发散性、深刻性和提出数学问题的能力，体会探索的成就感，激发兴趣。承上启下，推动课程进展。 在本阶段的教学中，三个实例的探究使学生充分感受到数学概念的发生与发展过程，由实际问题逐步上升到数学问题，经历观察、分析、猜想、归纳、抽象的思维过程，分别完成对函数集合定义的三次认识，直至逐步探究出用集合与对应语言刻画函数概念。

续表

教学环节	教师活动	学生活动	设计意图
创设情境，构建概念	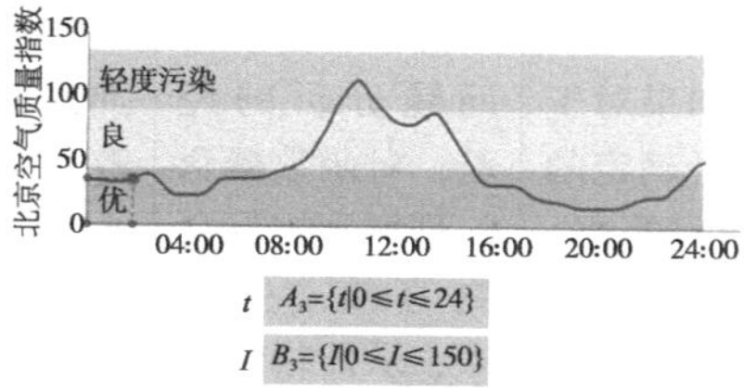 北京空气质量指数 150 100 50 0 轻度污染 良 优 04:00 08:00 12:00 16:00 20:00 24:00 t　$A_3=\{t\|0\leqslant t\leqslant 24\}$ I　$B_3=\{I\|0\leqslant I\leqslant 150\}$ **教师**：鼓励学生勇于表达自己的见解，大胆用自己的语言交流、描述问题实质。 有几个变量？变量的取值范围分别是多少？对应关系是什么？ 上述三个问题中的函数有哪些共同特征？ **教师**：组织学生小组讨论，让学生自己总结共性，逐渐发现函数概念的本质，为函数概念的给出奠定基础。 **教师**：上面 3 个情境中函数有哪些共同特征？ **教师**：追问学生是非空的数集吗？对应关系的表现形式一样吗？数集之间的元素有什么样的关系呢？ **教师**：引导学生逐步完善对抽象出的函数的概念的理解和表述。 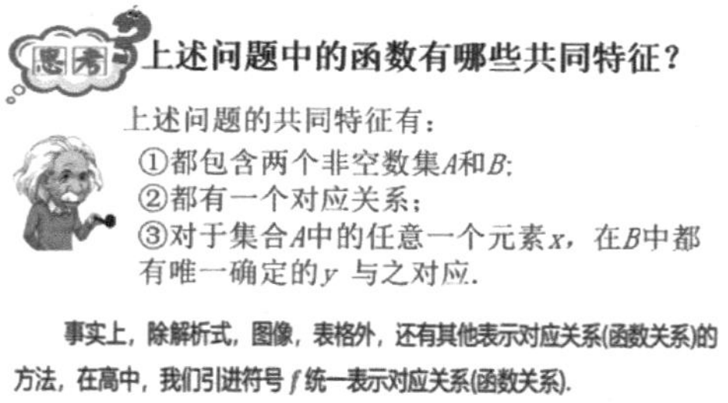 思考 **上述问题中的函数有哪些共同特征？** 上述问题的共同特征有： ①都包含两个非空数集A和B； ②都有一个对应关系； ③对于集合A中的任意一个元素x，在B中都有唯一确定的y与之对应. 事实上，除解析式，图像，表格外，还有其他表示对应关系(函数关系)的方法，在高中，我们引进符号f统一表示对应关系(函数关系). **教师**：追问学生是非空的数集吗？ 对应关系的表现形式一样吗？ 数集之间的元素有什么样的关系呢？ **教师**：引导学生逐步完善对抽象出的函数的概念的理解和表述	**学生**：容易发现问题中有两个变量t和I，并且有相应的取值集合；虽无解析式，但它们之间有对应关系且是函数。体会用图象刻画变量间的关系，并试着用集合语言自己描述这种函数关系。 **学生**：积极进行组内讨论，合作交流，归纳概括	归纳出情境问题中的共同特征，为重新定义函数奠定基础

续表

教学环节	教师活动	学生活动	设计意图
抽象升华，形成概念	**函数的概念：** 一般地，设 A，B 是非空的实数集，如果对于集合 A 中的任意一个实数 x，按照某种确定的对应关系 f，在集合 B 中都有唯一确定的数 y 和它对应，则就称 f: $A\rightarrow B$ 为从集合 A 到集合 B 的一个函数，记作 $y=f(x)$，$x\in$ A。 其中，x 叫作自变量，x 的取值范围 A 叫作函数的定义域；与 x 的值相对应的 y 值叫作函数值，函数值的集合 $\{f(x)\mid x\in A\}$ 叫作函数的值域。 **教师：**引导学生由抽象出的三个要素归纳形成完整的函数的概念。	**学生：**有了前面问题分析的经验，对函数概念的理解和把握会更直接、更深入，从而很快发现定义中的几个关键词。	函数的概念是非常抽象的一个概念，教师要有足够耐心，引领学生一句句叙述和表达，直至用最简洁、简练、规范的数学语言表述出来。概念中的符号表示是难点。
	注意： 1. "$y=f(x)$" 是函数符号，表示 y 是 x 的函数，可以用任意的字母表示，如 "$y=g(x)$"。 2. y 是自变量的函数，当 x 取某个具体值时，$f(x)$ 表示 x 对应的函数值，而不是 f 乘 x。 3. 构成函数的三要素：定义域、对应关系、值域。 函数中的自变量可以在定义域范围内任意取值，包括变成其他字母，这是函数抽象的重要原因。 4. 函数的定义域包含三种形式。 （1）自然型。指函数的解析式有意义的自变量 x 的取值范围（如分式函数的分母不为零，偶次根式函数的被开方数为非负数，对数函数的真数为正数，等等）。 （2）限制型。指命题的条件或人为对自变量 x 的限制，这是函数学习中的重点，往往也是难点，因为有时这种限制比较隐蔽，容易犯错误。 （3）实际型。解决函数的综合问题与应用问题时，应认真考察自变量 x 的实际意义。 5. 求函数的值域是比较困难的数学问题，中学数学目前只要求能用初等方法求一些简单函数的值域问题，如二次函数。 6. 定义域习惯上用区间表示。 **教师：**概念中的符号表示是难点，是数学抽象	**学生：**加强对获得的新的函数的概念的理解和记忆，对新出现的名称或符号由陌生转向熟悉。	教师可以结合概念形成过程中的实例，指出 f 的含义，发现其既可以是对应关系式，还可以是图象、表格等，引导学生会用数学的语言表达。 这里教师采用讲述法和启发式教学带学生挖掘内涵、延伸拓展、深入理解概念

续表

教学环节	教师活动	学生活动	设计意图
抽象升华，形成概念	的第二阶段，针对符号的意义和表示进行讲解和说明，学生会用数学的语言表达世界。引导学生关注定义中的关键词，从而把握函数概念的实质。 **练一练：你能回答开始的问题吗？** 1. 正方形的周长与边长的关系 $l=4x$ 与正比例 $y=4x$ 相同吗？ 2. $y=1$（$x\in R$）是函数吗？ **教师：**引导学生学以致用，用集合的观点重新审视前面提出的问题。 **教师：**紧扣定义，抓住关键信息——非空数集、任意一个 x、存在唯一一个 y。	**学生：**逐步学会用抓住函数的概念中的关键词辨析问题。学会判别两个函数是否相同以及是否构成一个函数。	应用新得到的定义解决之前难以解决的问题，加深对函数概念中关键词的理解，提高对知识的应用能力，体会成功的喜悦。
	动一动：A 中的乒乓球和 B 中的格子都标有数字，可以把 A，B 看成两个非空数集，请将 A 盒子中的所有乒乓球放入 B 盒子中。 **思考：**如何放使得它是从 A 到 B 的一个函数吗？它的值域是什么？ A　　B **教师：**引导学生构建出对应关系不同的函数，并小组合作交流。	**学生：**小组合作完成乒乓球的摆放实验，构造出对应关系不同的函数。	通过让学生实验操作，加深对函数概念中的符号和关键词的理解，培养学生从“特殊到一般再到特殊”的分析问题的能力。
	搜一搜：函数为什么贯穿初高中甚至大学的课程？与函数的发展有何关系？进行线上平台分享和交流。 **教师：**初中函数概念强调的是变化的过程，对任意 x 有唯一的 y 和它对应；而高中函数概念强调的是实数集之间的对应，注重的是对应的结果。事实上，这两个概念，分别对应函数概念发展史上的两种观点“变量说”和“对应说”	**学生：**认真聆听、思考，回顾初高中探索的历程，对比初高中函数的概念的不同	

续表

<table>
<tr><th>教学环节</th><th>教师活动</th><th>学生活动</th><th>设计意图</th></tr>
<tr><td>抽象升华，形成概念</td><td>函数即解析式 → 变量依赖说 → 变量对应说 → 集合对应说
“假定z是一个变量。它可以逐次取所有可能的实数值。如果对它的每一个值都有未知量w的唯一的一个值与之对应，则w称为z的函数。”
——黎曼</td><td></td><td>渗透数学史，感受数学的文化价值和科学的进步，提高学生对数学概念的感性经验</td></tr>
<tr><td>深入探究，剖析概念</td><td><table><tr><th>情境</th><th>数集 A</th><th>对应关系</th><th>数集 B</th><th>值域</th></tr><tr><td>情境 1</td><td>$A_1=\{t|0\leqslant t\leqslant 0.5\}$</td><td>$s=350t$</td><td>$B_1=\{s|0\leqslant s\leqslant 175\}$</td><td>$B_1$</td></tr><tr><td>情境 2</td><td>$A_2=\{1，2，3，4，5，6\}$</td><td>$w=350d$</td><td>$B_2=\{350，700\cdots 2100\}$</td><td>$B_2$</td></tr><tr><td>情境 3</td><td>$A_3=\{t|0\leqslant t\leqslant 24\}$</td><td>见下图</td><td>$B_3=\{I|0<I<150\}$</td><td>$B_3$的子集</td></tr></table>
思考：定义域是什么？值域是集合 B 吗？
北京空气质量指数
150 100 50 0
轻度污染 良 优
04:00 08:00 12:00 16:00 20:00 24:00
教师：重现情境中的问题，利用新知识辨析概念，找到集合 B 与值域的关系</td><td>学生：对于定义域的回答比较迅速，但对于值域是不是 B 有所疑问</td><td>对前面探讨的问题的难点和疑点进行逐一剖析，引发学生思考，加深学生对关键词的理解</td></tr>
<tr><td>例练精讲，巩固新知</td><td>例 1. 下列函数定义域、对应关系、值域分别是什么？你能用定义描述下列函数吗？
<table><tr><th>函数</th><th>定义域</th><th>对应关系</th><th>值域</th></tr><tr><td>一次函数</td><td>R</td><td>$f(x)=kx+b$ $(k\neq 0)$</td><td>R</td></tr><tr><td>二次函数</td><td>R</td><td>$f(x)=ax^2+bx+c$ $(a\neq 0)$</td><td>$a>0$ 时 $\{f(x)|f(x)\geqslant\frac{4ac-b^2}{4a}\}$
$a<0$ 时 $\{f(x)|f(x)\leqslant\frac{4ac-b^2}{4a}\}$</td></tr><tr><td>反比例函数</td><td>$\{x|x\neq 0\}$</td><td>$f(x)=\frac{k}{x}$ $(k\neq 0)$</td><td>$\{y|y\neq 0\}$</td></tr></table>
教师：利用学生熟悉的几种特殊的函数，判断其定义域、值域和对应关系，尝试用集合与对应语言描述函数，建立新知识与旧知识之间的连接。</td><td>学生：在教师的引导下，能顺利给出例题的答案。</td><td>强化知识间的内在联系，体会函数在实际生活中的应用，训练计算能力。</td></tr>
</table>

续表

教学环节	教师活动	学生活动	设计意图
例练精讲，巩固新知	**例 2.** 下列对应关系能否构成定义在 A 到 B 上的函数 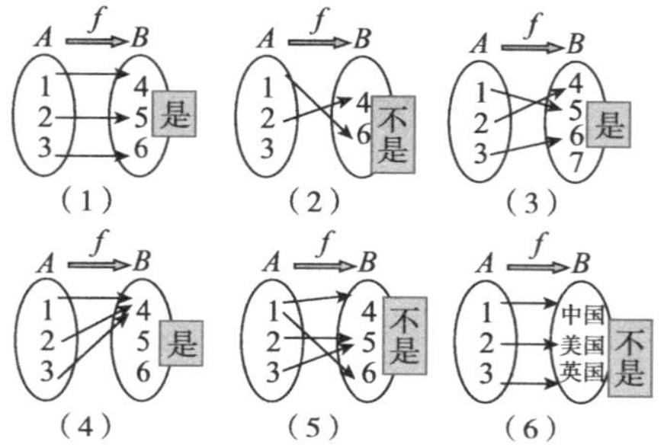 （1）是　（2）不是　（3）是 （4）是　（5）不是　（6）不是 **教师：** 允许“一对一”“多对一”，不允许“一对多” **例 3.** 你能构建一个实际问题，使其中函数的对应关系为 $y=x(10-x)$ 吗？ **解：** 如果对 x 取值范围作出限制，例如 $0<x<10$，那么可以构建如下情境： 长方形的周长为 20，设一边长为 x，那么面积 y 和 x 的函数关系式是 $y=x(10-x)$，其中 x 的取值范围是 $A=\{x\|0<x<10\}$，y 的取值范围是 $B=\{y\|0<y\leqslant 25\}$。对应关系 f 把每一个长方形的边长 x，对应到唯一确定的面积 $x(10-x)$。 **练习 1.** 下列图象中不能作为函数 $y=f(x)$ 的图象的是（ 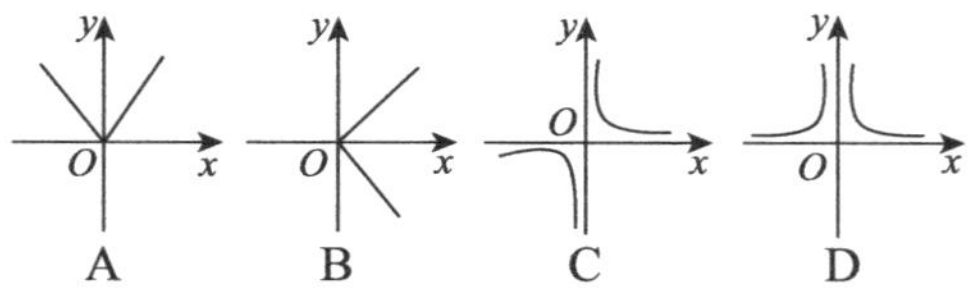　） A　B　C　D **教师：** 与学生一起分析练习 1 中的对应关系，引导学生学会用函数的概念分析问题，加深对函数定义的认识。 **练习 2.** 下列函数中哪个与函数 $y=x$ 是同一个函数？ （1）$y=\left(\sqrt{x}\right)^2$；（2）$y=\sqrt[3]{x^3}$；（3）$y=\sqrt{x^2}$	**学生：** 在充分理解函数概念的前提下，不难发现每个问题中的“陷阱”，从而一一做出判断。 **学生：** 在教师的引导下，很容易想到面积这一实际情境，从而进一步体会到函数在生活中的广泛应用。	本阶段的教学主要是通过对例题和习题的分析、辨析和反思小结，理解函数三个要素在具体问题中的应用，加深对函数概念的全面理解。

续表

教学环节	教师活动	学生活动	设计意图
例练精讲，巩固新知	**解：**（1）$y=(\sqrt{x})^2=x\ (x\geqslant 0)$，$y\geqslant 0$，定义域不同且值域不同，不是同一个函数。 （2）$y=\sqrt[3]{x^3}=x\ (x\in R)$，$y\in R$，定义域值域都相同，是同一个函数。 （3）$y=\sqrt{x^2}=\|x\|=\begin{cases}x,\ x\geqslant 0\\-x,\ x<0\end{cases}$，$y\geqslant 0$；值域不同，不是同一个函数	应用函数概念这一知识点自主完成课堂练习	应用新知，巩固所学，加深对函数概念的理解
归纳小结，梳理知识	**教师：**让学生自己总结本节课的收获，引导学生从知识与技能、数学思想方法等多方面进行总结归纳 知识层面：生活实例；函数的概念；用概念判断函数、构建实际问题情境 思想方法：体会数形结合、类比归纳、抽象概括的数学思想	**学生：**通过总结所学内容，进一步加深对函数概念总成过程的理解，体会数学思想	回顾知识 反思课堂 升华思维 感悟方法
作业布置，应用知识（学习评价）	**教师：**布置课后思考和课后练习作业。 **课后思考：**$y=x$与$y=\dfrac{x^2}{x}$是同一个函数吗？ 练习：完成课本第 63~64 页课后练习	学生课后独立完成	通过作业，使学生巩固所学，检验对函数概念的掌握

（3）板书设计。

板书设计如图 9–3 所示。

函数的概念

一、函数的概念：

二、用概念判断函数、构建函数实际问题情境

关键点：

1. 非空数集 A、B

2. 对应关系 f

3. 任一 A_x 唯一 B_y

记 $y=f(x)$，$x\in A$

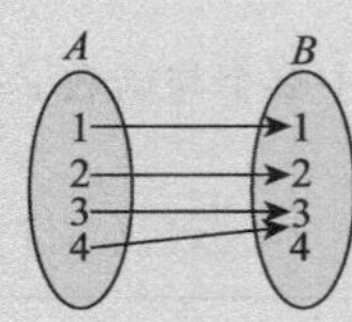

图 9–3

8. 案例分析

本节课知识联系紧密且教学难度大，属于数学知识的交汇点和支撑高中数学知识框架的主干内容，是学生进入高中后接触的第一个抽象概念。高中阶段不仅把函数看成变量之间的依赖关系，同时还用集合与对应的语言刻画函数。本节课教学内容的核心片段为函数概念的形成，这一内容也为后面学习函数的性质、基本初等函数、三角函数等做铺垫。此外，该阶段的学生已经学习了集合等知识，并且具有分析、推理和抽象概括的能力，但对于函数的概念及符号、y 等于 $f(x)$ 的认识还有待进一步加强，需要教师的启发和引导。

依据“课程目标—单元目标—课堂教学目标”的层级性特征，在新课标“总体目标”和“内容与要求”的指导下，结合学情分析，本节课的教学目标设计合理。本节课通过核心片段的教学内容和实践活动，基于数学学科本质和育人价值，发展学生数学抽象、逻辑推理、数学运算和数学建模的数学学科核心素养。

教学是教师的教和学生的学有机结合的过程，作者将教学过程设置为以下六方面。

（1）为了精准分析学情，提高课堂效率，作者给出上面的问题，复习初中函数的知识，并且由此来做出选择，从而产生认知冲突，激发学生的求知欲。

（2）针对线上未解决的难题，采用线下教学。环节 1（创设情境，建构概念）先向学生展示两幅动图，从实际出发，让学生体会函数是对客观世界的刻画。接着简单回顾线上提出的问题，展示学生的作答情况，让学生意识到发展函数的概念、丰富函数内涵的必要性。

（3）作者采取问题驱动的模式进行教学，让学生以小组合作的方式进行讨论，并设置层层递进的问题串，引导学生关注变量的取值范围，初步尝试从集合的角度来刻画变量之间的对应关系，并引导学生归纳上述三个问题中的函数的共同的特征，抽象出函数的本质属性，这又为重新定义函数奠定了基础。

（4）环节 2（抽象升华，形成概念）引导学生从上面的三个特征中概括出函数的概念，并思考这与初中函数的概念不同点在哪，进而强化概念中的关键点，其中概念中的符号表示是难点，是数学抽象的第二阶段。

（5）为了突破难点，通过学生小组合作完成乒乓球的摆放实验，化抽象为具体，加深对函数概念中的符号和关键词的理解，培养学生从“特殊到一般，再到特殊”的分析问题的能力。

（6）为了提高学生思维的增长点，思考函数为什么贯穿初高中甚至大学的课程？与函数的发展有何关系？并进行课后线上平台分享交流。

9. 亮点分析

（1）利用问题串引导学生对知识进行探究。

（2）注重实验探究，学生利用实验感知概念中的关键词，有效突破本节课难点。

（3）采用小组合作探究的方式，让学生在学会合作的同时突破难点。当堂展示，提升学生表达能力。

（4）采用线上线下混合式教学，以学定教精准分析学情，在提高课堂效率的同时高效地达成教学目标。多环节融入课程思政，落实立德树人的基本任务。

作者姓名：刘心怡
就读专业：2018 级数学与应用数学专业
获奖类别：第七届“田家炳杯”全国师范生教师技能（初赛）一等奖

函数的概念
刘心怡说课实录

函数的概念
刘心怡授课实录

9.4.2 案例 “不同函数增长的差异”教学设计

9.4.2.1 单元内容和内容解析

1. 单元内容

本单元的知识结构如图 9–4 所示。

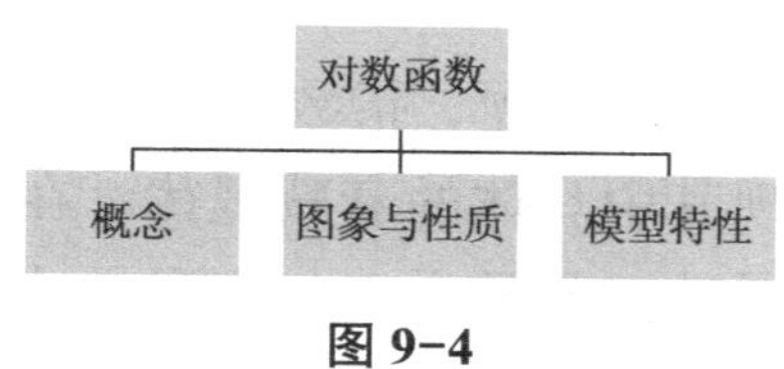

图 9–4

对数函数是《普通高中教科书 数学 必修 第一册》(人教版 A 版)第四章第四节的内容，本单元包括对数函数的概念、图象和性质、模型特性，它们是中学数学中的重要内容。本单元共三课时，第一课时的主要内容是对数函数的概念，第二课时的主要内容是对数函数的图象和性质。第三课时的主要内容是不同函数增长的差异。

2. 内容解析

本节内容是学生学习了函数的概念与性质、指数函数与对数函数之后，对一次函数、指数函数、对数函数的增长差异进行比较。增长差异是对函数单调性的进一步深化，不同函数增长差异的不同刻画了它们单调变化的不同。在本节课中，学生研究函数增长的工具有限(主要是没有导数工具)。因此，主要通过比较这几种具体函数的图象，引导学生直观发现它们增长的差异，并在导数的学习中借助导数更深入地理解一次函数、指数函数、对数函数的差异。

本节课在探究的过程中，体现了数形结合、类比、一般到特殊等思想方法，培养了学生数学抽象、直观想象等数学学科的核心素养。

3. 单元目标和目标解析

1)单元目标

(1)通过具体实例，了解对数函数的实际意义及其与指数函数的关系，进一步理解对数函数的概念。

（2）能用描点法或借助信息技术画出具体对数函数的图象，探索并理解对数函数的值域、单调性与特殊点。

（3）结合对数函数的概念、图象与性质的研究，进一步体会研究具体函数的一般思路，比较不同函数增长变化的差异的方法，提升数学抽象、逻辑推理、数学运算、直观想象素养。

2）目标解析

（1）能结合碳-14 衰减问题、指数与对数的关系问题，从另一角度进行运算推理，发现其中具体的衰减规律。在了解对数函数的实际意义的基础上，知道对数函数的含义与表示方法，清楚其定义域和底数 a 的取值范围。

（2）能根据函数解析式找到对数函数的对应变量值并画出图象，结合函数图象，归纳这些图象的共同特征，探索并总结对数函数的单调性与特殊点，并结合函数解析式验证所总结的函数值域、单调性与特殊点。

（3）结合对数函数的教学，体会“概念—图象—性质”的研究具体函数的一般思路，由指数与对数的关系推得具体函数的过程，提升逻辑推理素养；再由将具体函数抽象概括为对数函数的过程，提升数学抽象素养，体会从特殊到一般的思想方法。结合函数图象直观认识函数性质的过程，体会数形结合思想，提升直观想象素养。

4. 单元教学问题诊断分析

（1）学生已具备的认知基础。学生在之前已经了解了函数的研究路径，掌握了从一般到特殊的思想方法，这对于对数函数的学习有一定的类比作用；指数、对数的概念与运算为推理运算生成对数函数式提供了知识储备。

（2）学生达成教学目标需要具备的认知基础包括：在对数概念生成过程中应该具备由指数函数式推出具体对数函数式的逻辑推理素养，从实际对数函数问题抽象为一般对数函数概念的数学抽象素养，由对数函数图象探索性质和概念本质的数形结合思想方法。

（3）学习新知识困难分析。学生在思维上仍然具有片面性、不严谨性，在新的对数式构建和新概念的生成过程中会有一定困难；在探索对数函数图象与性质时可能会因为对数函数形式的陌生和经验匮乏，导致在理解中出现不平衡性。

根据上述分析，确定本单元的教学难点为：对数函数与指数函数的关系、对数函数单调性的抽象概括、不同函数增长差异特性的判断。

9.4.2.2　本课内容和内容解析

1. 教材分析

1）教材的地位和作用

本节课是《普通高中教科书　数学　必修　第一册》（人教版 A 版）第 4.4.3 节，“不同增长函数的差异”是在学习了指数函数、对数函数和幂函数之后的对函数学习的一次梳理和总结。本节提出函数增长快慢的问题，通过函数图象及三个函数的性质，完成函数增长快慢的认识，既是对三种函数学习的总结，也为后续导数的学习做了铺垫。培养和发展学生数学直观、数学抽象、逻辑推理和数学建模的核心素养。

2）教材内容特点

从函数性质的角度看，增长差异是对函数单调性的进一步深化，不同函数增长差异刻画了它们的增长方式以及变化速度的差异。学生对线性函数已经有了认知基础，且线性函数的变化规律非常直观，因此，教材用线性函数作为一把尺子，来“度量”指数函数和对数函数的增长差异，从而帮助学生理解直线上升、指数爆炸和对数增长的含义。

2. 学生学情分析

学生在前面已学过函数的概念与性质、指数函数、对数函数，为学习本节课提供了知识储备，但学生没有学过导数知识，且指数函数、对数函数增长变化复杂。这就使得学生在理解不同函数模型的增长差异时，思维仍然具有片面性、不严谨性。

3. 教学策略分析

在本节课的教学过程中，有意识地引导学生会用数学眼光观察世界，会用数学思维思考世界，会用数学语言表达世界，应用启发探索式教学法以及小组合作，以问题为核心，以观察为手段，以“探究”

为途径，以“发现”为目的。

（1）借助信息技术工具，运用 iPad 上的 Geogebra 软件画出函数图象，利用电子表格计算函数值，变抽象为直观，为学生的数学探究与数学思维提供支持，帮助学生体会不同函数增长的差异。

（2）利用希沃软件投屏，展示学生所画的图象；展示小组的研究过程，进行成果分享。

（3）在整节课的教学过程中采用师生互动、生生互动、小组合作学习的方式，这样可以兼顾到各个层次的学生，同时调动学生学习的积极性。

（4）始终坚持启发式教学原则，设计一系列问题串，以引导学生的数学思维活动。

4. 设计理念

（1）学生发展为本，立德树人，提升素养。本节课注重学生主体地位，倡导自主探究、自主建构的教学方式。教师将教学内容设置为递进式系列问题。学生在问题解决中自主建构新知，在实践活动中体验探究过程，了解不同函数增长差异特性从而达到培育科学精神和创新意识，提升数学核心素养的效果。

（2）把握数学本质，启发思考，改进教学。用丰富典例进行可视化教学，用生活问题激起学生学习兴趣及知识的理解。通过渗透类比、数形结合、从特殊到一般的思想方法，让学生经历探究过程，进而揭示本质。在新知启发过程中不断引导学生感悟数学的科学价值、应用价值。

（3）重视过程评价，突出素养，提高质量。注重讲练结合，在问题解决中补充已有图式，得到思想方法的提炼。通过提问、作图展示、教师追问等方式建立目标多元、方式多样的评价体系，帮助学生认识自我，以符合学科特征和学生认知规律，发展学生数学核心素养。

5. 教学目标

（1）借助信息技术，比较一次函数、指数函数、对数函数增长速度的差异，理解“直线上升”“指数爆炸”“对数增长”的含义。

（2）掌握比较不同函数增长变化的差异的方法，培养学生观察、发现、概括归纳的能力，发展学生的直观想象、数学抽象等核心素养。

（3）在认识函数增长差异的过程中，增强学生合作探究能力，学会认识事物的特殊性与一般性之间的关系，发展数学应用的意识，形成学习数学知识的积极态度。

6. 教学重难点

教学重点：函数增长快慢比较的常用方法。

教学难点：不同函数增长差异特性的判断。

7. 教法学法分析

教法：问题驱动教学法、启发引导法教学法、讲练结合法。

学法：自主学习方法、合作探究法、讨论法、归纳总结法、交流展示法。

8. 教学过程

教学过程如表 9–2 所示。

表 9–2 教学过程

教学环节	教学内容	师生互动	设计意图
创设情境，主题呈现	数学来源于生活，服务于生活。不同类型的现实问题具有不同增长规律的反映，要想选择合适的函数模型来刻画，需要先研究不同函数的增长差异。 【情境 1】 建党 100 周年之际，某抗战纪念馆 8 月份参观人数呈直线上升趋势。 【情境 2】 新冠肺炎疫情暴发阶段，感染人数呈指数级增长。 【情境 3】 体育锻炼的前几天，进步神速，但一段时间稳定下来后，再进步就没那么容易了。 这几个情境中数量的增长方式各有特点，以此引出本课研究内容——函数的增长差异	【教师引导，学生思考】 （1）这些现象的共同点是反映某种增长现象，不同点是增长的方式不同 （2）用我们学过的函数来刻画这些现象，你认为可能是哪些函数？ （3）针对情境 3，我们不确定是否可以用对数函数来刻画	（1）通过三个与学生生活相关的案例吸引注意力，为呈现函数增长的特点打下基础。 （2）情境 3 引发学生认知冲突，激发探究兴趣。让学生用数学的眼光观察世界

续表

教学环节	教学内容	师生互动	设计意图
差异探究，方法渗透	**【探究1】**探究指数函数 $y=a^x$（$a>0$）与一次函数 $y=kx$（$k>0$）在 $[0,+\infty)$ 的增长差异。 **方法渗透：**研究函数的特点常用的方法为特殊到一般；研究的对象为个别具体的函数；研究的方法为数形结合。根据研究思路，设计以下问题串。 **【问题1】**选取适当的指数函数与一次函数，探索它们在区间 $[0,+\infty)$ 的增长差异，你的选择是？为什么？ ①定研究范围：$a>1$，$k>0$；②选取 $y=2^x$ 和 $y=2x$ 为研究对象。 **【问题2】**当 $x\in[0,+\infty)$ 时，随着 x 的增大，两个函数的增长速度分别有什么特点？ 利用几何画板，在同一平面直角坐标系中画出 $y=2^x$ 和 $y=2x$ 的图象，观察在区间 $[0,+\infty)$ 上它们的位置关系。 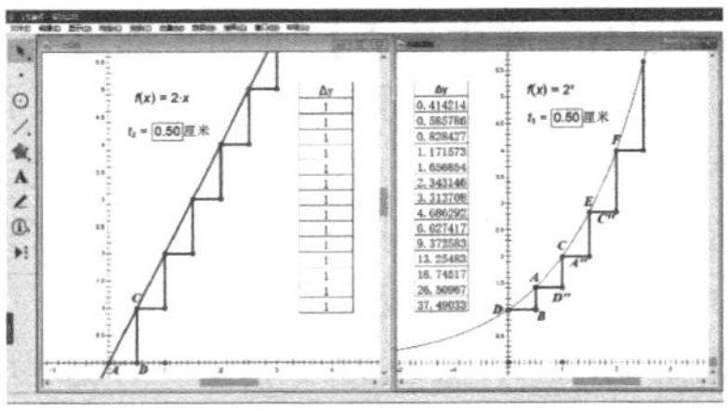 **【问题3】**如何表示不同的增长速度？ 通过观察 x 相同变化量下的 y 的变化情况感受增长速度的不同。 **【问题4】**你能用更简洁、准确的数学语言表示出你的发现吗？ "$\exists x_0$，当 $x>x_0$ 时恒有 $a^x>kx$。"	**【教师引导学生思考】** 明确对一个数学对象的研究从三个角度进行分析：为什么研究？研究什么？（增长差异）如何研究？（从特殊到一般，从形、数两方面研究）。 学生对 a 进行不同的取值，教师对"增长"二字进行强调。确定指数函数底数 $a>0$，一次函数 x 的系数 $k>0$。 学生完成以下活动并得到相应结论： （1）从形上看两个函数图象位置关系有上有下。 （2）可用数量表示这种位置关系（同一个 x，y 的大小比较）。 （3）从数到形，指数函数看上去"陡"。越"陡"增长速度越快。 （4）一次函数增长速度不变，可以用物理匀加速直线运动解释。 从形到数。教师利用几何画板，表示出函数的增长量。总结得到结论： （1）两个函数增长速度不同。 （2）$y=2x$ 增长速度不变，$y=2^x$ 增长速度越来越快。 （3）$y=2^x$ 增长最终快于 $y=2x$ 的增长。	（1）本环节方法的形成与总结对下一探究起到示范作用。因而层次梳理和语言的精确表达尤为重要。 （2）通过四个层次的递进，由直观到抽象，由感知到精确描述，帮助学生用数学的语言表达世界，同时实现难点的突破。 利用数学软件画图探究，培养学生的直观想象、数学抽象等核心素养和概括归纳的能力。

续表

教学环节	教学内容	师生互动	设计意图
差异探究，方法渗透	追问： （1）是否存在 x_0？存在多少个 x_0？ （2）改变指数函数 $y=a^x$（$a>0$）的底数 a 和一次函数 $y=kx$（$k>0$）斜率k的取值，是否有类似的结论？ **推广：** 一般地，即使 k 的值远远大于 a 的值，指数函数 $y=a^x$（$a>1$）的增长速度最终都会大大超过一次函数 $y=kx$（$k>0$）的增长速度	（1）可找到一个点，该点的右侧所有点都能满足 $2^x>2x$。 （2）学生利用平板电脑选取不同函数作图，观察是否满足规律。 教师利用智慧教室即时互动功能，投影学生所作函数图象，进行分析，引导学生用语言分层、准确描述现象	由特殊到一般，归纳总结一般性规律
类比方法，深化探究	【探究 2】探究对数函数 $y=\log_a x$（$a>1$）与一次函数 $y=kx$（$k>0$）在（0，$+\infty$）上的增长差异。 **方法引导：** （1）如何研究函数的增长特点？ （2）如何确定研究对象？ （3）研究方法是什么？ （改变底数 b 和斜率 k 的取值） **小组合作：**类比【探究 1】的过程，适当选取合适的对数函数 $y=\log_a x$（$a>1$）与一次函数 $y=kx$（$k>0$），利用 IPA 作图，观察现象并进行描述。 ①对数函数 $y=\log_a x$（$a>1$）的增长速度越来越慢；②最终 $y=\log_a x$（$a>1$）的增长速度会小于 $y=kx$（$k>0$）的增长速度；③总存在一个 x_0，当 $x>x_0$ 时，有 $kx>log_a x$。	师生共同回顾、总结研究过程，确定研究方法。 （1）学生以小组为单位，对a与k取不同的值，利用数学软件画图探究。 （2）教师利用信息技术分享学生所画图象，引导学生类比指数函数增长特点，对比一次函数，归纳对数函数增长特点。	引导学生回顾指数函数增长特点的研究方法，渗透类比思想，培养学生解决问题的能力。 学生动手操作，参与探究，发挥学生学习的主动性，培养学生观察、发现、概括归纳的能力，培养学生的直观想象、数学抽象等核心素养。 【探究 2】既是上一环节学生学习情况的检验，也是提升学生自我探究能力的核心环节。【探究 2】的设计再次突出了教学重点，回应教学难点，并

续表

教学环节	教学内容	师生互动	设计意图
类比方法，深化探究	**【探究 3】**探究一次函数 $y=kx(k>0)$、指数函数 $y=a^x$（$a>0$）和对数函数 $y=\log_b x$（$b>1$）在区间（0，+∞）的增长差异。 **小组合作：**在【探究 2】基础上添加指数函数，进行三个函数的比较，并进行概括。 **结论：** （1）一次函数 $y=kx$（$k>0$）的增长速度不变，称为直线上升。 （2）对数函数的增长速度越来越慢，称为对数增长。 （3）指数函数的增长速度越来越快，称为指数爆炸。 （4）存在 x_0，使得当 $x>x_0$ 时，恒有 $\log_b x<kx<a^x$。 **归纳特点：**“直线上升”“对数增长”“指数爆炸”这三个词可以形象地描述三种函数的增长特点。利用这些特点，我们可以对生活中的一些现象进行描述。 **回顾情境：** （1）建党 100 周年之际，某抗战纪念馆 8 月份参观人数呈**直线上升**趋势。 （2）新冠肺炎疫情暴发阶段，感染人数呈指数级增长。**（指数爆炸）** **思政渗透：**疫情不加控制，后果不堪设想，中国显示出高水平的疫情防控能力，体现了中国力量。所以作为中国人我们应该感到自豪。 （3）体育锻炼的前几天，进步神速，但一段时间稳定下来后，再进步就没那么容易了。**（对数增长）**	（1）学生以小组为单位，在原图象上添加指数函数图象，比较三个函数的增长差异。 （2）教师利用信息技术分享学生所画图象。 （3）学生归纳概括结论。 （1）用对数函数来刻画情境 3。 （2）举生活中的实例来理解“直线上升”“对数增长”“指数爆炸”。 （3）“指数爆炸”一定是好事吗？请举例说明。 （4）新冠肺炎疫情患者人数增长呈指数爆炸，渗透思政元素	充分体现了“做中学”的教学理念。 加深学生对不同增长的函数模型的增长差异的理解。再次回应教学难点。 融入思政元素，提升民族自豪感

续表

教学环节	教学内容	师生互动	设计意图
学以致用，巩固提升	**数据感知** 例1 三个变量y_1，y，y_3随变量x变化的数据如下表： 其中关于x呈指数增长的变量是_____。 例2.如图，对数函数$y=\lg x$的图象与一次函数$y=f(x)$的图象有A，B两个公共交点。求一次函数$y=f(x)$的解析式。 **模型应用** （1）生活中的数学。你的生活中有这些类似的数据变化的情境吗？ （2）文学与数学。 古语云： 指数爆炸 不积跬步，无以至千里， 不积小流，无以成江海。 ——《劝学》荀子（先秦） $1.01^7 \approx 1.07$　$1.01^{30} \approx 1.35$　$1.01^{365} \approx 37.78$ $1.02^7 \approx 1.15$　$1.02^{30} \approx 1.81$　$1.02^{365} \approx 1377.41$ （3）思政渗透：哪怕在学习上遇到了一点困难，只要多努力一点点，一年就会有千份收获	（1）巩固新知；学生思考，教师提问。 （2）针对现象抽象模型。 （3）用数据表示每天努力多一点，感受“指数爆炸”递增	（1）用函数模型初步刻画生活实例。 （2）进行传统文化渗透，揭示数学的文化内涵，提升文学素养，体现了学科育人的目标。 （3）函数增长差异的简单应用
课堂小结，内化提升	（1）通过本节课的学习你有哪些收获？ （2）请你从研究内容、研究工具、思想方法方面做一个小结。 研究内容：同是增长型函数，但其增长差异却很大。 研究工具：借助数学软件列表、画图。 思想方法：数形结合、类比、由特殊到一般	学生在教师引导下完整课程回顾，梳理知识，形成知识体系	通过课堂小结让学生形成知识体系，从更高的角度认识对数函数的概念
作业布置，课堂延伸	（1）课本 P139 练习 2 ～ 4。 （2）试着探究不同函数衰减的差异	学生独立完成	巩固新知， 提升能力

续表

教学环节	教学内容	师生互动	设计意图
目标评价	目标 1：通过情景回顾，检测学生是否理解“直线上升”“指数爆炸”“对数增长”的含义。 目标 2：学生通过【探究 2】模仿研究过程，掌握类比研究方法；通过自主探究，掌握比较不同函数增长变化的差异的方法，培养观察、发现、概括归纳的能力，发展直观想象、数学抽象等核心素养。 目标 3：探究过程经历由特殊性到一般性的过程；通过生活中的应用发展数学应用的意识，形成学习数学知识的积极态度		遵循学教评一致性原则，对学生新知的掌握进行评测

9. 板书设计

板书设计如图 9–5 所示。

<table>
<tr><th colspan="3">不同函数的增长差异</th></tr>
<tr>
<td>一、探究 1
研究方法：
①特殊→一般
②数形结合

二、探究 2</td>
<td>多媒体展示</td>
<td>
<table>
<tr><td></td><td>$y=a^x$
$(a>1)$</td><td>$y=kx$
$(k>0)$</td><td>$y=\log_a x$
$(a>1)$</td></tr>
<tr><td>增长速度</td><td></td><td></td><td></td></tr>
<tr><td>特点</td><td colspan="3"></td></tr>
</table>
</td>
</tr>
</table>

图 9–5

9.4.2.3 案例分析

本课是在学习了指数函数、对数函数和幂函数之后的对函数学习的一次梳理和总结。本节提出函数增长快慢的问题，通过函数图象及三个函数的性质，完成函数增长快慢的认识。既是对三种函数学习的总结，也为后续导数的学习做了铺垫。培养和发展学生数学直观、数学抽象、逻辑推理和数学建模的核心素养。

学生在前面已学过函数的概念与性质、指数函数、对数函数，但由于指数函数、对数函数增长变化复杂，这就使学生在学习过程中可能会遇到困难。因此本节课教学难点确定为：让学生体会不同函数模型的增长差异，对“指数爆炸”“直线上升”“对数增长”的理解。

本着教学要“以学生主体，教师为主导”的基本理念，充分利用智慧教室即时互动功能及其他多媒体技术，利用图象直观比较指数函数与一次函数及对数函数与一次函数增长速度的差异，以问题为驱动，采用启发引导、类比探究、小组合作、讲练结合等教学方法，突出学生的主体能动性。

“创设情境，主题呈现”教学环节中三个与学生生活相关的案例起到吸引学生注意力的作用，并为函数增长的特点呈现打下基础。

【探究 1】是本节课的第一个重点。本环节的探究有四个层次：①引导学生观察图象变化情况，发现指数函数与一次函数的增长速度变化快慢不同；②引导学生发现指数函数的增长速度会远远大于一次函数的增长速度；③引导学生用数学的语言精确刻画指数函数最终变化的趋势；④扩展到一般的指数函数与一次函数增长的差异研究。

四个探究层次层层递进，由直观到抽象，由感知到精确描述，很好地体现了让学生用数学的眼光观察世界、用数学的语言表达世界的教学理念。

由指数到对数，【探究 2】过渡自然合理。在这一环节，主要让学生用搭建起来的研究模式进行深入探究。这也是对上一环节学生学习情况的查验，也是提升学生自我探究能力的核心环节。“差异探究，方法渗透”教学环节的设计再次突出了教学重点和教学难点，并充分体现了“做中学”的教学理念。

经过前两个环节的铺垫，学生已经基本掌握研究函数增长速度的过程及描述方法，可以较顺利地归概括出指数函数、对数函数和一次函数三类函数增长的差异，并各用四个字描述其增长特点。

通过新冠肺炎疫情感染人数增长模型，及古语“不积跬步，无以至千里；不积小流，无以成江海”等实例帮助学生体会不同函数增长的差异及模型内涵，将思政元素融入课堂，增强学生民族自豪感。这也是本设计的亮点。

作者姓名：刘心怡
就读专业：2018 级数学与应用数学专业
获奖类别：第七届“田家炳杯”全国师范生教师技能大赛（决赛）一等奖

不同函数增长的差异
刘心怡说课实录

不同函数增长的差异
刘心怡授课实录

9.4.3 案例 “蚂蚁爬行”微课教学设计

1. 微课类型

□概念理解 □概念应用 □性质理解 ☑ 性质应用 □公式发现 □公式理解 □公式应用 □定理发现 □定理理解 □定理应用 ☑ 解题训练 □单元复习

2. 设计理念

通过创设具有启发性、学生感兴趣、有助于自主学习和探索的问题情境，使学生在活动丰富、思维活跃的状态下进行探究学习。在 Geogebra 数学软件和 PPT 等的支持下，使知识呈现动态化，促进学生理解转化思想、朝着有利于知识构建的方向发展，体会信息技术在数学教学中的独特作用。

3. 知识分析

（1）知识名称：蚂蚁爬行——最短路径问题。

（2）知识来源：《义务教育课程标准实验教科书 数学》（人教版）八年级上册第十三章最短路径问题；八年级下册第十七章勾股定理。

（3）教学重点：利用图形变换将最短路径问题转换为“两点之间，线段最短”问题。

（4）教学难点：运用空间想象能力，能将空间图形展开成平面图形解决实际问题。

4. 学情分析

（1）知识与经验。在学生已经学习了最短路径问题和勾股定理，并尝试解决简单实际问题的知识和经验的基础上进行学习。

（2）过程与方法。在将实际问题抽象成几何图形的过程中，利用动态数学直观展示，提高分析问题、解决问题的能力，渗透转化思想。

（3）情感与态度。让学生通过有趣问题提高学习数学的兴趣，在解决实际问题的过程中体验数学的图形美和简洁美。

5. 目标设计

（1）掌握与立体图形相关的最短路途问题的一般解决方法。

（2）通过观察、分析、探究等学习方式，经历实验过程，了解实验原理，体验计算机技术和学习工具的优越性。同时分析问题、解决问题的能力以及数学抽象能力得到提升。

（3）在对实验的演示、应用中，感受数学文化的博大精深，懂得数学与生活密切联系，体验数学图形美和简洁美。

6. 策略设计

（1）教学流程：复习回顾→创造情境→实验探究→知识应用→迁移拓展。

（2）教学方法：演示法、讲授法。

7. 创课设计过程

创课设计过程如表 9–3 所示。

表 9–3　创课设计过程

基本环节	问题与活动	依据与意图	时长 / 秒
复习回顾	回顾最短路径问题，并将平面问题提升为立体问题	开门见山，制造冲突，激发学生学习欲望	42

续表

基本环节	问题与活动	依据与意图	时长/秒
创设情境	创设简单情境：蚂蚁爬向正方体礼盒。通过卡通人物对话形式进行题目分析，并引出计算机工具 Geogebra 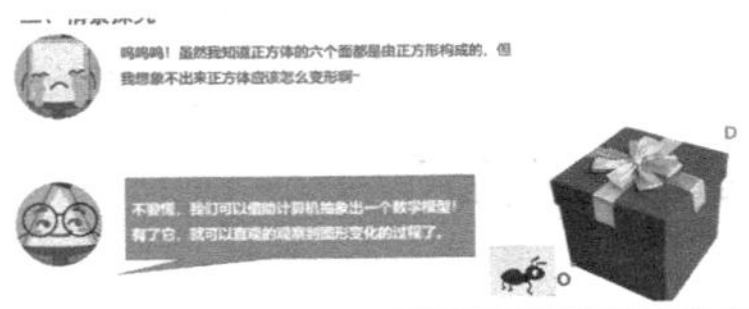	通过具体情境，促进学生思考，体会问题所含的数学思想，提高学生对数学的兴趣	50
实验探究	利用 Geogebra 数学软件来模拟，同时引导学生观察实验过程中的数据变化和图形的变换，强调运用动态数学技术在数学探究中的重要作用 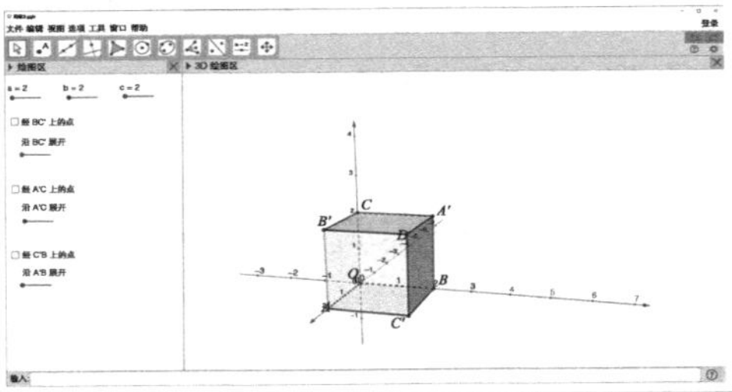	通过实际操作和信息技术两种方式抽象出学生难以想象的立体图形，凸显信息技术融合数学探究的优势，展现数学的“几何美”及数学建模的优势。 信息技术的融入使得图形更直观，将知识动态化，更有利于学生体验和感悟立体图形特点以及其中蕴含的数学规律，培养学生善于观察、敢于探究的数学学习习惯，激发学生学习兴趣	154
知识归纳	小结归纳题目蕴含的数学思想和同类型题目的解题思路 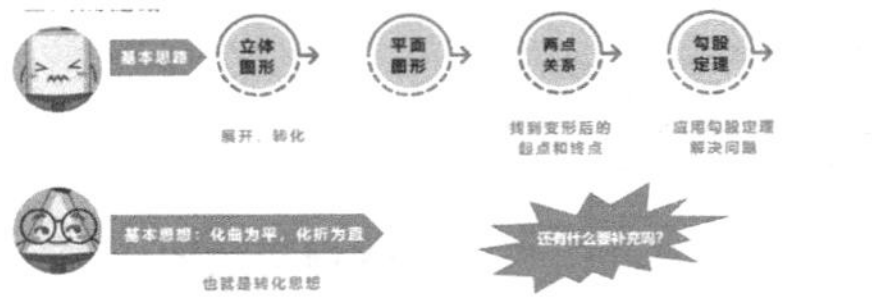	引导学生构造属于自己的知识体系，在实验探究后进行科学的总结。启发学生要善于用数学眼光观察世界、用数学思维思考世界、用数学语言表达世界	30
迁移拓展	引出问题“其他几何图形的展开”，给出课后习题，并呈现抽象出的数学模型，引导学生自主探究 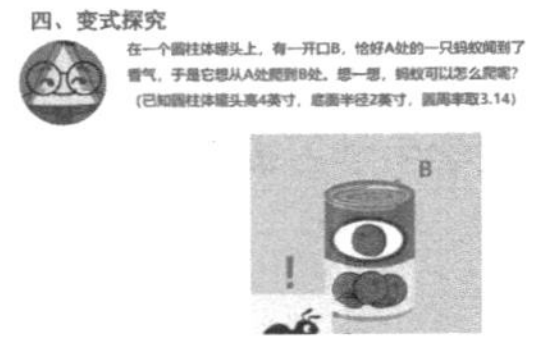	“趁热打铁”引出问题，充分利用学生好奇心与探究欲，充分考虑学生自主探究的可行性，拓宽学生思维与视野，培养其逻辑推理、数学建模等核心素养	70
结尾	谢谢大家!	结束学习	2

8. 案例分析

微课的一个重要问题就是：如何提高学生课堂参与度?

从整个微课结构和内容设计上看，我选择引入卡通人物进行对话，引出所讲内容，目的是改变传统课堂上教师的严厉形象，以一种孩子们喜欢的形象出现。同时，设计的对话更多的是以讨论的形式，以使学生参与进来，并借助动态软件进行教学探究，从平面转化到立体，再从立体简化为平面，以期帮助学生突破现阶段的难点——空间想象能力，再采用讨论的方式发散学生思维，另外，学生可以举出生动例子自己归纳，在实践应用中，有同学就举出了反例：扁而平的鱼罐头是否还是走侧面最短呢？恐怕不一定！这时思维导图环节就可以作为知识点的延伸和补充，帮助学生构建知识体系。

> 作者姓名：张广祺
> 就读专业：2018 级数学与应用数学专业
> 获奖类别：广西壮族自治区信息化大赛二等奖

蚂蚁爬行的最短路径问题
张广祺微课实录

9.5　研究生组中学数学教学案例及评析

9.5.1　案例　“将军饮马”微课脚本设计

1. 微课简介

知识名称：将军饮马——最短路径问题。

知识点来源：《义务教育课程标准实验教科书　数学　八年级　上

册》（人教版）第十三章最短路径问题。

知识点描述：求直线上一动点到线外两定点距离之和最小问题。

2. 教学目标

（1）建构最短路径问题的基本数学模型，掌握“求直线上一动点与直线外两定点的距离之和的最小值”这类问题的一般方法。

（2）借助特殊三角形、特殊四边形、圆这些基本图形的轴对称性，植入坐标系等各种背景，清晰抓住求最短路径问题的本质。

（3）在将同侧点转化为异侧点的过程中，体会转化的数学思想。

3. 设计思路

（1）以确定将军“最佳饮马点”为情境贯穿本节课，营造生趣盎然的画面感和氛围。

（2）以“两定点异侧—两定点同侧”的最短路径问题为本节课的思维线索，引导学生抓住问题的本质。

（3）在问题解决过程中自然渗透“转化”的数学思想。

4. 教学过程

教学过程如表 9–4 所示。

表 9–4　教学过程

环节	解说词	画面	时长/秒
一、片头	亲爱的同学，你好！今天我们来学习将军饮马问题	第 1 张 PPT	6
	唐朝诗人李颀的诗《古从军行》开头两句“白日登山望烽火，黄昏饮马傍交河”记录了一个将军饮马的故事。这让我想起古罗马时代一个有趣的数学问题	第 2 张 PPT	17
二、问题呈现 初露锋芒	传说亚历山大城有一位精通物理和数学的学者，名叫海伦。一天，一位罗马将军专程去拜访他，向他请教一个百思不得其解的问题	第 3 张 PPT	15
	话说这位将军的生活环境非常独特。他工作的军营设在偏远的郊外，而他的家却在市区内。两处之间隔着一条笔直的小河。将军每天上下班都要经过那条河，并到河边饮马。那么问题来了，选择河道的哪个位置饮马，才能使将军走的路程最短呢	第 4 张 PPT	30

续表

环节	解说词	画面	时长/秒
二、 问题呈现 初露锋芒	这是一个实际问题，需要把它抽象出来。在这里，军营和家是两个位置，可以看成定点 A 和 B，笔直的河岸抽象成直线 l，饮马处抽象为动点 P。于是问题转化为：当点 P 在什么位置时，$PA+PB$ 最小？显然，直线总比折线短，当 PA 与 PB 在同一直线上时，距离最小。因为两点之间，线段最短。因此，连接 A、B 交直线 l 于点 P，这个点就是使得路径最短的点	第 5 张 PPT	45
三、 问题变换 迎难而上	问题还没有结束。一年以后，将军再次拜访海伦，这次又有什么问题呢？原来啊，由于房价上涨将军不得不把家搬到了郊外，也就是那条小河的对岸。本来上下班可以军营和家里两点一线，但将军那匹挑剔的马，喝惯了富含钙铁锌硒各种矿物质的河水，现在是既不喝家里的自来水，又不喝军营里的矿泉水。于是，可怜的将军每天只能绕远，从军营到河边饮马之后再回家。那这次又应该去哪里饮马才能使路程最短呢	第 6 张 PPT 第 7 张 PPT	10 40
	(1) 同样地，还是把河流看作直线 l，把军营和家看作在 l 同侧的定点。点 P 为要找的饮马点。那么，当点 P 在什么位置时，$PA+PB$ 最小？ (2) 可以看到，与前面问题不同的是，这次两个定点都在直线同一侧，没有办法直接用两点间线段最短来解决。显然这是一个求折线长最短的问题。因此，要想办法把折线变成直线，也就是把不在一条直线上的两条线段转化到一条直线上。要达到化折为直的目的，必须将其中一个定点转化到直线另一侧。那么根据转化的思想，如何将直线同侧的两点转化为异侧的两点呢？ (3) 当然，要实现转化，必须是点的等量代换，代换之后不能改变原有的等量条件。现在不妨试着对 A 点做变换，那么现在的问题就是：在另一侧确定一点 A'，使得对于直线上的任意一点 P，$PA'=PA$ 都能成立，这样 A' 点才是 A 点的等量代换。 (4) 那么要找的 A' 点在哪儿呢？容易发现，过 A 点作关于 l 的对称点，这个点才有资格扮演 A' 点的角色。为什么呢？因为是对称点，那么直线 l 必定垂直平分线段 AA'，所以不管点 P 在哪个位置，垂直平分线上的点到线段两端点的距离都相等，所以一定有 $PA'=PA$。到这里	第 8 张 PPT	140

续表

环节	解说词	画面	时长/秒
三、 问题变换 迎难而上	可以发现，轴对称帮我们实现了由同侧点到异侧点的转化，因此连接 A'、B，交直线于点 P，利用两点之间线段最短找到了使路程最短的饮马点。 （5）回顾整个过程，解决问题的突破口就是“化折为直”，对于这类问题，动点在哪条线上运动，哪条线就是对称轴，而其中一个定点的作用是确定对称点，另一定点的作用就是连接它与所作对称点得一线段，实现“同侧点”到“异侧点”的转化		
四、 活化思维 思辨论证	可能你还有疑问，到底利用轴对称找到的点 P，是不是真的是使 $AP+BP$ 最小的点呢？简单验证一下。 如果将军在直线上除点 P 外任意一点 P' 处饮马，所走的路程就是 $AP'+BP'$ 这两段，连接 $A'P'$，显然 $AP'=A'P'$，那么原来的路程就转化为 $A'P'+BP'$，肯定 $>A'B$。由此可见，在 P 点外任意一点 P' 处饮马，所走的路程都要远一些	第 9 张 PPT	50
五、 归纳总结 攻坚克难	小结一下。这两个问题都可以归结为求直线上一动点到线外两定点的距离之和最小，有两种情况。 （1）当两定点在异侧，很简单，连接两定点，利用两点之间线段最短解决。 （2）当两定点在同侧，就要利用轴对称将同侧点转化为异侧点，接着用异侧点的方法作即可	第 10 张 PPT	45
六、 枝繁叶茂 乘胜追击	将军的问题解决了，如果把问题放在不同背景下，你还能看出来吗？请看： （1）在边长为 a 的正方形 $ABCD$ 中，点 Q 为 BC 的中点，点 P 为 AC 上一动点，求 $PB+PQ$ 的最小值。 （2）乍看之下好像跟“饮马问题”没什么关系。其实在这里，B、Q 是两个定点，不就相当于饮马问题中的军营和家吗？P 在 AC 上运动，不就相当于在河 AC 找饮马点吗？而且两定点都在对称轴 AC 的同侧，因此用轴对称化折为直。现在只需作一个定点关于 AC 的对称点，显然处理 B 是最方便的，利用正方形的对称性，直接找到点 B 的对称点就是点 D，这样连接 DQ，与 AC 交于一点，这个点就是饮马点啦	第 11 张 PPT	70

续表

环节	解说词	画面	时长 / 秒
六、枝繁叶茂乘胜追击	再看圆背景下的题目： 已知点 A 是半圆上一个三等分点，点 B 是 AN 的中点，点 P 是 ON 上的动点，求 $AP+BP$ 的最小值。 同样，这两点是定点，相当于军营和家，又在同侧。解决方法是，作点 A 或点 B 关于直径的对称点，将其转化为两定点异侧的问题，结果就浮出水面啦	第 12 张 PPT	35
	（1）在直角坐标系背景下，本质还是一样。已知点 A 的坐标和△AOB 的面积，问在抛物线的对称轴上是否存在点 C，使得 $AC+CO$ 最小？ （2）同样，这里 A、O 两定点在同侧，也是作对称点解决	第 13 张 PPT	35
七、片尾	以上三例均是围绕“将军饮马”模型展开的，似变非变，有没有感受到轴对称的洪荒之力呢？什么叫万变不离其宗，你一定有更深的理解了吧！ 好了，对于将军饮马问题，你学会了吗	第 14 张 PPT	25

作者姓名：颜碧梅
专业：学科教学（数学）——教育硕士
获奖类别：微课设计广西壮族自治区信息化大赛二等奖

将军饮马
颜碧梅微课实录

9.5.2 案例 “将军饮马”教学设计

1. 课题来源

本节课内容来源为《义务教育课程标实验教科书 数学 八年级 上册》（人教版）第十三章最短路径问题。

2. 作品设计思想

（1）以确定将军“最佳饮马点”为情境贯穿本节课，营造生趣盎然的画面感和氛围。

（2）以“两定点异侧—两定点同侧”的最短路径问题为本节课的思维线索，引导学生抓住问题的本质。

（3）在问题解决过程中自然渗透“转化”的数学思想。

3. 教材分析

（1）“将军饮马”问题是“轴对称”中“最短路径问题”的一个模型。

（2）本节课是在学习了轴对称、“两点之间，线段最短”“三角形两边之和大于第三边”的知识之后的实际应用。通过实际生活中问题的引入，让学生将实际问题抽象为数学问题，体会转化的数学思想。

（3）最短路径问题是中考热点，而本节微课的将军饮马问题是解决最短路径问题的基础模型。

4. 学情分析

（1）学生已经学习过“两点之间，线段最短”的基本知识，在本章学生也初步掌握了作点关于某直线的对称点，这些构成了学生的认知基础。

（2）“将军饮马”从本质上说是最值问题，学生一直把最值问题视为难题，在解决最短路径问题时常常无法建立数学模型，找不到切入口，而且在此之前较少接触最值问题，解决这方面问题的数学经验尚显不足，特别是面对具有实际背景的问题，更会感到陌生，无从下手。

（3）这节课学生在两定点同侧的问题上理解较困难，为什么要作对称点？怎么想到作对称点？为什么作对称点可行？这几个问题学生可能短时间内难以适应，转换不了思维。

5. 教学目标

（1）建构将军饮马问题的基本数学模型，掌握“求直线上一动点与直线外两定点的距离之和的最小值”这类问题的一般方法。

（2）借助特殊三角形、特殊四边形、圆这些基本图形的轴对称性，植入坐标系等各种背景，清晰抓住求最短路径问题的本质。

（3）在将同侧点转化为异侧点的过程中，体会转化的数学思想。

6. 教学重难点

（1）教学重点：利用轴对称将最短路径问题转化为“两点之间，线段最短”问题；对“将军饮马”模型的识别。

（2）教学难点：利用轴对称将最短路径问题转化为“两点之间，线段最短”问题；对作对称点的理解。

7. 教学过程设计

教学过程设计分为 5 个教学环节。

（1）问题呈现，初露锋芒。

（2）问题变换，迎难而上。

（3）活化思维，思辨论证。

（4）归纳总结，攻坚克难。

（5）枝繁叶茂，乘胜追击。

8. 教学过程

1）问题呈现，初露锋芒

（1）唐朝诗人李颀的诗《古从军行》开头两句“白日登山望烽火，黄昏饮马傍交河”记录了一个将军饮马的故事。这让我想起古罗马时代一个有趣的数学问题。

设计意图：以学生熟悉的一句诗句开篇，与学生拉近距离，同时唤起学生的好奇心，想知道这首诗到底蕴含了什么故事。

（2）问题呈现。传说亚历山大城有一个精通物理和数学的学者，名叫海伦。一天，一位罗马将军专程去拜访他，向他请教一个百思不得其解的问题：将军每天从军营到家上下班，两地中间隔着一条笔直的河。应该怎样走才能使路程最短？

（3）问题抽象。这是一个实际问题，需要将其抽象成数学问题：军营和家是两个位置，所以抽象成点 A 和点 B，笔直的河岸抽象成直线 l。于是问题转化为：如图 9–6 所示，点 A、B 为直

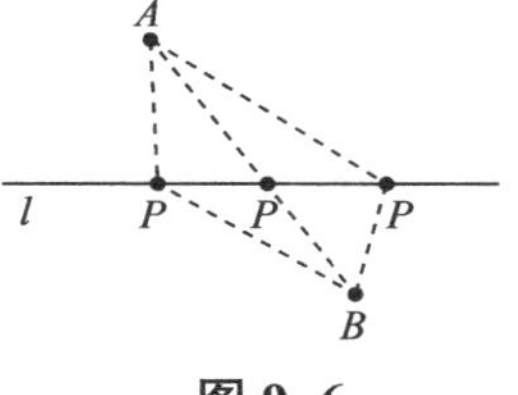

图 9–6

线 l 两侧的两个定点，点 P 是直线 l 上一动点。当点 P 在什么位置时，$PA+PB$ 最小？

（4）问题分析和解决。显然，线段总比折线短，当 $PA+PB$ 在同一条直线上时，距离最短。因为两点之间，线段最短。因此，连接点 A、点 B 交直线 l 于一点 P，这个点就是使得路径最短的点。

设计意图："两点之间，线段最短"学生对此已经有所了解，可以让学生从最基础的问题入手，体验成功解决问题的喜悦，同时，唤起学生对这类问题解决的思路、策略、依据等方面知识的回忆，为下面推进两定点同侧问题做铺垫。

2）问题变换，迎难而上

（1）问题呈现。将军的家搬到了河岸对面，也就是与军营同侧的地方。将军每天从军营出发，先到河边饮马，然后再回家，应该怎样走才能使路程最短？

（2）问题抽象。如图 9–7 所示，A、B 是直线 l 同侧的两定点，点 P 是直线上一动点。当点 P 在什么位置时，$PA+PB$ 最小？

（3）问题分析。这是一个求折线长最短的数学问题，要把折线变成线段，也就是把不在一条直线上的两条线段转化到一条直线上。显然，问题转化为：如何将直线同侧的两点转化为异侧的两点？不妨试着对 A 点做变换，那么现在的问题就是：在另一侧确定一点 A'，使得对于直线上的任意一点 P，$PA'=PA$ 都能成立，这样 A' 点才是 A 点的等量代换。

（4）问题解决。如图 9–8 所示，过 A 点作关于 l 的对称点 A'，连接 A'、B，交直线于点 P，利用两点之间线段最短找到了使路程最短的饮马点。

（5）问题深化。对于这类问题，动点在哪条线上运动，哪条线就是对称轴，而其中一个定点的作用是确定对称点，另一定点的作用就是连接它与所作对称点得一线段，实现"同侧点"到"异侧点"的转化。

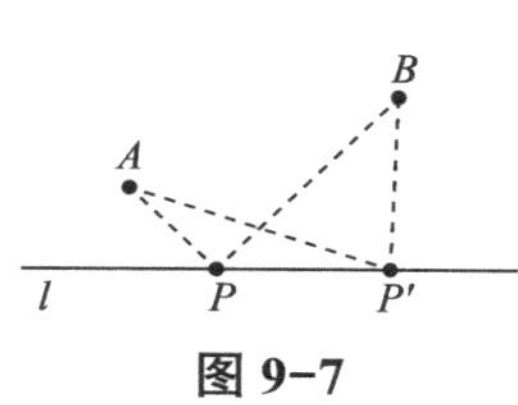

图 9–7

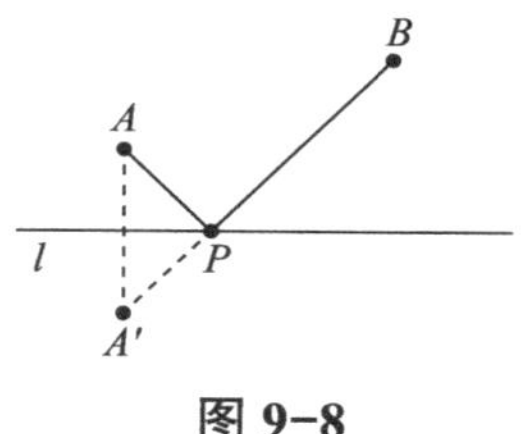

图 9–8

设计意图：这一问题是前面问题的变形，是从异侧点的探究到同侧点的转化，步步紧扣，环环深入，体会轴对称在解决最短路径问题时的“洪荒之力”，引导学生在解决问题过程中归纳出求此类问题的一般思路。

3）活化思维，思辨论证

（1）到底利用轴对称找到的点 P，是不是使得 $AP+BP$ 最小的点呢？能否用学过的知识进行验证？

（2）如图 9–9 所示，在直线 l 上另外任取一点（与 P 点不重合），连接 AP'、BP'、$B'P'$。

由轴对称的性质可知，

$AP'=A'P'$

$\therefore AP'+BP'=A'P'+BP'$

在$\triangle AP'B'$在中，$AB'<AP'+B'P'$

（三角形两边之和大于第三边）

$\therefore AP+BP$ 最短。

设计意图：一方面，对所找的点进行严格的证明，打消学生心中残留的疑问，让学生更加确信利用轴对称找到的点确实是使路径最短的点。另一方面，让学生经历数学证明的过程，体会数学学习的严谨性，学会书写证明点的唯一性的一般过程。

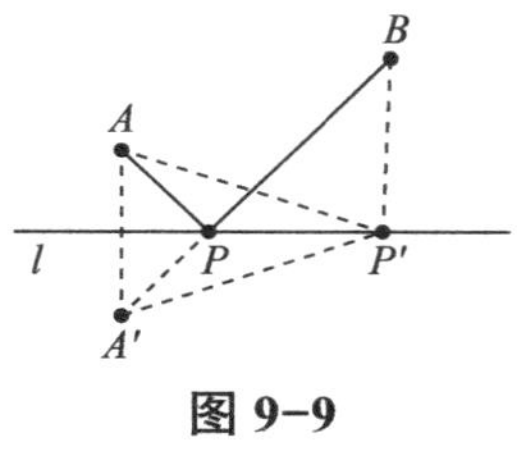

图 9–9

4）归纳总结，攻坚克难

“将军饮马”问题可归结为：求直线上一动点与直线外两定点的距离之和的最小值，如图 9–10 所示。

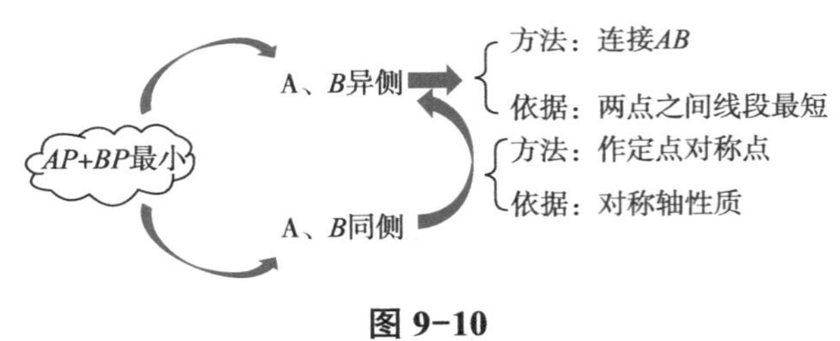

图 9-10

设计意图：将两个情境问题进行总结，让学生对这类问题有一个本质认识，并且能够根据定点的不同情况选择适当的方法求最短路径问题。

5）枝繁叶茂，乘胜追击

（1）以正方形为背景。如图 9-11 所示，在边长为 a 的正方形 $ABCD$ 中，点 Q 为 BC 的中点，点 P 为对角线 AC 上一动点，连接 PB、PQ，求 $\triangle PBQ$ 周长的最小值。（提示：见图 9-12）

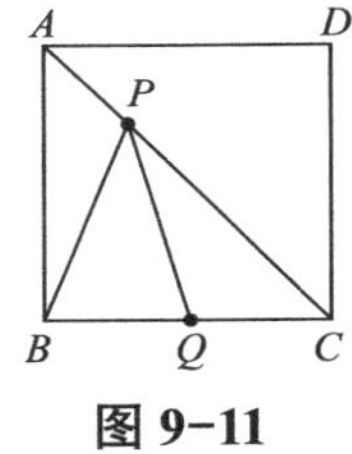

图 9-11

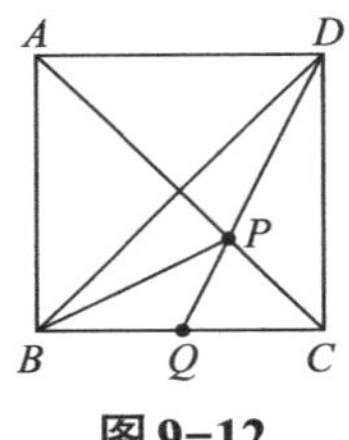

图 9-12

（2）以圆为背景。如图 9-13 所示，已知点 A 是半圆上一个三等分点，点 B 是弧 AN 的中点，点 P 是半径 ON 上的动点，若 $\odot O$ 的半径长为 1，求 $AP+BP$ 的最小值。（提示：见图 9-14）

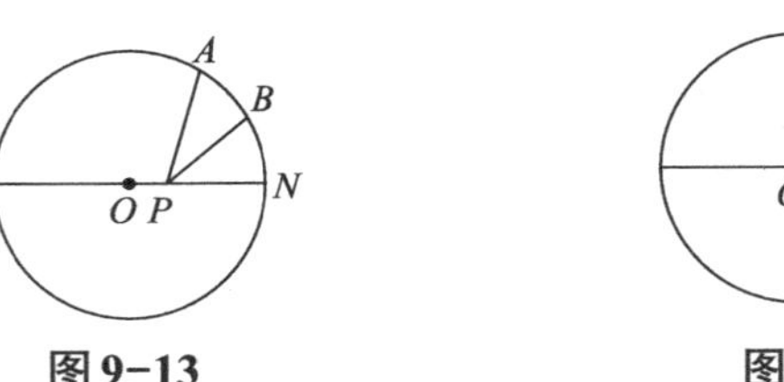

图 9-13　　图 9-14

（3）以直角坐标系为背景。如图 9-15 所示，在平面直角坐标系中，点 A 的坐标为（1，$\sqrt{3}$），$\triangle AOB$ 的面积是 $\sqrt{3}$，在过点 A、O、B 的抛物线的对称轴上是否存在点 C，使得 $\triangle AOC$ 的周长最小？（提示：见图 9-16）

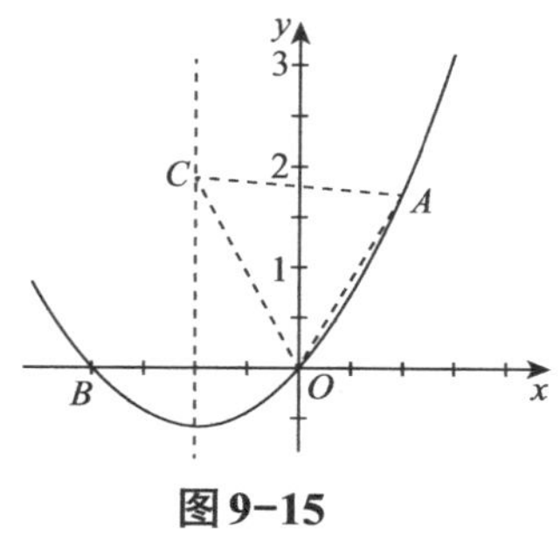

图 9-15

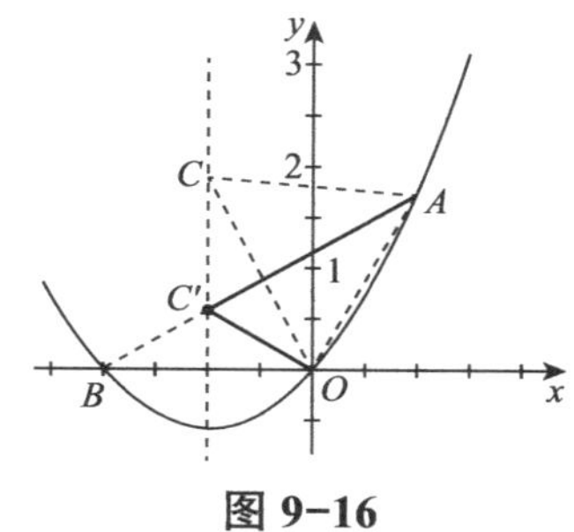

图 9-16

设计意图：通过不同的几何背景，让学生寻找变换中不变的几何构造要素，从而抽象出最短路径问题的本质，能灵活运用好“将军饮马”这一基本模型，并感悟其中蕴含的转化思想。

9. 案例分析

本节课开头先以两句诗把情境展现出来从而引出问题，有利于增强学生的创新能力和探究问题能力，接着通过层层问题把最短路径问题的主题引出来，再通过探究进行归纳总结，最后得出“求直线上一动点与直线外两定点的距离之和的最小值”的解决方法后转换背景进行练习，发展了学生模仿学习的能力。本节教学设计采创设问题情境，设计一系列实践活动，引导学生操作、观察、探索、发现、思考，使学生经历从现实世界抽象出几何模型和运用所学内容解决实际问题的过程，培养了学生创新意识，真正把学生放到主体位置。

作者姓名：颜碧梅
专业：学科教学（数学）——教育硕士
获奖类别：微课设计广西壮族自治区信息化大赛二等奖

将军饮马
颜碧梅微课实录
（本视频与 P223 相同）

9.5.3 案例 “任意角”教学设计

1. 教材分析

1）课程标准对本节的要求

“任意角”是《普通高中教科书 数学 必修 第一册》（人教版A版）第五章第一节第一课时的内容。《普通高中数学课程标准（2017年版2020年修订）》提到函数是现代数学最基本的概念，是贯穿高中数学课程的主线，三角函数就是一类最典型的周期函数。任意角是进行三角函数建立的基础与工具，课标明确要求掌握任意角的概念与含义。

2）本节教材的地位和作用

（1）“任意角”作为一个数学对象，是一个“既有大小又有方向的量”，要按照“背景—定义—度量—运算—性质”的研究路径，使学生经历完整的角的推广过程，认识任意角在刻画周期现象中的作用，为三角函数的学习奠定基础。

（2）从“角”到“任意角”是对初中所学0° ~ 360°角的自然延续与扩充，是突破学生对角的概念认知的关键内容。任意角的概念是学习三角函数的基础，其推广是研究三角函数的逻辑铺垫。

（3）任意角作为一种工具性知识，为学习角的和差倍半关系、解析几何、复数内容提供条件，其与生活紧密联系，充分体现数学的科学性和应用价值，其“统前”功能、“启后”意义、现实价值显而易见。

3）本节教学内容特点

（1）新教材将三角函数的章节前置，放在指数函数、对数函数后，从一般函数到具体函数，逐渐加深函数性质学习。其有别于之前函数的特点是周期变化规律，新教材第五章开篇语就已点明主题：“三角函数是用于刻画周期变化规律的一类特殊函数”，让学生脑海中先呈现出三角函数要研究的重点性质。

（2）周期变化中最简单的是圆周运动，任意角和弧度制一节的开篇语将圆周运动作为切入点，发现周期变化的本质是由圆上点经旋转产生的，在旋转过程中发现角度超越初中认知，从而进一步扩大角的范围，借助“数”与“形”结合，坐标系、集合等工具的辅助、周期性变化规律的代数表示进而引入本节课题——任意角。

（3）任意角问题归结为如何刻画角的方向和大小。一条射线绕端点旋转，方向分顺时针和逆时针，可类比正负数，引进正角、负角来表示“具有相反意义的旋转量”，角的大小可在已有角度制基础上进行推广。初中角的定义到高中任意角的推广体现在“旋转量”与“旋转方向”两个层面上，量的突破与方向的划分是推广的基础。

4）对本节教材的处理

（1）章节起始课承载了该章节知识点的脉络，不仅是简单的新概念导入，教师应了解编写者的用意，挖掘内容，精心设计，让起始课更合理、充实。为此，我从诗中的周期现象引出三角函数，从拧瓶盖引出任意角，激起学生兴趣的同时能对三角函数是刻画周期现象的模型有所了解。情境背后蕴藏的数学思想与文化，是提升数学核心素养的极佳素材，通过解读这些文字，让学生更清楚认识到学习这部分内容的必要性。

（2）正确理解任意角教学关键有三方面：①设法让学生建立“射线转动”成角的观念；②让学生明确区分射线转动“不同方向”形成正负角的概念；③使学生对坐标系中任一终边想象出“一对多”的各种转动情况从而建构终边相同角的概念。这些概念建构是本节教学重点。

（3）任意角的概念推广可看成是对学生原有图式的扩充，教师应抓住本质、新知旧知的区别与联系带领学生经历概念的生成过程。

2. 学情分析

1）学生已具备的认知基础

（1）学生在初中已学过静态 0° ~ 360° 的角和动态旋转角的定义，能在实际生活中理解大于 360° 的角。

（2）学生经历了数系扩充、函数推广，这对角的概念推广有一定帮助。

（3）集合语言的学习让超越静态的理解有一定的知识储备。

（4）高中生的逻辑思维已初步形成，能用逻辑推理、归纳演绎的方式分析角的旋转量和旋转方向问题，能对概念生成做一定的自主概括。

2）学生达成教学目标所需要具备的认知基础

（1）为实现旋转量的突破与旋转方向的区分，学生要能够从动态的视角看待并分析问题。

（2）为完成任意角概念的学习，学生要对周期性变化有一定的认识。

（3）为实现终边相同的角与集合的融合，学生应掌握数形结合等思想方法。

3）学习新知识困难分析

（1）学生思维仍具有片面性、不严谨性，在新知构建过程中会出现一定困难。

（2）学生在动手作图与设计方案等发散性问题中易出现发展不平衡的情况。

（3）学生对“数”与“形”关系的自主探索与建立不太熟悉，对终边相同角的代数问题解决存在难度。

3. 设计理念

1）学生发展为本，立德树人，提升素养

本节课严格按照新课标理念和要求进行课堂教学设计，注重学生主体地位，倡导自主探究、自主建构的教学方式。教师将教学内容设置为递进式系列问题，学生在问题解决中自主建构新知，在实践活动中体验角推广的必要性，实施体验学习，在“转”中生成各概念。真正落实立德树人根本任务，培育科学精神和创新意识，提升数学核心素养。

2）优化课程结构，突出主线，精选内容

这一章节起始课是培养用数学眼光看世界、用数学语言表达世界、用数学思维分析世界的难得素材，教学中突出知识明线：角的定义—任意角—象限角—终边相同的角；注重挖掘素养暗线：直观想象—数学抽象—数学建模—数学运算；渗透思想方法：数形结合、分类讨论、具体到抽象、特殊到一般。

3）把握数学本质，启发思考，改进教学

用丰富典例进行可视化教学，用生活问题激起学生对初中角与超越范围的角的矛盾。通过动手作“大角”解决旋转量，通过类比正负数解决旋转方向，在终边相同角的理解上提倡自主探索与合作交流，驻足在思维的关键点，让学生经历概念生成过程，进而揭示本质。在新知启发过程中不断引导学生感悟数学的科学价值、应用价值、文化价值和审美价值。

4）重视过程评价，突出素养，提高质量

注重讲练结合，在问题解决中补充已有图式，以得到思想方法的提炼，特别是对终边相同的角，应在问题解决中关注学生知识技能的掌握。本节通过口头提问、作图展示、教师追问等方式建立目标多元、方式多样的评价体系，评价的同时提高学生学习兴趣，帮助学生认识自我，帮助教师改进教学，以符合学科特征和学生认知规律，发展学生数学核心素养。

4. 教学目标

能理解象限角的概念及其终边相同的角之间的数量关系，能在坐标系中熟练地绘制角，并正确判断角的象限；能列举与已知角同终边的角并写出相应角的集合。

能体验和感悟到在任意角的建立和研究过程中所蕴含的直观想象、数学抽象、数学建模、数学运算等数学素养，以及数形结合、分类讨论、具体到抽象、特殊到一般等数学思想方法，体会到借助直角坐标系研究角的优越性。

5. 教学重点与教学难点

教学重点：任意角概念推广及表示。

教学难点：任意角概念的形成与建构，如何表示终边相同角的集合。

6. 教学方法

讲授法、启发探究法、合作讨论法、练习法。

7. 教学过程与设计

教学流程设计框图如图 9–17 所示。

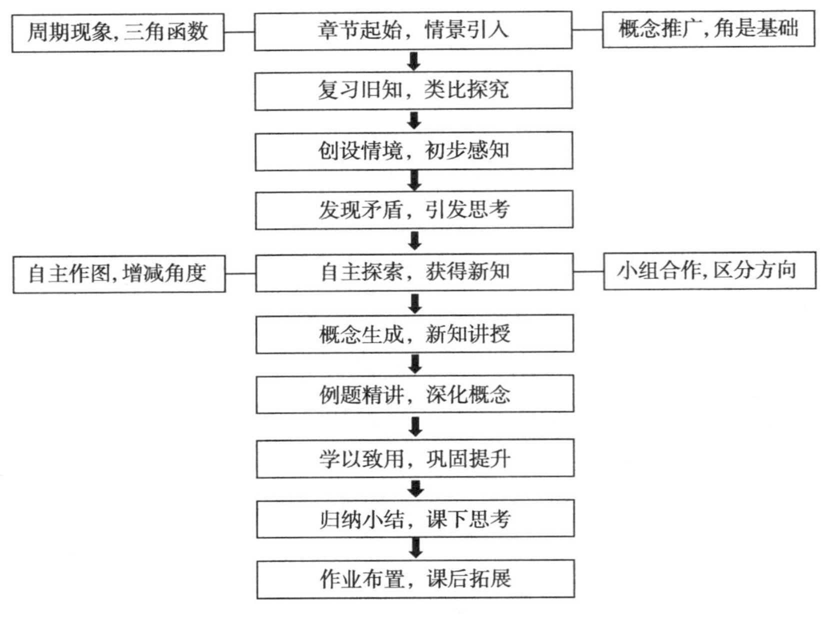

图 9–17

教学过程如表 9–5 所示。

表 9–5 教学过程

教学环节	教师活动	学生活动	设计意图
一、章节起始情境引入	**（诗中数学，角中世界）** 教师朗读：“东升西落照苍穹，影短影长角不同。昼夜循环潮起伏，冬春更替草枯荣。”让学生体会诗中的数学及数学中的世界。太阳每日东升西落、昼夜循环、冬去春来都是生活中的周期现象，而函数是刻画生活现象的基本模型，那描述周期现象的函数又是什么呢？函数学习都以概念推广起步，三角函数也是如此，那它区别于其他函数的基本概念是什么呢？我们研究的基础是什么呢？教师先板书一个字——角	学生从诗中体会生活中的周期现象，初步感知三角函数与相应的基础概念	从诗中的周期现象引出三角函数，激起学生兴趣的同时能对三角函数是刻画周期现象的模型有大致了解。梳理函数学习进程是为了点明角的推广是三角函数研究的基础，将任意角纳入函数研究的框架中进行思考。引言部分能避免学生在学习中因不知所以然而“摸着石头过河”的情况发生，对整节及整章内容有统领作用

续表

教学环节	教师活动	学生活动	设计意图
二、复习旧知类比探究	（动静相宜，回顾旧角） **问题 1**：初中所学角的定义是什么？（从静态定义和动态定义两方面回答）并在投影上展示动态旋转角的形成过程，回顾始边、终边、顶点三要素。 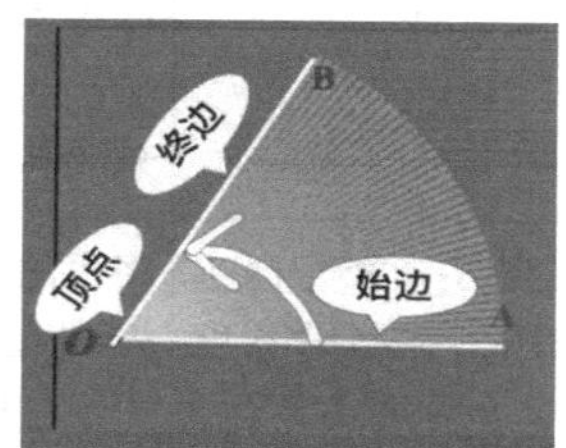 **问题 2**：初中所学角的范围是什么	**问题 1**：齐声回答角的静态定义——有公共端点的两条射线组成的图形叫作角。动态定义——由一条射线绕着它的端点旋转而形成的图形。 **问题 2**：齐声回答 0° ~ 360°	知识回顾是让学生清楚地知道目前在哪里，为角的推广做支撑，同时为新知与旧知的矛盾做准备。动图展示可以为后面学生作图活动做铺垫
三、创设情境初步感知	**探究 1**（瓶盖转圈，角度超限）：已知教师打开瓶盖需要逆时针旋转三圈半，请问转三圈半是转了多少度？ **情境 1**（空中转体）：想一想之前有听过大于 360° 的角吗？展示空中转体的动图（奥运会上跳水运动员空中转体 720°，这就是大于 360° 的角）。  **探究 2**（顺逆相较，同量异角）：3 圈半的问题解决了，教师又将瓶盖旋转 30°，请问拧紧还是拧松了？两个方向，两种结果，那形成的两个同为 30° 的角是相同的角吗 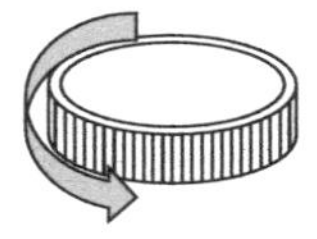 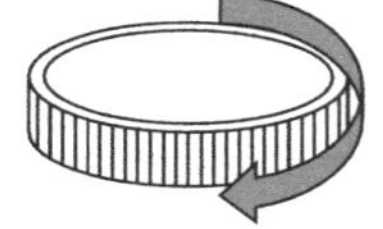	**探究 1**：发现转三圈半所形成的角超过了 360°。 **情境 1**：通过 1 圈 = 360°、2 圈 = 360° × 2 = 720°，计算 3 圈 = 360° × 3。5 = 1260°。 **探究 2**：自主发现顺时针旋转 30° 与逆时针旋转 30° 形成的角的效果不同，回答旋转方向对角的意义	**探究 1**：引出本节学习对象，0 ~ 360° 以外的角。 **情境 1**：联系生活实际，进一步的直观感受，加深对这些角的初步认识。 **探究 2**：从旋转方向的角度重新认识角。通过以上情境创设与探究激发学生兴趣，让学生初步感知旋转量与旋转方向的问题，为之后探索角的概念做铺垫

续表

教学环节	教师活动	学生活动	设计意图
四、发现矛盾引发思考	**（重新识角，旋转奇妙）** **思考**：探究 1 与探究 2 所反映的角的问题与之前初中认识的角相比有何不同？教师总结旋转量与旋转方向的问题所在，引导学生理解角的推广的必要性，从而让角更具有任意性（教师在“角”的板书前加上“任意”二字，得到本节课题——任意角）	指出探究 1 中的角超出了 360° 范围；探究 2 中两个 30° 的旋转角无法区分，初中的角没关注旋转的方向	通过学生总结探究中的新问题与已有知识的矛盾，找到本节研究对象的重点以及思路。层层设问，感受概念在头脑中初步构建的过程，体会推广角的必要性
五、自主探索获得新知	**探究 3**（角度增大，转圈绕绕）：让学生自己动手画出 480°、840°、1560°的角（提示针对大于 360°的角模仿三圈半的思路）； 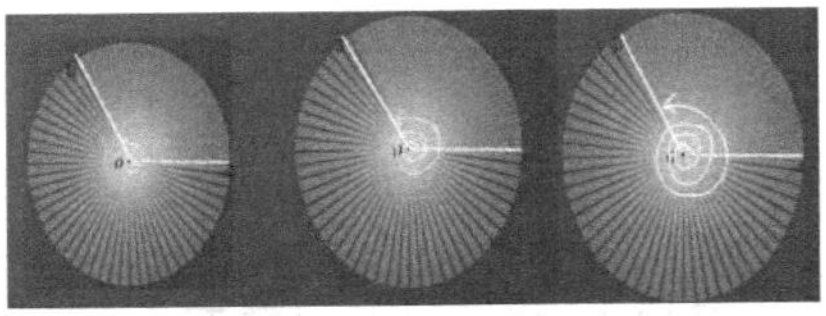 展示小组与教师作图，让学生归纳这三个比较大的角如何实现角度的增大。 **探究 4**（正角负角，方向定号）：旋转方向可否用数学语言简化呢？小组合作设计一套方案；（教师以正负数为例进行提示）	**探究 3**：学生自主作图，并归纳角度增大的实现方式。 **探究 4**：小组讨论并给出方案，解决旋转方向如何进行区分的问题。在教师提示后，讨论新方案的可行性	将角的推广分为两步，体现过程意识，“慢”中求“悟”，让数学概念在“自然”中“生成”。通过学生动手作图、教师演示及小组合作，从动态旋转视角重新认识角，从三个大于 360°的角的作图过程中找共性，从共性中归纳增加旋转量的含义。学生探究猜测，自主发现旋转方向对任意角的意义，使正角负角的引入更加自然，提升各方面素养的
六、概念生成新知讲授	**（1）任意角**（三类角到，任意有效）归纳上述探究方案与结果，解读正角、负角、零角的含义，给出任意角定义。解释在区分旋转方向的基础上增加旋转量，就将角的范围从（0°, 360°）扩大到（$-\infty$, $+\infty$），从此角度再理解角的任意性。同时让学生对探究中出现的角进行正负角区分作为即时检验。	（1）区分探究中出现的正负角。	

续表

教学环节	教师活动	学生活动	设计意图
六、概念生成新知讲授	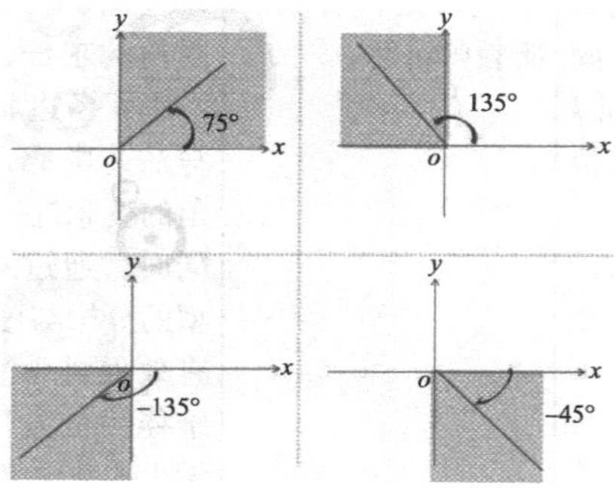 **（2）象限角**（象限与角，终边强调）：展示四个象限角的情况，并探讨象限角判断应注意的问题。 **（3）终边相同的角**（举一反三，同位异角）观察探究 3 中 480°、840°、1560°这三个角，让其始边重合，会发现什么？这些角之间有什么关系？（放在同一直角坐标系中你会发现什么？）自然轮转之神奇，周期变换之规律，这便是规律的根源所在。 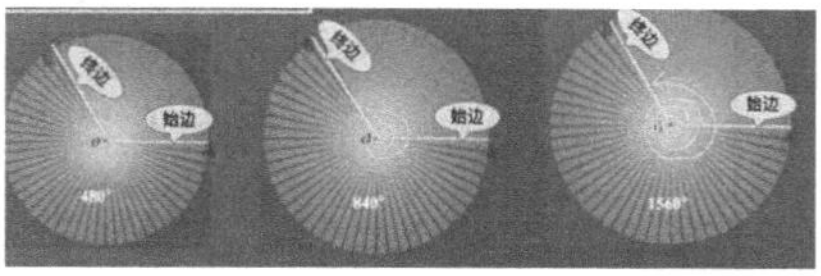 （一位多角，集合做到）提示学生用集合语言描述终边相同的角，以一般性的角 α 为例，并给出具体集合表示，引导学生理解给出一个终边并不代表是一个角 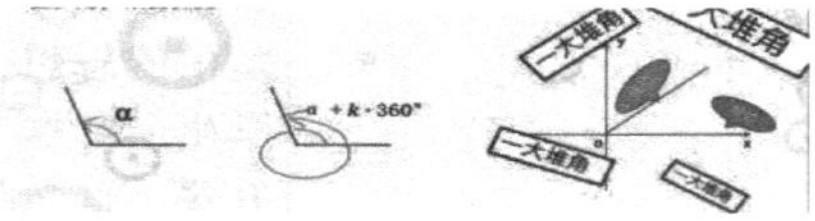	（2）观察四个象限角的具体实例。 （3）总结 480° = 120° +1×360°；840° =120° +2×360°；1560° =120° +4×360°。 （4）讨论与角 α 终边相同的角有无数个，这些角之间相差 360°的整数倍	归纳性的讲解任意角、象限角的概念，让学生对知识有更系统的把握，将角放在坐标系中研究，有了统一的“基准”，为后面同终边角的学习打基础；活动 3 引导学生思考终边相同角的关系，让其自己从等式中建立“数”与“形”的对应联系，从而对集合语言表述的理解更加深刻

续表

教学环节	教师活动	学生活动	设计意图
七、例题精讲深化概念	**例 1**：写出与 60° 角终边相同的角的集合，并写出其中处于 –720° ~ 360° 之间的角（讨论计算方法：直接写或分析 k 的取值范围）让学生讨论：上面的 k 值如何求？（解不等式法） **例 2**：写出终边在 x 轴上的角的集合，y 轴上的呢？坐标轴上的呢？第一象限的呢？ **例 3**：教师总结这类题型的求法	学生自主作答之后听教师讲解	通过例 1 展示终边相同角的求法，通过例 2 展示终边相同角的写法，由此，对任意角的概念进一步深化，同时，通过对重点题型的分析与思路梳理，有效促进学生数学思维能力的发展，提升学生的数学素养
八、学以致用巩固提升	**习题 1**：下列各角：–50°、405°、210°、–200°、–450°分别是第几象限角？怎么做的（画图还是找终边相同的角）？ **习题 2**：锐角是第几象限角？钝角呢？平角呢？第一象限的角一定是锐角吗？小于 90° 的角一定是锐角吗？锐角一定是第一象限的角吗？第二象限的角一定是钝角吗？ **习题 3**：写出终边在直线 $y=x$ 上的角的集合 S，S 中满足在 –360° ~ 720° 的角有哪些？	学生自主作答后核对答案同时听教师讲解	习题 1 巩固象限角的概念，同时借此题进行方法的归纳；习题 2 巩固任意角的明确含义，容易混淆的口答题加大了学生的思维含量，有利于学生把握概念的真正内涵；习题 3 巩固终边相同的角及其集合表示。通过设置习题，再次强调本节课重点，检验学习情况
九、归纳小结课下思考	（1）回顾初中的角到任意角的扩充（正角、负角、零角）过程。 （2）象限角的概念、判定方法及其易混淆知识点。 （3）终边相同的角的含义、集合表示及其应用问题。 （4）本节用到的分析方法与数学思想。 （5）扩展任意角中的数学文化	学生跟紧教师思路进行回答	归纳性的课堂小结，巩固本节内容，抓住本节重点，是对目标达成情况的一个粗略检验，并用渗透在课堂中的思想方法启发学生，对本节课进行升华。将文化与数学知识相联系，体会数学文化的魅力，为下节课做铺垫

续表

教学环节	教师活动	学生活动	设计意图
十、作业布置课后拓展	作业 1：课后习题 1 ～ 3 题 作业 2：有兴趣的同学可以查阅一下为什么将逆时针旋转的角规定为正角呢？终边相同的角又和哪些自然现象、社会现象相关呢		针对学生差异性进行分层训练，使每位学生掌握基础知识，又使学有余力的学生对知识有更深入的了解，在作业布置中渗透数学文化，让学生在课下保持对数学的热爱

板书设计如图 9–18 所示。

左边：1. 任意角定义：
- 正角：正角——按逆时针方向所旋转形成的角
- 负角：按顺时针方向旋转所形成的角
- 零角：射线没有任何旋转，但也把它看成一个角

象限角与轴线角：看终边的位置

终边相同的角：集合表示——$S=\{\beta|\beta=\alpha+k\cdot 360°, k\in Z\}$

右边：习题板书

图 9–18

8. 教学反思

1）教学理念反思

遵循“以学生为中心、以产出为导向、以立德树人为根本”的教学理念，“教”为“学”服务，让学生成为课程的最大受益者。在本节概念课中把学生的思维展开程度和参与水平充分考虑在内，以学生的自主探究为主线，完成初中角到任意角的扩充，完成静态概念到动态概念的生成，完成纯形到数形结合思想方法的把握，实现学生核心素养的提高。同时将数学知识与生活实际相结合，带领学生感受数学文化与数学价值。

2）教学方法反思

教无定法，贵在得法，本课采用讲授、创设情境、发现引导等教

法，以及自主探究、合作交流、讲练结合等学法，关注学生概念学习的特点。具体而言，创设的情境与教学重点相匹配，同时具有一定的问题驱动作用。讲授时避免抛出概念，而让学生自己经历角的推广过程。引导时抓住探究、思考、动手、交流的机会，发挥学生最大潜能、取得最大效益。

3）教学过程反思

（1）教学成功之处：①教学内容清晰，从“角—推广必要性—任意角—象限角—终边相同的角”这一脉络构建教学内容，突出重点，注重价值引领；②设计问题链强化问题导向，如选择与已学角相矛盾的研究对象，引发共鸣，让学生好学乐学；③教学安排合理，有感染力，达到教学目标，如拧瓶盖问题贯穿任意角的发现全程、自主所作的三个角贯穿始终等；④抓住思维训练机会，提升核心素养，在学习任意角的过程中，提升思维能力、数学素养。

（2）教学不足及改进措施：在学生语言潜力、想象潜力和创造潜力上仍需下功夫，使学生牢固地掌握科学的思想方法。

9. 案例分析

（1）作者模仿严谨的知识脉络教学模式进行教学设计，设计理念先进，按照模仿原则，勇于“取”，善于“舍”。例如，取“拧瓶盖”的例子，舍“调手表”快慢的情境背景，来说明角旋转的方向。现在生活中，瓶装水更贴近学生的日常生活物品。而且学生更多用的是电子手表（可打电话），而不是机械表、石英表这类有时针、分针、秒针的手表。

（2）知识框架清晰，由浅入深，注重前后知识的联系。例如：由初中所讲 0° ~ 360° 的情况，逐渐过渡到任意角的情况，厘清了任意角的推广的必要性。

（3）注重知识的探究。在探究时，教师采用“拧瓶盖”和“高台跳水”，以实际生活情境中肯定会出现的事实为基础，展开课堂研究。由学生自己去研究、讨论和探索发现规律，得到一般性结论，培养学生获取知识、探索知识的能力，强化自主学习的意识。从旋转量和旋转方向两个维度探究并理解任意角的含义。

（4）教师从“教学理念、教学方法、教学过程”三个反面进行深度反思。反思教学当中的优点与不足，对教学活动本身进行扬弃思考，促进教学实践，做到精进，再精进，创新，再创新，突破困惑，形成自身风格。

（5）突破创新。本案例言语内涵丰富，精炼得当，对仗工整，增添了数学意境。例如“诗中数学，角中世界”，表明数学亦可存于诗境，所要学习的内容“角”当中有世界，待学生探究。

作者姓名：何男
专业：学科教学（数学）——教育硕士
获奖类别：2021 年全国“田家炳杯”全日制教育硕士专业学位数学技能大赛（初赛）作品

任意角
何男上课实录

9.5.4　案例　“双曲线的简单几何性质”教学设计

9.5.4.1　单元内容和内容解析

1. 内容

本单元的知识结构如图 9–19 所示。

本单元的知识分为两个课时完成，第 1 课时是双曲线的定义和标准方程，第 2 课时是双曲线的简单的几何性质及应用。

2. 内容解析

本单元的内容按照“几何特征—标准方程—通过方程研究性质—应用”的过程展开，是在学生学习了椭圆的基础上，类比椭圆标准方

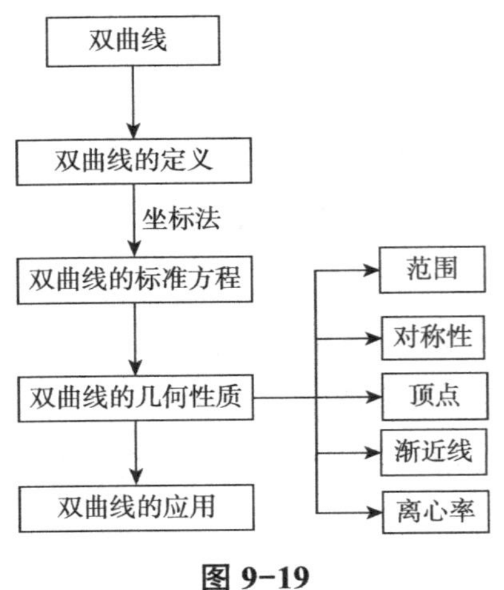

图 9-19

程的研究过程与方法，建立双曲线的方程，类比椭圆的几何性质，提出可以研究双曲线的哪些性质，构建研究路径，给出研究方法并自主探究得出结论，运用平面解析几何方法解决简单的数学问题和实际问题。与前一章内容的处理方式一样，本单元仍然采取在建立双曲线的标准方程后，就方程的建立过程讨论“曲线上点的坐标都满足方程”“以方程的解为坐标的点都在曲线上”。这样处理，既不失科学性，又不让学生感到过于抽象，可以使学生在潜移默化中体验双曲线与方程之间的一一对应关系，进一步理解通过方程研究曲线性质的合理性，使理性思维得到培养。本单元内容加强了概念的抽象过程，强调在探索、明确其几何特征的基础上，再利用几何特征建立坐标系、求出标准方程，然后通过方程运用代数方法进一步认识双曲线的性质及其位置关系，从而促进学生的直观想象、数学运算等素养的发展。

3. 单元目标和目标评价

（1）目标：①掌握双曲线的定义；②掌握双曲线标准方程；③掌握双曲线的简单几何性质。

（2）目标评价：①能识别双曲线的定义和相关概念，能从椭圆、双曲线定义的形成中感受它们的内在联系与区别，能初步应用双曲线的定义解决一些简单问题；②能根据双曲线的几何特征选择适当的平面直角坐标系，根据双曲线定义的代数表达类比导出双曲线的标准方程，能识别焦点在不同坐标轴上的双曲线的标准方程，能说出标准方程中特征量的关系，能初步应用双曲线的定义和标准方程解决一些关联问题；③能类比椭圆几何性质的研究方法得到双曲线的范围、对称性、顶点、离心率等几何性质及其代数表达，能发现和证明渐近线、能认识双曲线特征量的几何意义，能初步应用双曲线的定义、标准方程和几何性质解决一些综合问题。

4. 单元教学问题诊断

双曲线的简单几何性质“渐近线”是重难点知识，在这个知识点上，学生如果单靠记忆，思维上不能顺其自然地过渡，理解起来会很吃力，更谈不上应用它解决问题了。为了使双曲线的渐近线知识的发生、发展的过程与学生的认知过程真正融合，在课堂的教学中出现得更自然、更合理，采用类比反比例函数的方法，借助信息技术，利用数形结合思想推导双曲线的渐近线。

9.5.4.2　课时内容和内容解析

1. 教材分析

（1）教材的地位和作用。本节课是《普通高中课程教科书　数学　选择性必修　第一册》（人教版 A 版）第三章第二节第二课时，它是在学生已经掌握“椭圆的简单几何性质”和“双曲线的标准方程”的基础上，进一步研究双曲线的简单几何性质。学生对坐标法已有了初步认识，为学习双曲线奠定了基础；同时，对双曲线性质的学习能让学生进一步深化对坐标法的理解，也为以后学习抛物线的几何性质做好铺垫。

（2）教材内容特点。双曲线的几何性质排在三种圆锥曲线几何性质中间，有着承前启后之用；从方法上讲，本单元第一节学习了双曲线的标准方程，为几何性质的研究打下基础。双曲线的渐近线是双曲线性质不同于椭圆性质最重要的地方，反映了双曲线的走向和图形的变化趋势，进一步精确了双曲线的范围，衡量了双曲线开口大小，非常直观，课本重点介绍了该性质。

2. 学生学情分析

（1）学生已具备的认知基础。本节课的授课对象是高二年级的学生，他们有一定的空间想象力、抽象概括的能力和推理运算的技能，在学习本节内容前，学生已经学习了椭圆和双曲线的定义、标准方程等知识，感受了用代数法研究几何问题的基本方法，对圆锥曲线的研究过程与方法有了一定的了解和认知，这对于双曲线及其标准方程的学习有借鉴、迁移作用。

（2）学生达成教学目标所需具备的认知基础。学生通过上一章直线和圆的学习，基本上了解了解析几何研究问题的基本思路和方法，并且通过椭圆的学习反复了这个过程，对于坐标法的思想有了一定的了解，并在本单元的教学中掌握了双曲线的定义、图象和标准方程，具备一定的计算能力及利用数形结合思想解题的基础，能够利用方程来探究几何性质。所以学生是有能力、也有思想和方法探究双曲线的简单几何性质的。

（3）学习新知识困难分析。本节学习能进一步巩固圆锥曲线的思想体系和学习方法。学生已经学习了椭圆的几何性质，很容易类比出双曲线的几何性质，包括范围、对称性、顶点、焦点和离心率等，但双曲线的渐近线是双曲线所独有的性质，学生对双曲线的渐近线的发现和证明存在困难。

3. 设计理念

（1）情境引入来源生活实例。课程开始用学生熟悉的歌曲激起学生对双曲线与渐近线，让学生不知不觉地进入了数学的美妙环境，激发了学生的好奇心，提倡自主探索与合作交流，驻足在思维的关键点，在新知启发过程中不断引导学生感悟数学的科学价值、应用价值、文化价值和育人价值。

（2）知识生成彰显学生主体。类比椭圆定义及性质，提出环环相扣的问题，学生敏锐观察、仔细思考、各抒己见，思想的火花在逐渐地迸发，经历概念生成过程，进而揭示本质。小组合作推导双曲线几何性质等。真正做到以生为本，教师角色由解释者转换成推动者。

（3）“四基四能”直击核心素养。通过学生主体的发现探究、最终提出最优解决方案，得到双曲线性质，中间体现了学生基础知识的建立、基本技能掌握、基本思想确立、基本活动经验的积累，提升了学生发现问题、提出问题、分析问题、解决问题的能力，真正优化了课堂结构、把握住了数学本质，数学抽象、逻辑推理、直观想象、运算与数据分析素养无不一一体现。

（4）问题导向注重思想渗透。通过层层递进的问题串，启发学生参与到问题中进行思考探究，过程中涉及自主探究、合作交流、合作展示、个人展示等多种学习方式，激发学生对数学的兴趣，养成良好的学习习惯，促进学生实践能力和创新意识的发展。应用图表、信息技术、绘图等等多种方式使课程丰富多彩，突出数学主线，渗透解析几何的基本思想方法，让学生在思考的过程中体会用代数方法解决几何问题的方法与思想。

4. 教学目标

（1）能运用双曲线的标准方程及信息技术演示，概括出双曲线的范围、对称性、顶点、离心率、渐近线等简单几何性质特征，达到数与形的完美契合，提高学生的直观想象素养及抽象素养。

（2）能利用双曲线的几何性质作出双曲线的图象，通过“性质的探究”，学会反思与感悟，培养学生钻研刻苦勇于创新的精神，渗透思政教育。

（3）掌握双曲线的渐近线的定义和证明方法。在证明过程中，进一步理解和体会坐标法在解析几何中的应用的基本思想方法，提升学生的数学运算和逻辑推理素养。

5. 教学重难点

（1）重点：双曲线的几何性质。

（2）难点：双曲线的渐近线的发现和证明。

6. 教法学法分析

（1）教法。本节课利用多媒体辅助教学，教师设置一个又一个的认知冲突，启发诱导学生自己发现双曲线渐近线的存在，并进行推理证明；同时，采用类比的教学方式，让学生自己推导双曲线的其他性质，培养学生自主探究和科学论证的能力。

（2）学法。学生采用自主学习和小组合作交流的学习方式，借助原有的知识结构进行类比分析，得出双曲线的性质；通过思考、讨论、交流，突破认知冲突，完善思维的批判性和完整性。本节课从始至终都在试图让学生进行一场激烈的思维体操训练。

（3）教学环节。教学环节如图 9–20 所示。

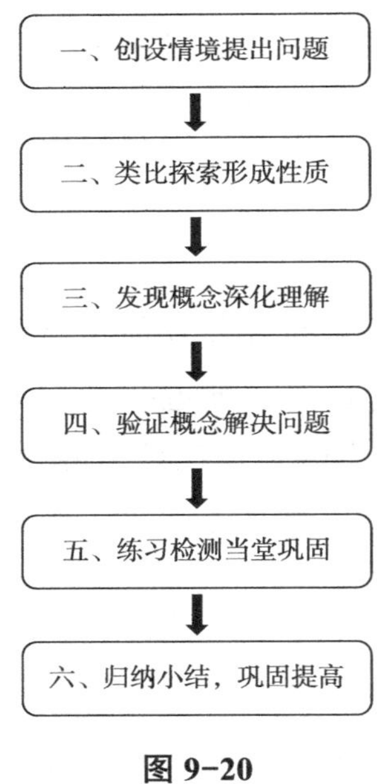

图 9–20

7. 教学过程

教学过程如表 9–6 所示。

表 9-6　教学过程

教学环节	教师活动	学生活动	设计意图
创设情境，提出问题	课前播放"悲伤双曲线"，上课后继续播放 1 分钟。提醒学生注意音乐中与所学知识有关的歌词。 **问题 1**：你能画出$\frac{x^2}{16}-\frac{y^2}{9}=1$所表示的双曲线吗	学生思考通过类比椭圆的画法，利用双曲线的几何性质作图	感受双曲线渐近线的魅力。 通过实际操作让学生意识到描点法不适用于双曲线作图，进而引出对双曲线性质的探究
类比探究，归纳性质	**问题 2**：我们研究了椭圆的哪些几何性质？双曲线是否也具有这样的几何性质呢？ **探究一**：对称性 **问题 3**：请大家观察这个双曲线，它在轴的上方和下方、左侧和右侧分别有怎样的关系呢？ 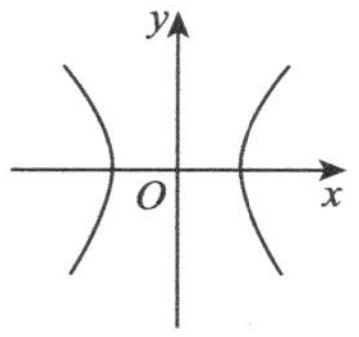 **追问**： （1）是否所有的双曲线都有这样的对称性？你能否通过双曲线的标准方程来解释一下？ （2）既然双曲线是对称的，那么它的对称轴和对称中心分别是什么呢？ 总结：$\frac{x^2}{a^2}-\frac{y^2}{b^2}=1$表示的双曲线关于坐标轴和原点对称，坐标轴是双曲线的对称轴，原点是双曲线的对称中心，也叫作双曲线的中心。	学生回答并猜想双曲线也有椭圆这些性质。 学生观察图象并找出对称关系。 追问（1），学生可先找出点(x,y)关于 x 轴、y 轴、原点的对称点，方程形式不变；也可以类比椭圆，用 $-x$ 代 x，$-y$ 代 y，并用 $-x$，$-y$分别代 x，y，方程的形式仍不变，从而说明双曲线关于坐标轴、原点对称。 追问（2），学生回答对称轴为坐标轴，对称中心为原点。	观察类比椭圆的几何性质，形成知识的迁移，明确双曲线几何性质的研究过程和研究方法，进而培养学生观察问题、解决问题的能力。 根据学生的认知特点，改变了教材原有的编排顺序，由学生自己观察双曲线的图形，从最直观的双曲线的对称性入手，再根据方程进行验证，培养了学生数形结合的思想。

续表

教学环节	教师活动	学生活动	设计意图
类比探究，归纳性质	**探究二：**顶点 **问题 4：**继续观察这个双曲线，看看它跟对称轴还有怎样的关系？ **追问：** （1）是不是所有$\frac{x^2}{a^2}-\frac{y^2}{b^2}=1$形式的双曲线都是这样的呢？ 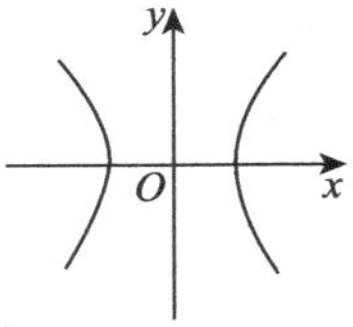 （2）能否写出与 x 轴的两个交点的坐标呢？ （3）有没有同学能用同样的方法证明双曲线与 y 轴没有交点呢？ a 称作双曲线的实半轴长，b 称作双曲线的虚半轴长。 **探究三：**范围 引导语：类比椭圆，在学习了双曲线的对称性与范围之后，还要研究它的范围。 **问题 5：** （1）类比椭圆的研究方法，双曲线的范围是什么？ （2）如果没有图形，只有方程，如何求双曲线的范围呢	学生观察并回答：与 x 轴有两个交点，与 y 轴没有交点。 追问（1），学生能够想到所有满足形式的双曲线都有这样的特点。 追问（2），引导学生回答：利用方程，令 $y=0$，则 $x=\pm a$，得到两个交点的坐标分别为 $A_1(-a,0)$，$A_2(a,0)$。 追问（3），学生采用同样的方法得到证明。 学生合作探究，观察图形得出双曲线的范围；并利用方程解决问题 5 第（2）问	学生观察并利用方程求解，得到双曲线顶点的定义。 类比椭圆，通过观察图形发现双曲线的范围，并引导学生从方程入手，求没有给出图形的双曲线的范围
发现特性，突破难点	**探究四：**渐近线 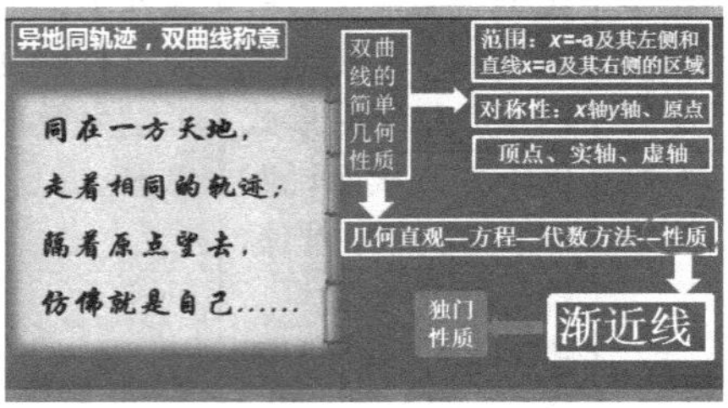 异地同轨迹，双曲线称意 同在一方天地， 走着相同的轨迹； 隔着原点望去， 仿佛就是自己…… 双曲线的简单几何性质 范围：x=-a及其左侧和直线x=a及其右侧的区域 对称性：x轴y轴、原点 顶点、实轴、虚轴 几何直观—方程—代数方法--性质 独门性质 渐近线		

续表

教学环节	教师活动	学生活动	设计意图
深化探究，解决问题	**探究五：**离心率 投影展示同一坐标轴上的双曲线 $\frac{x^2}{25}-\frac{y^2}{16}=1$ 和 $\frac{x^2}{25}-\frac{y^2}{9}=1$ 的图象，让学生观察比较这两个双曲线有什么不同呢？ 引入离心率的概念： 我们把焦距与实轴长的比 $\frac{c}{a}$ 叫作双曲线的离心率，用 $e=\frac{c}{a}$ 来表示。显然，离心率 $e>1$，双曲线的离心率 e 刻画了双曲线的“张口”大小。 **探究六：**作图 作双曲线 $\frac{x^2}{16}-\frac{y^2}{9}=1$ 的图象。 教师进行一个简单的小结，再一次强调本节课的重点“性质”	学生观摩演示发现，c 不变时，a 越大，双曲线的开口越小。 同桌间互相交流作图步骤；教师边总结步骤边板书画图。 学生交流作图步骤，整理所学的所有性质	让学生自己发现影响双曲线形状的因素，借助动画演示，将抽象的概念直观化。 在学生学习完双曲线简单的几何性质之后，学会应用
练习检测，当堂巩固	（例题编号同教材） **例 3.** 求双曲线 $9y^2-16x^2=144$ 的实半轴长和虚半轴长、焦点坐标、离心率、渐近线方程。 **例 4.** 双曲线型冷却塔的外形，是双曲线的一部分绕其虚轴旋转所成的曲面，它的最小半径为 12m，上口半径为 13m，下口半径为 25m，高为 55m，试建立适当的坐标系，求出此双曲线的方程（精确到 1m）。 **例 5.** 动点 $M(x,y)$ 与定点 $F(4,0)$ 的距离和它到定直线 l：$x=\frac{9}{4}$ 的距离的比是常数 $\frac{4}{3}$，求动点M的轨迹。 **例 6.** 如下图所示，过双曲线 $\frac{x^2}{3}-\frac{y^2}{6}=1$ 的右焦点 F_2，倾斜角为 30°的直线交双曲线于 A,B 两点，求 $\|AB\|$	学生答题，教师讲解	本节例题围绕双曲线的定义、标准方程、简单几何性质等知识，突出了用方程研究双曲线几何性质的特点，让学生认识求曲线方程的一般方法，如待定系数法等；同时，通过让学生解决实际问题体会双曲线的应用价值

续表

教学环节	教师活动	学生活动	设计意图
练习检测，当堂巩固	y O x F_1 F_2 A B		
归纳小结，总结提升	1. 本节课你学到了哪些知识？ 2. 经历了怎样的学习过程 椭圆的几何性质 类比 双曲线的几何性质（4条） 双曲线的标准方程 双曲线的应用 双曲线的渐近线 类比 反比例函数	学生小结，教师补充并理清思路	课堂小结可以使学生从总体上把握知识，强化对知识的理解和记忆，让学生快速地建立起较为系统的知识结构，从整体上把握知识，加深记忆
布置作业，发展深化	课本127页习题3.2 补充焦点在y轴上的双曲线的几何性质		

8. 教学反思

（1）以学生为主体，探究知识的发生过程。新课程改革倡导学生进行探究式学习、合作学习。本节课中，探究抛物线的标准方程是教学的难点，在此之前，学生已经掌握了求曲线方程的方法，那么如何建立适当的坐标系就成了学生探究的关键所在。在学生得出抛物线的标准方程后，让学生类比椭圆及双曲线的标准方程，再探究得出抛物线的其他标准方程，至此概念的建构顺利完成。这一探究过程是从学生已有的知识——椭圆及双曲线的标准方程出发，探究出抛物线的标准方程，让学生积极主动地参与到教学活动中，在活动过程中生成和建构概念的过程，体现了以学生为中心，符合新课标要求。

（2）以问题串探究新知，强化学生数学素养培养。新课标倡导教师要运用适当的问题串帮助学生探究新知，突破学习障碍。本节课，设置探究性问题串，给学生搭设理解问题的桥梁，调动学生的数学思维，提升学生数学核心素养。通过类比研究椭圆、双曲线的方法推导抛物线的标准方程，学生推导抛物线的四种形式的标准方程，掌握推理的基本形式，表述论证的过程，逐步形成讲求论据、有条理、逻辑严谨的思维品质。在数学建模这个核心素养的形成过程中，学生能够根据抛物线的各种形状位置建立相应的方程，积累用数学解决实际问题的经验；在验证抛物线的几何特征、推导抛物线的标准方程的过程中提高学生的运算求解能力。

（3）以几何画板为工具，促进数与形完美结合。建构抛物线的概念是本节课教学的难点。抛物线上的点是“静态”的，而曲线的方程是代数形式，它的几何形式是动点的轨迹，是“动态”的。因此，利用几何画板对“静态”的点进行追踪，让它动起来，可使抛物线的定义更加直观化、形象化，有助于学生深刻理解抛物线的定义，有助于教师化解教学难点，进而促进“数”与“形”的完美结合，教学方法的多样化使整堂课学生学习的效率大大提高，学生始终保持积极活跃的课堂氛围。这不但促进了学生对数学知识的掌握，也提升了学生的兴趣和升华师生之间的关系。

9.5.4.3　案例分析

本节课的教学中，每个环节都明确了数学核心素养培育的指向，并且都通过数学活动创设培育条件。在学生已经掌握了双曲线及其标准方程之后，模仿椭圆的画法，利用双曲线的几何性质作图。类比探究，运用数形结合发现双曲线的对称性；引导学生从方程入手，求双曲线的顶点和不给出图形的双曲线范围；体会反比例函数与双曲线的相关性，发现逐渐接近和永不相交的本质；自主发现影响双曲线形状的因素，借助动画演示，将抽象的概念直观化。本教学设计通过方程运用代数方法进一步认识双曲线的性质，体现数形结合思想、方程思想、类比思想等数学思想，抓住思维训练机会，促进学生的直观想象、数学运算、数学抽象等素养的发展。这种教学方式打破了传统教学的模式，在教学实践上是一种突破。

作者姓名：何男
专业：学科教学（数学），教育硕士
获奖类别：2021 年全国“田家炳杯”全日制教育硕士专业学位数学技能大赛三等奖

双曲线的简单几何性质
何男说课实录

双曲线的简单几何性质
何男上课实录

9.5.5 案例 “弧度制”教学设计

深入挖掘数学学科的核心价值，追求教师主导、学生主体的课堂——这是本节课教学设计的根本宗旨。本节课教学的重点是弧度制的概念。设计的亮点就是借助教学实验活动激发学生学习兴趣，帮助学生探索数学概念的形成过程并激发学生的创新思维，并由此展开本节课的教学内容。

主要内容：弧度制的必要性、一弧度角的概念、弧度数的计算公式、角度制与弧度制的换算公式。

主要教学环节：问题驱动初步感知、数学实验自主探究、发现新知归纳总结。

9.5.5.1 单元内容解析

单元内容如图 9–21 所示。

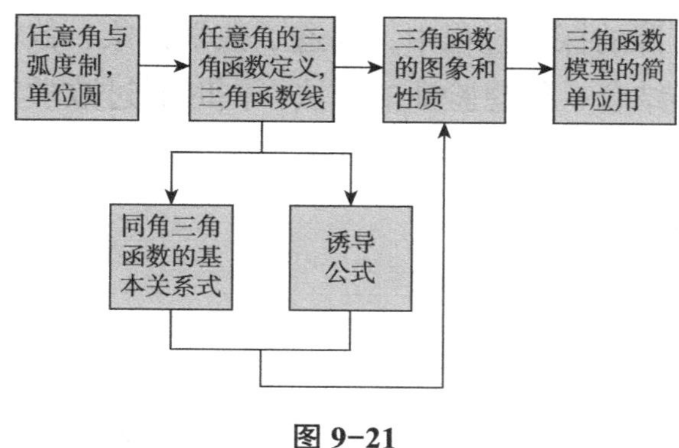

图 9-21

本节知识结构如图 9-22 所示。

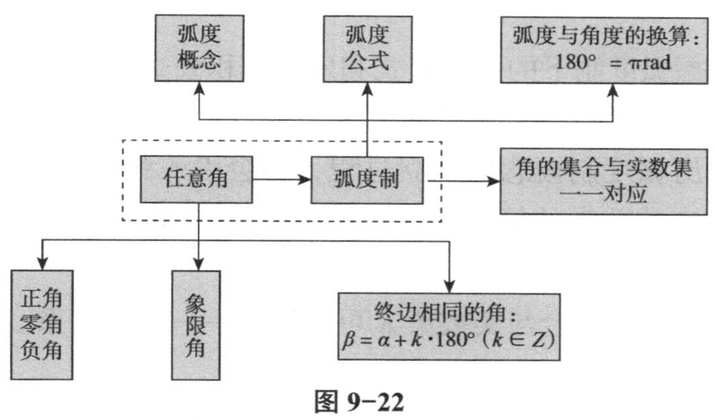

图 9-22

本节课的教学重点是弧度制的概念。本节内容起着承上启下的作用，上接任意角，下接三角函数的概念。在弧度制下，任意角的集合和实数集更容易建立起一一对应的关系，为学习三角函数奠定基础。

1. 内容解析

（1）本节内容是学生学习了任意角的概念之后，进一步学习的角的另一种单位制——弧度制。弧度制是与角度制不同的另一种单位制。在弧度制下，角的弧度数为弧长与半径的比值，可用十进制的实数表示。同时，本节课也给出了弧度制与角度制的换算关系。本节课主要通过数学实验让学生直观感受角的另一种表示方式，以及角度制与弧度制之间的换算关系，为三角函数的学习做铺垫。

（2）在本节课的探究过程中，渗透了数学抽象、数学运算等核心素养，体现了数形结合、猜想验证的方法，同时通过数学实验让学生经历探索、发现、思考、分析、归纳等思维活动，培养学生的数学能力。

2. 单元目标与目标解析

1）单元目标

（1）了解任意角的概念，通过典型丰富的实例，体会角扩充的必要性。

（2）理解正角、负角和零角以及象限角的概念，理解与角 α 终边相同的角。

（3）类比角度制的 1° 角定义，理解 1 弧度角的概念，建立弧度制的概念。

（4）掌握弧度制下的弧长公式和扇形面积公式。

（5）掌握弧度制与角度制的换算。

（6）经历弧度制概念的建立过程，体会引入弧度制的必要性，体会弧度制带来的数学的简洁美和对称美，感受数学发展的曲折，体会数学的人文精神。

（7）了解角的集合与实数集 R 可以建立一一对应关系。

2）目标解析

（1）学生知道角的扩充是从运动的角度重新定义角的概念，研究的平台由平面图形过渡到了平面直角坐标系。

（2）学生能根据定义判断给定的角是第几象限的角，并能在坐标系中画出给定角；能写出与任一已知角终边相同的角的集合。

（3）学生在经历弧度制的建立过程中，知道弧度制的本质是用长度单位来度量角的大小。

（4）能够通过弧度制的定义推导出弧长公式和扇形面积公式。

（5）能根据公式进行弧度制和角度制的换算。

（6）学生知道弧度制的引入是为了使进位制统一，能体会到引入弧度制的必要性。

（7）学生知道在建立了任意角后，角度制和弧度制下的角的集合与实数集可以建立一一对应关系。

3. 单元教学问题诊断分析

（1）学生已具备的认知基础：学生对初中所学的弧长公式尚有记忆，已经熟知角度制，知晓运用函数的条件，并具备一定的三角函数基础。同时，学生有较强观察能力，能够对数学问题进行猜想与发现，并具备一定的动手操作能力。

（2）学习新知识困难分析：学生之前学习的角度是静态的 0° ~ 360° 的角，从静态到动态的转变过程以及用数学符号表示角终边相等的角的集合是本单元的难点之一。学生已经习惯使用角度制对角进行度量，如果不能体会到引入弧度制的合理性和必要性，不明白为何要学习弧度制，可能会产生对弧度制的抵触。

根据以上分析，确定本单元的教学难点为：终边相同的角，弧度制的理解。

9.5.5.2　本节内容与内容解析

1. 教材分析

“弧度制”是《普通高中教科书　数学　必修　第一册》(人教版 A 级）第五章第一节第二课时的知识内容。

本节课起着承上启下的作用：在前面学生在初中已经学过角的度量单位“度”，并且上节课学了任意角的概念，学生已掌握了一些基本单位转换方法，并能体会不同的单位制能给解决问题带来方便；本节课作为三角函数的第二课时，还为后面学习任意角的三角函数等知识提供了理论准备。

根据以上分析，本节课的教学重点为弧度制的概念、角度制与弧度制的换算。

2. 学情分析

1）学生已具备认知基础

（1）知识基础：高一年级的学生熟知角度制，能体会不同的单位制会给解决问题带来方便；在初中时学习了弧长公式，同时已经学习了任意角的概念，并能够理解正角与负角的意义。

（2）思维基础：学生经过高中半个多学期的数学思维训练，已经具有一定的学习能力和探索意识，本节课要学习和探究的内容都在学生的最近发展区内。

2）学生达成教学目标需要具备的认知基础

（1）为理解弧度制的意义，学生应能够理解实数集与函数的意义。

（2）学生应具备通过数学实验中的数据，观察分析并得出结论的能力。

（3）为完成弧度数的计算公式的学习，应牢牢掌握任意角的概念。

3）学习新知识困难分析

（1）学生思维具有片面性、不严谨性，在新知建构时会造成困难。

（2）弧度制作为一种角的不同的度量方式，对于学生来讲较为陌生，需要加以引导。

根据以上分析，本节课的难点为弧度制的概念的理解。

3. 教学目标设置

（1）理解 1 弧度的角及弧度制的定义；掌握角度和弧度的换算公式；理解任意角的集合和实数集之间一一对应的关系、弧度制下的弧长公式、扇形面积公式，并能灵活运用。

（2）渗透类比的思想、转化化归的思想、归纳推理的思想，以及数形结合的思想，提高数学抽象的核心素养，并通过数学实验中的计算发展数学运算能力。

（3）感受知识的发现与再创造，培养逻辑思维能力、完善认知结构。通过小组活动，培养学生合作精神。弧度制的教学过程中将数学史融入其中，感受数学家的思考精神与丰富成果，体会数学的人文精神。

4. 教学方法

教法：讲授法、数学实验法、多媒体辅助教学法。

学法：自主学习法、合作探究法、讨论法。

5. 教学策略

本节课采用问题驱动式教学，以及学生探究与教师讲授相结合的方式，并结合多媒体辅助教学，按照复习—探究—实验—概念学习展开，具体内容如图 9-23 所示。

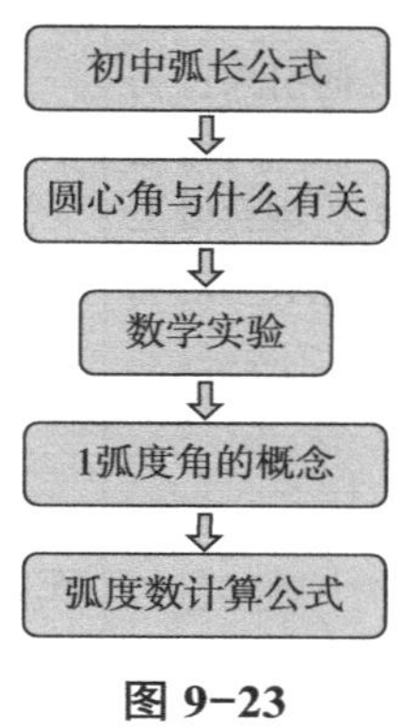

图 9-23

通过探索性的数学实验，引发学生探究性思维活动，使学生在思考、讨论、交流中经历每个知识点的产生和发展过程。

6. 设计理念

（1）学生发展为本，立德树人，提升素养。本节课严格按照新课标理念和要求进行课堂教学设计，注重学生主体地位。教师将教学内容以数学实验的形式展现给学生，学生在实验过程中自主建构新知，在实验活动中体验角度与弧长、半径的比值的关系，生成概念。

（2）优化课程结构，突出主线，精选内容。在教学中突出知识明线：角的十进制度量方式—弧度制—1 弧度角的概念—弧度数的计算公式—角度制与弧度制的换算，并在其中培养数学抽象、数学运算等核心素养。

（3）把握数学本质，启发思考，改进教学。用数学家的观点引导学生思考半径和角的关系，通过学生小组合作动手实验，引导学生发现角的另一种度量方式，让学生经历概念生成过程，进而利用数学软件验证结论。在新知的启发过程中，引导学生感悟数学的价值。

7. 教学过程设计

教学过程设计分为创设情境、新课导入、探索新知、数学运用、回顾小结、巩固延伸六个教学环节。教学过程如表 9-7 所示。

表 9-7　教学过程

教学环节	教学内容	师生活动	设计意图
创设情境	（1）以《大话西游》电影的台词引入：当时那把剑离我的喉咙只有 0.01 cm，但是 1/4 炷香过后，那把剑的女主人，她会爱上我，将 0.01 cm 与 1/4 炷香分别用10^{-4} m 和 $\frac{1}{8}$ h 表示，让学生明白很多量都有不同的度量单位	在教师引导下，学生回忆角度制，得知角度制的不足与弧度制引入的意义	引起学生兴趣，活跃课堂气氛
	 （2）回顾角度制，说明角度制是 60 进制的，展示角度制的不足，并提出问题：能否像度量长度那样，用十进制的实数表示角的大小		60 进制的角度制给运算带来不便，考虑新的度量角的单位制度。给出弧度制引入的必要性
新课导入	 （1）介绍数学家欧拉与汤姆生对弧度制的探索：用圆的半径作单位去度量角。由此提出疑问，为什么数学家选择用半径表示角？由于半径与圆有关，因此可以从圆中研究角	学生了解弧度制产生的数学史，通过思考数学家们的探索，从而得到在圆中研究角的启发	讲述数学史，感受数学家的思考精神与丰富成果，体会数学的人文精神。同时对本节课的内容进行初步的介绍

续表

教学环节	教学内容	师生活动	设计意图
	（2）作圆 O 与圆上的弧 AB，并复习初中弧长公式 $l=\frac{n\pi r}{180}$，根据此公式提出问题：圆心角与什么有关	引导学生观察公式，针对问题提出自己的猜想： 学生 1：与半径有关 学生 2：与弧长有关 学生 3：与弧长和半径的比值有关	启发学生思考，渗透数形结合的思想，为数学实验做准备
新课导入	**数学实验：** 准备多个（至少三个）半径不相等的圆纸片，利用我们手上的工具直尺、量角器和细绳，每个小组选择一个圆心角的度数，然后在这些圆中分别画出这个圆心角，并测量所对应的弧长。 填写下面这个表格，你能发现什么？ 圆心角度数 | 半径 | 弧长 | 弧长：半径 （3）进行数学实验：准备多个半径不相等的圆纸片，利用工具直尺、量角器和细绳，每个小组选择一个圆心角的度数，在这些圆中分别画出这个圆心角，并测量所对应的弧长。 填写表格，让学生观察。 提出问题：你能从表格中得到什么发现？ 在小组合作完成后，教师将小组结果投影展示，向小组代表提问	学生以小组为单位自主进行数学实验并填写表格，完成计算后进行讨论与发现。 选择两名小组代表表达自己的观点和结论。表达完成后，教师引导学生说出：当圆心角确定时，弧长和半径的比值是确定的	通过合作学习和学生的自主探究，使学生感受知识的发现过程，同时通过计算发展数学运算能力。做到学生是课堂的主体，提高学生实践能力和合作精神
	（4）利用几何画板验证学生所得结论。 **问题 1：**任意取一个角，这时候弧长和半径一直在变化，弧长与半径的比值有什么变化？ **问题 2：**多取几个角，大家能得到什么结论？ $a=$49.51° l 的长度 $=3.57$ cm $r=4.13$ cm $\frac{l\text{的长度}}{r}=0.86$	引导学生观察几何画板动图后得到下列结论： 角度改变，弧长与半径的比值改变。 角度不变，弧长与半径的比值不变。 教师引导学生归纳概括得到弧度制概念	利用几何画板展示，得到弧长与半径的比值 $\frac{l}{r}$ 只与角的大小有关。证明结论的任意性，体现数学的严谨性

续表

教学环节	教学内容	师生活动	设计意图
新课导入	学生得到结论后，教师引导学生归纳概括得到：弧长与半径的比值 $\frac{l}{r}$ 只与角的大小有关，我们可以用这个比值来度量角。这是度量角的另外一个单位制——弧度制		
探索新知	弧度制 文字语言： 长度等于半径长的圆弧所对的圆心角叫做1弧度的角。 弧度的单位用符号rad表示，读作弧度。 图形语言： （1）规定 1 弧度的角：长度等于半径长的弧所对的圆心角，记作 1rad。用弧度作为单位来度量角的单位制叫弧度制	学生默读 1 弧度角的概念，并观察其图形语言	使学生理解 1 弧度角的定义
	（2）启发学生通过对一弧度角的定义，把问题拓展到一般化。 **问题 1：** 长度等于 2 倍半径长的弧所对的圆心角是几弧度的角？ **问题 2：** 长度等于 α 倍半径长的弧所对的圆心角是多少弧度的角？ **问题 3：** 在半径为 r 的圆中，弧长为 l 的弧所对的圆心角为 α rad，思考 α、l 与 r 之间的关系	教师引导学生得到答案。 针对问题 1，学生得到：2 弧度的角。 针对问题 2，学生得到：α 弧度的角。 针对问题 3，学生经过思考后得到： $\alpha=\frac{l}{r}$	培养学生类比、归纳、推理的数学思想
	$m\angle CAD$=1.0rad　　$m\angle OMP$=−1.0rad （3）动态演示：±1 弧度角的生成过程，让学生在对动态的感知中得到感悟。同时设置问题串，启发学生思考。	教师引导学生经过几何画板的动态演示，对弧度的正负有了初步认知。	借助多媒体，几何直观感受。 让学生进行观察探索：大小相同的角，由于旋转方式不同而造成的差异，方便学生理解弧度制中正角与负角的区别，完善认知结构

续表

教学环节	教学内容	师生活动	设计意图
探索新知	**问题 1**：根据这两组例子，能得到什么？ **问题 2**：$\angle CAD$ 和 $\angle OMP$ 大小相同，为什么会有正负的差别？ **问题 3**：如何旋转是正的？如何旋转是负的	针对问题 1，学生得到：弧度也有负数。 针对问题 2，学生得到：它们的旋转方向不一样。 针对问题 3，学生得到：逆时针是正的，顺时针是负的	
	（4）教师提问学生，能否将（2）中的问题进行进一步完善。 从而规范弧度数的计算公式：$\lvert\alpha\rvert=\dfrac{l}{r}$ 其中α的正负由旋转方向决定	学生根据几何画板的演示，得知弧度也有正负，从而利用绝对值，规范弧度数计算公式	任意角的概念刚建立，绝对值符号要落实。同时，总结学生所得结论，展示重点公式
数学运用	数学实验二：探究一弧度的角等于多少度？ 拿出圆纸片，利用我们手上的工具，剪出弧长等于半径的扇形，用量角器量出扇形圆心角的度数。 长度等于半径长的圆弧所对的圆心角叫做1弧度的角 （1）进行数学实验二：探究一弧度的角等于多少度。 拿出圆纸片，利用我们手上的工具，剪出弧长等于半径的扇形，用量角器量出扇形圆心角的度数。 教师随机提问同学所测的圆心角的度数 （2）引导学生回忆初中所学圆周长公式，得到周长 $=2\pi r$。将其视为圆心角为 360° 的角所对弧长，假设圆心角为正角，提示学生根据弧度数计算公式，计算此时弧度数。进而推得核心公式 180° =π。 教师设置问题：根据这个式子变形，大家能不能求出来一弧度的角等于多少度？一度的角又等于多少弧度呢？引导学生求出变形公式。	学生再次自主进行数学实验，记录数据。 教师任选两名学生说出自己所测得的圆心角的度数 学生在教师的提示下，根据弧度数计算公式，计算出此时弧度数为 2π。从而能够理解 360° =2π，进而通过化简，得到核心公式 180° =π 在教师的提问下，学生得到变形公式： $1\text{rad}=\dfrac{180^\circ}{\pi}$， $1^\circ=\dfrac{\pi}{180^\circ}\text{rad}$ 学生套用变形公式，将 $\dfrac{\pi}{12}$ 转化成 15°	学生通过动手实验测量一弧度角等于多少度，直观感受角度与弧度的关系 学生了解角度制与弧度制的换算公式是如何推导的，并通过让学生动手参与，体会探索与发现的意义。在练习的过程中，加深学生对知识的巩固。

续表

<table>
<tr><th>教学环节</th><th>教学内容</th><th>师生活动</th><th>设计意图</th></tr>
<tr><td rowspan="3">数学运用</td><td>学习完后带领学生完成例题：将 60° 与 $\frac{\pi}{12}$ 进行角度制和弧度制的互化，教师讲解其一，由学生自主完成将 $\frac{\pi}{12}$ 转化为角度制，加深学生对换算公式的理解与记忆</td><td></td><td></td></tr>
<tr><td>180°= π rad
正角 —弧— 正实数
零角 —度— 零
负角 —制— 负实数
在弧度制下，角的集合与实数集R之间建立了一一对应的关系：
每一个角都有唯一的一个实数（弧度数）与它对应，
每一个实数也都有唯一确定的角（弧度数等于这个实数的角）与它对应。
能够使用函数工具
（3）说明弧度制下，任意角的集合和实数集建立了一一对应的关系，即每个角都有唯一的实数与它对应，同时每个实数也都有唯一的一个角与它对应。这为任意角的三角函数奠定了坚实的基础</td><td>学生得知弧度制的意义</td><td>说明引入弧度制的意义</td></tr>
<tr><td>（4）设置练习。
练习 1：特殊角的度数与弧度数的对应表。由学生填写表格中的空缺并随机提问。
<table>
<tr><td>度</td><td>0°</td><td>30°</td><td>45°</td><td>60°</td><td>90°</td><td>120°</td></tr>
<tr><td>弧度</td><td>0</td><td>$\frac{\pi}{6}$</td><td>$\frac{\pi}{4}$</td><td>$\frac{\pi}{3}$</td><td>$\frac{\pi}{2}$</td><td>$\frac{2\pi}{3}$</td></tr>
<tr><td>度</td><td>135°</td><td>150°</td><td>180°</td><td>225°</td><td>270°</td><td>360°</td></tr>
<tr><td>弧度</td><td>$\frac{3\pi}{4}$</td><td>$\frac{5\pi}{6}$</td><td>π</td><td>$\frac{5\pi}{4}$</td><td>$\frac{3\pi}{2}$</td><td>2π</td></tr>
</table>
练习 2：引导学生推导扇形的公式并总结
<table>
<tr><td>角度制</td><td>弧长公式：$l=\frac{n\pi r}{180}$
扇形面积：$s=\frac{n\pi r^2}{360}$</td></tr>
<tr><td>弧度制
O
r
A B
l</td><td>弧长公式：$l=\alpha r$
扇形面积：$s=\frac{1}{2}lr=\frac{1}{2}\alpha r^2$</td></tr>
</table></td><td>学生利用角度制与弧度制的换算公式，填写表格，从中巩固本节课内容</td><td>①让学生认识到新旧制度有区别与联系，关键是找到寻求角度、弧度等量关系的切入点。

②练习角度弧度互化。

同时，感受从角度制到弧度制发生的变化，理解弧度制下扇形的弧长公式、面积公式，体现弧度制的优越性</td></tr>
</table>

续表

<table>
<tr><th>教学环节</th><th>教学内容</th><th>师生活动</th><th>设计意图</th></tr>
<tr><td>回顾小结</td><td>弧度制小结
1.概念
长度等于半径长的圆弧所对的圆心角叫作1弧度的角。
弧度的单位用符号rad表示，读作弧度。 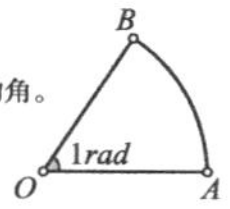
B　1rad　O　A
2.弧度数计算公式:
在半径为r，的圆中，弧长为l的弧所对的圆心角为α rad，
那么　$|\alpha|=\frac{l}{r}$
3.角度制与弧度制的换算公式
180°　=π rad
引导学生梳理本节课的收获</td><td rowspan="2">教师引导学生总结：
学生 1：学习了一弧度的概念：长度等于半径长的圆弧所对的圆心角叫作 1 弧度的角。

学生 2：学习了弧度数的计算公式：α 的绝对值等于l 比 r。

学生 3：学习了弧度制与角度制的换算，180° =π rad</td><td>帮助学生理清知识结构，掌握内在联系，体会数学思想方法，有助于学生构建自己的知识体系</td></tr>
<tr><td>巩固延伸</td><td>在本节课学习的基础上布置如下作业：
①课本 P10 中习题 6、7、8 题
②拓展作业：请同学们到网上查找古今中外角的单位制度的相关知识，整理弧度制发展的历史并相互交流</td><td>课堂的拓展与延伸，强化学习效果。借助数学知识，渗透数学历史和文化</td></tr>
</table>

8. 板书设计

板书设计如图 9–24 所示。

1.1.2　弧度制

1. 定义

弧度的角：长度等于半径长的弧所对的圆心角。 例题：

2. 弧度数的计算公式：$|\alpha|=\frac{l}{r}$

3. 换算公式：180° =π rad

图 9–24

9.5.5.3　案例分析

（1）教学设计理念亮点鲜明。一是由教学实验活动激发学生学习兴趣，帮助学生探究数学概念的形成过程并激发学生的创新思维，在探究中积累知识，发展能力。二是融入辩证统一的思想，总结弧度制的定义、角度制和弧度制的换算公式，教师强调这两种不同的单位制是内在联系的、辩证统一的。

（2）单元目标完整，目标解析精细。为达成目标所应用的数学实验渗透数学抽象、数学运算等核心素养。在达到弧度制的概念的过程中，让学生体会数学的简洁美、对称美及人文精神，给予教学上的惊喜，体现了突破传统教学模式的创新精神。

（3）突破陈旧的教学模式，利用现代教育信息资源，用几何画板进行动态演示，有利于学生直观感知弧度也因旋转方向的不同而不同。在演示时，控制实验变量，角的大小相同，使旋转方向为唯一影响因素，加强结论的科学性、严谨性。同时这也方便学生理解弧度制中正角与负角的区别，完善认知结构。

（4）贯彻以学生为主体的教学理念。在教学活动中，教师循循善诱，积极调动学生的主观能动性，让学生了解角度制与弧度制的换算公式是如何推导的，并通过让学生动手参与，体会探索与发现的意义后，类比模仿角度制的弧长公式、扇形公式，将弧度制的弧长公式、扇形公式的优越性显现出来。

作者姓名：房可欣
专业：学科教学（数学），教育硕士
获奖类别：2022 年全国“田家炳杯”全日制教育硕士专业学位数学技能大赛（初赛）作品

弧度制
房可欣上课实录

9.5.6 案例 “正弦定理”教学设计

9.5.6.1 单元内容和内容解析

1. 单元内容

本单元的知识结构如图 9–25 所示。

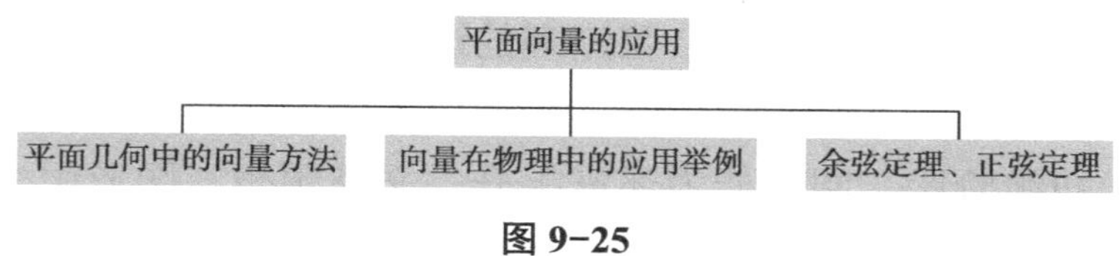

图 9-25

平面向量的应用是《普通高中教科书　数学　必修　第二册》（人教版 A 版）第六章第四节的内容。本单元包括平面几何中的向量方法、向量在物理中的应用举例、余弦定理与正弦定理，它们是中学数学的重要内容。

2. 内容解析

在本单元之前，学生已经学习了平面向量的概念、运算、基本定理和坐标表示，并以向量为工具，探究了向量在平面几何和物理中的应用，本单元在此基础上研究三角形。三角形是平面几何中最常见、最重要的图形之一，三角形的边角关系是三角形中最重要的关系之一，余弦定理和正弦定理是刻画三角形边角关系最为重要的两个定理，它们为解三角形提供了基本而重要的工具。

3. 单元目标

（1）通过具体实例，理解向量概念；掌握向量运算；理解平面向量基本定理及坐标表示，再次理解向量概念与运算。

（2）运用向量概念及运算解决简单的几何、物理问题。

（3）能用余弦定理、正弦定理解决简单的实际问题，以解三角形知识为载体，体会解三角形与现实世界的密切联系。

4. 单元教学问题诊断分析

学生已经掌握了向量的基础知识，能够利用向量去解决平面几何问题，并了解了向量在物理中的应用，积累了一定的数学活动经验，在教师的引导下，能够以向量为工具去研究三角形问题。

学生对于证明题往往存在障碍，证明方法也较为单一，本单元可能会有两处难点。难点一是用向量法证明余弦定理和正弦定理，学生容易用几何法得到证明，但是对向量法的理解尚浅，需要教师适时引导，感受向量法的强大力量。同时能够发现余弦定理与正弦定理证明方法的异曲同工之处，掌握余弦定理的证明方法，类比分析得正弦定理的证明。难点二是解三角形在实际问题中的应用，学生数学建模素养尚处于初级阶段，阅读能力还需提升，文字预想、图形语言和符号语言之间的转化能力还需加强，在解决实际问题的过程中，需要教师适时引导。

9.5.6.2 本课内容和内容解析

1. 教材分析

“正弦定理”是本单元第三课时的内容。教材首先从熟悉的直角三角形的边角关系入手，发现直角三角形中各边与对应角的正弦的比相等（$\frac{a}{\sin A}=\frac{b}{\sin B}=\frac{c}{\sin C}$），随后提出问题：对于锐角三角形和钝角三角形，以上关系式是否仍然成立？紧接着就介绍向量法证明正弦定理。本章主要是讲平面向量的基本定理及其应用，本节主要是感受向量在解决数学问题和实际问题中的作用。正弦定理与余弦定理是三角函数和三角恒等变形的延伸，是三角函数与平面几何的完美结合。教材强调学生在已有知识的基础上，通过对任意三角形边角关系的探究，发现并掌握三角形中的边长和角度之间的数学量化思想，发挥学生的主动性，使学生的学习过程成为在教师引导下的探究过程和再创造过程。

2. 学情分析

学生已学习了勾股定理、三角函数、向量等知识点和余弦定理等相关内容，具有一定的观察、分析、解决问题的能力。但是学生对向量公式缺乏深刻的认识，自发主动地用向量公式证明正弦定理存在困难，需要教师的引导和点拨。

3. 设计理念

（1）情境引入来源生活实例。课程通过介绍北盘江大桥，激发学生的爱国热情，培养他们的民族自豪感和自信心，提倡自主探索与合作交流，在新知启发中引导学生感悟数学的科学价值、文化价值和育人价值等。

（2）知识生成彰显学生主体。类比余弦定理的证明及推论，提出问题串；引导学生认真观察、仔细思考、揭示本质，逐渐迸发思想的火花，经历概念生成过程，真正做到以生为本。

（3）四基四能直击核心素养。启发学生自主发现探究、提出最优解决方案，得到双曲线性质；提升学生发现提出分析解决问题的能力；优化课堂结构、把握数学本质。

（4）问题导向注重思想渗透。通过问题串，启发学生参与到问题中进行思考，过程中涉及自主探究、合作交流、个人展示等多种学习方式，突出数学主线，渗透解析几何的基本思想。

4. 教学目标

（1）①从特殊三角形的边角关系出发，通过对任意三角形边长和角度的关系探索，掌握正弦定理的内容及证明方法；②会应用正弦定理解决解三角形的基本问题。

（2）①让学生从已有的几何知识出发，探究在任意三角形中边与其对角的关系，体验正弦定理的发现过程；②引导学生观察、推导、比较，由特殊到一般归纳出正弦定理，体会发现数学规律的一般思路。

（3）①培养学生通过推理论证来探索三角形中的边角关系，通过平面几何、三角函数、正弦定理、平面向量等知识间的联系来体现数学知识之间的辩证统一；②通过学生课堂展示，增强学生的协作能力和交流表达能力，发展学生的创新意识，培养逻辑推理、数学建模、数学运算等数学核心素养。

5. 教学重难点

重点：正弦定理的探索与证明。

难点：应用向量法证明正弦定理。

6. 教学学法

教法：启发探究法、合作讨论法、多媒体演示法。

学法：自主学习法、讨论法、交流展示法、归纳总结法。

7. 教学环节

教学环节如图 9–26 所示。

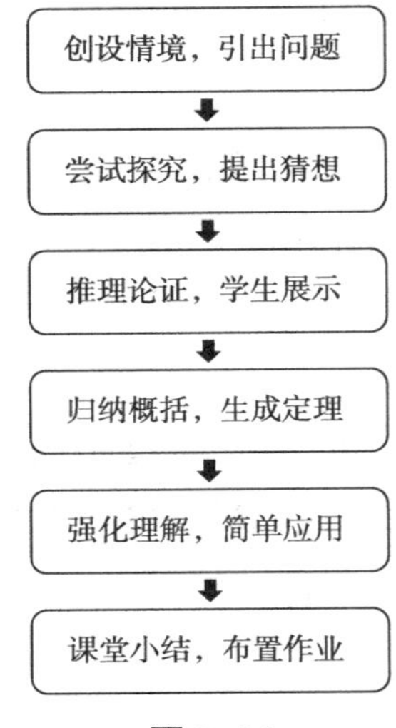

图 9–26

8. 教学过程

教学过程如表 9–8 所示。

表 9–8　教学过程

教学环节	教师活动	学生活动	设计意图
创设情境，引出问题	**1. 情境引入** 暑假来临，小明一家驾车去贵州旅游，路过北盘江大桥，被其宏伟磅礴的气势所震撼，感叹中国制造的伟大。小明观察到大桥是由很多斜拉索支撑，想知道其长度，了解到有两根相距 20 米的斜拉索与桥面所成夹角分别为 45° 与 30°，他想知道这两根斜拉索的长度，你能帮助小明计算出来吗？	学生将问题转化到三角形中，根据上节课所学余弦定理进行求解，或者通过作高求解，学生发现这两种方法算数麻烦，在一分钟内解不出来	通过北盘江大桥的介绍，激发学生的爱国热情，培养他们的民族自豪感和自信心。限时一分钟求解此问题，而学生以现有知识不能按时解决。教师顺势告诉学生有新方法可快速解决，进而引出本节课题

续表

教学环节	教师活动	学生活动	设计意图
创设情境，引出问题	这个实际问题可以转化为数学问题 （给学生一分钟时间思考，并请他们分享结果） 在 $\triangle ABC$ 中，已知 $AB=20$，$\angle A=135°$，$\angle B=30°$，求 AC 和 BC 的长是多少？ 请思考能否用以前的知识求解？有没有更好的方法呢？ **2. 引出问题** 观察到上面的数学问题，这是已知三角形的部分边长和角，求其他边长和内角，其实就是解三角形的边角关系。已知$\triangle ABC$中，$\angle A$ 所对的边为 a，$\angle B$ 所对的边为 b，$\angle C$ 所对的边为 c，今天这节课重点研究的就是：A、B、C 与边 a、b、c 之间有什么数量关系		
尝试探究，提出猜想	**共同探究** 在$\triangle ABC$中，如果已知$\angle A$所对的边 BC 长为 a，$\angle B$ 所对的边 AC 长为 b，$\angle C$ 所对的边 AB 的长为 c，我们研究 A、B，C，a，b，c 之间有怎样的数量关系呢？ **探究 1**　直角三角形中边角有什么数量关系呢？ 由于我们不容易直接得到一般三角形中边和角的关系，所以，我们先考虑直角三角形这种特殊的情形。 在 Rt $\triangle ABC$ 中，C 是最大的角，所对的斜边 c 是最大的边，要考虑边长之间的数量关系，就涉及锐角三角函数。根据正弦函数的定义，有 $\frac{a}{c}=\sin A$，$\frac{b}{c}=\sin B$，所以	学生看到直角三角形想到勾股定理和三角函数，通过三角函数进行证明得到此等式，学生猜测在一般三角形中，此等式仍成立	通过对特殊三角形——直角三角形边角关系的研究，引导学生将 $\frac{a}{c}=\sin A$，$\frac{b}{c}=\sin B$ 结合在一起，鼓励学生大胆提出猜想，渗透由特殊到一般的数学思想方法。 让学生经历由直角三角形中的比

续表

教学环节	教师活动	学生活动	设计意图
尝试探究，提出猜想	$\frac{a}{\sin A}=\frac{b}{\sin B}=c$， 又因为 $\sin C=1$，所以$\frac{a}{\sin A}=\frac{b}{\sin B}=\frac{c}{\sin C}$ 若是等边三角形，因为，上述优美的关系式无疑也是成立的。 提问：对于一般的三角形，上述优美的关系式还成立吗		例式到锐角三角形中的比例式，进而猜想在钝角三角形中比例式仍然成立，最后归纳出在任意三角形中比例式也成立
推理论证，学生展示	**探究 2** 锐角三角形中边角也有这样的数量关系吗? 提问：上节课学过用向量法证明余弦定理，那能否用向量法证明正弦定理呢? 【学生能想到$\overrightarrow{AC}+\overrightarrow{CB}=\overrightarrow{AB}$，引入向量的数量积，但是数量积的运算会出现余弦，不会出现正弦。教师引导学生想到诱导公式$\cos\left(\frac{\pi}{2}-\alpha\right)=\sin\alpha$】 在锐角$\triangle ABC$中，过点$A$作与$\overrightarrow{AC}$垂直的单位向量$\vec{j}$，则$\vec{j}$与$\overrightarrow{AB}$的夹角为$\left(\frac{\pi}{2}-A\right)$，$\vec{j}$与$\overrightarrow{CB}$的夹角为$\frac{\pi}{2}-C$。 $\because \overrightarrow{AC}+\overrightarrow{CB}=\overrightarrow{AB}$ $\therefore \vec{j}\cdot\overrightarrow{AC}+\overrightarrow{CB}=\vec{j}\cdot\overrightarrow{AB}$ $\therefore \vec{j}\cdot\overrightarrow{AC}+\vec{j}\cdot\overrightarrow{CB}=\vec{j}\cdot\overrightarrow{AB}$ 即 $\|\vec{j}\|\overrightarrow{AC}\|\cos\frac{\pi}{2}+\|\vec{j}\|\overrightarrow{CB}\|\cos\left(\frac{\pi}{2}-C\right)=\|\vec{j}\|\overrightarrow{AB}\|\cos\left(\frac{\pi}{2}-A\right)$，即 $a\sin C=c\sin A$ $\therefore \frac{a}{\sin A}=\frac{c}{\sin C}$ 同理，过C作与$\overrightarrow{CB}$垂直的单位向量$\vec{m}$，可得	学生通过上节课对余弦定理的证明能够想到向量法，但是构造单位向量，利用诱导公式将余弦转化为正弦这方面联想不到。	向量兼具几何与代数的特征，是沟通几何与代数的桥梁。在类比思想的引导下，学生自然想到$\overrightarrow{AC}+\overrightarrow{CB}=\overrightarrow{AB}$，但是如何转化为角的正弦是本节课的难点。教师通过设置问题链的形式逐步引导学生，给予适当启发突破本节课的难点。

续表

教学环节	教师活动	学生活动	设计意图
推理论证，学生展示	$\frac{b}{\sin B}=\frac{c}{\sin C}$ 因此 $\frac{a}{\sin A}=\frac{b}{\sin B}=\frac{c}{\sin C}$ 当 $\triangle ABC$ 是钝角三角形时，以上等仍然成立吗？ **探究 3**　钝角三角形边角也有这样的数量关系吗？ （同样是通过构建单位向量来证明） 请同学自主思考并选出代表展示证明，教师点评	学生通过独立思考、与同桌讨论，根据刚才的经验，学生代表展示对钝角三角形中的正弦定理的证明	通过结合已学知识进行证明，提升学生知识迁移能力，培养学生严谨的逻辑推理能力，让学生经历由特殊到一般的发现过程
归纳概括，生成定理	提问：你能用语言归纳概括以上探究活动的共同特性吗？ （1）正弦定理：在一个三角形中，各边和它所对角的正弦的比值相等，即 $\frac{a}{\sin A}=\frac{b}{\sin B}=\frac{c}{\sin C}$。 （2）我们可以利用正弦定理解决一些怎样的解三角形问题呢？ ①知两角及任意一边；②知两边及其中一边的对角。 （3）应用正弦定理解决大桥斜拉索中点 C 与点 A、B 两点间的距离问题。 在 $\triangle ABC$ 中，已知 $AB=20$，$A=135°$，$B=30°$，求 AC 和 BC 的长是多少？ 解：据题意知 $C=15°$ 根据正弦定理 $\frac{a}{\sin A}=\frac{b}{\sin B}=\frac{c}{\sin C}$ 有 $\frac{BC}{\sin A}=\frac{AC}{\sin B}=\frac{AB}{\sin C}$, 即 $\frac{BC}{\sin 135°}=\frac{AC}{\sin 30°}=\frac{20}{\sin 15°}$ 解得 $BC=20$，$AC=10(\sqrt{6}+\sqrt{2})$	学生用自己语言归纳概括，可能不够严谨	让学生形成知识完备性，并运用所学新知解决实际问题，激发学生不断探索新知的欲望

续表

教学环节	教师活动	学生活动	设计意图
强化理解，简单应用	**例 1** 在$\triangle ABC$中，已知$A=30°$，$B=45°$，$a=2$，求C、b、c。 解：据题意已知$C=180°-A-B=105°$ 根据正弦定理$\dfrac{a}{\sin A}=\dfrac{b}{\sin B}=\dfrac{c}{\sin C}$ 有$\dfrac{2}{\sin30°}=\dfrac{b}{\sin45°}=\dfrac{c}{\sin105°}$ 解得$b=2\sqrt{2}$，$c=(\sqrt{6}-\sqrt{2})$。 **例 2** 在$\triangle ABC$中，已知$a=2\sqrt{2}$，$b=2\sqrt{3}$，$A=45°$，解三角形。 解：据题意，根据正弦定理$\dfrac{a}{\sin A}=\dfrac{b}{\sin B}=\dfrac{c}{\sin C}$ 有$\dfrac{2\sqrt{2}}{\sin45°}=\dfrac{2\sqrt{3}}{\sin B}=\dfrac{c}{\sin C}$ 解得$B=60°$，$C=180°-45°-60°=75°$ 因此$c=\sqrt{6}+\sqrt{2}$。	学生根据例题进行练习，体会用正弦定理解三角形的两类问题。	通过例题讲解帮助学生加深对正弦定理的理解。
	练习 1 $\triangle ABC$中，$b=\sqrt{3}$，$B=60°$，$c=1$，求a，A、C。 解：$\because \dfrac{b}{\sin B}=\dfrac{c}{\sin C}$， $\therefore \sin C=\dfrac{c\sin B}{b}=\dfrac{1\times\sin60°}{\sqrt{3}}=\dfrac{1}{2}$ $\because b>c$，$B=60°$，$\therefore C<B$，C为锐角， $\therefore C=30°$，$A=90°$， $\therefore a=\sqrt{b^2+c^2}=2$。 （$\therefore C=30°$或$150°$，而$C+B=210°>180°$） **练习 2** 在$\triangle ABC$中，$c=\sqrt{6}$，$A=45°$，$a=2$，求$b$、$B$、$C$。 解：$\because \dfrac{b}{\sin B}=\dfrac{c}{\sin C}$， $\therefore \sin C=\dfrac{c\sin B}{b}=\dfrac{\sqrt{6}\times\sin45°}{2}=\dfrac{\sqrt{3}}{2}$ $\therefore c\sin A<a<c$，$\therefore C=60°$或$120°$。	当堂完成练习，并上台展示结果	通过当堂练习，锻炼学生的知识应用能力

续表

教学环节	教师活动	学生活动	设计意图
强化理解，简单应用	$\therefore$ 当 $C=60°$ 时，$B=75°$， $b=\dfrac{c\sin B}{\sin C}=\dfrac{\sqrt{6}\sin 75°}{\sin 60°}=\sqrt{3}+1$ $\therefore$ 当 $C=120°$ 时，$B=15°$， $b=\dfrac{c\sin B}{\sin C}=\dfrac{\sqrt{6}\sin 15°}{\sin 60°}=\sqrt{3}-1$ $\therefore$ $b=\sqrt{3}+1$，$B=75°$，$C=60°$ 或 $b=\sqrt{3}-1$，$B=15°$，$C=120°$		
课堂小结，布置作业	谈一谈本节课你有什么收获？ （1）正弦定理：在一个三角形中，各边和它所对角的正弦的比值相等，即 $\dfrac{a}{\sin A}=\dfrac{b}{\sin B}=\dfrac{c}{\sin C}$ （2）用正弦定理可解决的解三角形问题有： ①知两角及任意一边，解三角形；②知两边及其中一边的对角，解三角形。 （3）类比方法、转化思想。 **课后作业：** 课本第 45 页练习 2。 **探究证明题：** （1）锐角三角形、钝角三角形用作高法证明正弦定理。 （2）$\dfrac{a}{\sin A}=\dfrac{b}{\sin B}=\dfrac{c}{\sin C}=?$	学生小结，教师补充并理清思路。 练习作业与探究作业	有助于加深学生对本节课重点知识和数学思想的把握，提升学生的数学核心素养。 加深对本节课重点知识的巩固，还可让学生通过查阅资料、思考来获取更多数学知识，培养学生探究的兴趣

9. 板书设计

（1）正弦定理：在一个三角形中，各边和它所对角的正弦的比值相等，即 $\dfrac{a}{\sin A}=\dfrac{b}{\sin B}=\dfrac{c}{\sin C}$

（2）运用正弦定理：

①知两角及任意一边，解三角形；②知两边及其中一边的对角，解三角形。

9.5.6.3　案例分析

（1）单元内容知识结构清晰，用流程图来体现知识之间的先后顺序及内在关联，设计出一环扣一环的教学步骤，体现了教师在模仿中创造的创新性实践能力，模仿的是知识教学的形式，思考的是知识内容的内在联系，构建完整的知识框架，提高教学的流畅度。

（2）在探究一般性结论的过程中，教师先创设情境（设疑），提出问题，激发学生的学习兴趣，引出课题，探究三角形的边（三边）角（三角）关系；由直角三角形中存在的边角关系，引申到探索任意三角形的边角关系是否也满足同样的边角关系（模仿中质疑），进而引入新课题“正弦定理”（激疑），自然过渡，再进行理论证明，展示了一个完整的探究过程；提出问题、发现规律、推理证明、应用定理，让学生经历了知识再现的过程，促进了学生的个性化学习。

（3）设计理念体现新课程标准理念。在课堂教学中融入新课程标准的教学理念，需要教师在完成知识基础教学的基础上，精心设计，注重学生的主体地位，优化教学过程设置，把握教学本质，并进行突破。该案例很好地做到了这一点。例如：通过介绍北盘江大桥创设问题情境，组织学生共同探究，教师则是通过问题一步步“激疑”，循循善诱，再鼓励学生用自己的语言进行归纳，培养学生整合知识并勇敢表达的能力，发展学生的逻辑推理、自主探究、合作交流的能力。

作者姓名：张庆凯
专业：学科教学（数学），教育硕士
获奖类别：2022 年全国“田家炳杯”全日制教育硕士专业学位数学技能大赛（初赛）作品

正弦定理
张庆凯授课实录

9.5.7　案例　“余弦定理”教学设计

9.5.7.1　单元内容和内容解析

1. 单元内容

本单元的知识结构如图 9–27 所示。

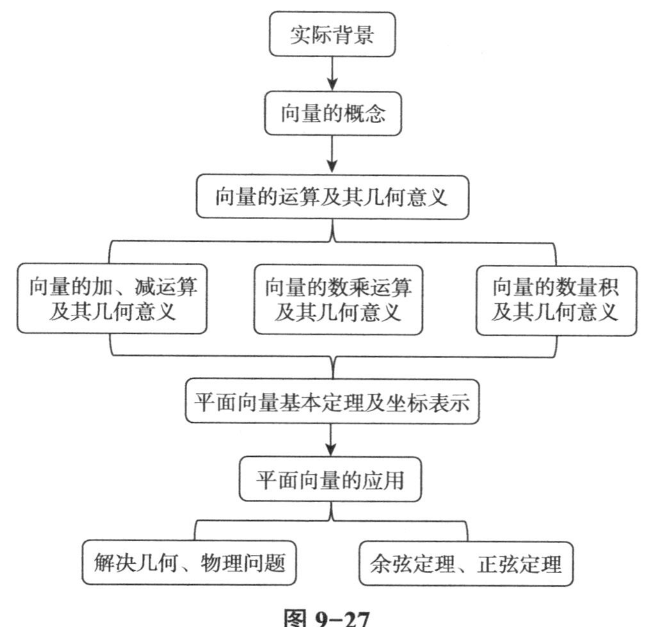

图 9–27

平面向量及其应用是《普通高中教科书　数学　必修　第二册》（人教版 A 版）第六章的内容，其中，余弦定理是平面向量的应用中第二课时的内容。本单元内容实际是以一种螺旋上升的方式，帮助学生在平面向量知识学习的过程中去理解“从形到向量，借助向量运算解决问题，从向量到形”这个“三步曲”大观念的思路及方法，向量是沟通几何与代数的桥梁。

2. 内容解析

本节内容选自《普通高中教科书　数学　必修　第二册》（人教版 A 版）第六章“平面向量及其应用”，主要学习余弦定理并利用其解三角形。本节课是在学习了平面向量及其应用后，结合三角形的概念、性质、边与角之间的关系、全等、相似等知识后，通过三角形的六个基本元素（三个角、三条边）中某些元素的确定可以唯一确定三角形的背景下，寻找三角形的其他元素与给定的某些元素之间的数量关系。联系之前所学的勾股定理，从直角三角形的三边关系出发，到一般的三角形的三边关系的探索，引导学生利用面积法和向量法对余弦定理进行推导，理解余弦定理是勾股定理的特例。

3. 单元目标和目标解析

1）单元目标

（1）通过具体实例，理解向量概念；掌握向量运算；理解平面向量基本定理及坐标表示，再次理解向量概念与运算。

（2）运用向量概念及运算解决简单的几何、物理问题。

（3）掌握正、余弦定理及解三角形问题，解决实际问题，提升数学抽象、逻辑推理、数学运算、数学建模素养。

2）目标解析

（1）单元以大观念“三步曲”来统领整个学习过程。在向量概念及运算的学习过程中，注重类比的方式、感悟数形结合的思想，能把几何或物理问题转化为向量问题，并进行向量运算，培养直观想象、逻辑推理、数学抽象、数学运算素养。

（2）在运用平面向量解决问题的过程中，体会平面向量解决问题的思路和方法，培养数学运算、逻辑推理素养；在运用余弦、正弦定理解三角形问题或实际问题过程中，培养数学建模、数学抽象、数学运算素养。

（3）能应用推导余弦、正弦定理，并解决三角形的边、角、形状判断等问题，最终解决实际问题。感受向量是沟通数与形的工具，体会数形结合的思想。培养直观想象、数学建模、数学运算素养。

4. 单元教学问题诊断分析

（1）学生在学习本单元之前已经学习过数、式、集合、函数等运算，积累了一些认识某个运算体系和借助运算解决问题的经验，通过类比实数的运算性质来探究向量运算性质，但向量比实数多了个要素——方向。

（2）在学习向量的表示时会遇到困难，一是用符号表示向量时，容易受实数书写习惯的负迁移影响，忘记字母是带箭头的；二是容易混淆有向线段与向量。

（3）学生要学会用向量这一数学模型处理一些实际问题或几何问题的基本方法，这会让一些生活经验或物理学科知识匮乏的学生感到困难。

根据上述分析，确定本单元的教学难点为：向量的运算及其几何意义、平面向量基本定理及坐标表示、平面向量的应用。

9.5.7.2　本课内容和内容解析

1. 教材分析

本节课主要是余弦定理的导入和证明，以及运用余弦定理解决三角形问题。余弦定理的学习有充分的基础，例如初中的勾股定理和前一节所学的向量都是本节课内容学习的知识基础，同时又对本节课的学习提供了一定的方法指导。余弦定理在解决三角形一类问题中起着重要作用，也经常被运用于解决空间几何问题中，所以余弦定理是高中数学学习中一个十分重要的内容。

2. 学情分析

（1）学生已具备的认知基础。在学生已学习了勾股定理、三角函数、平面向量等相关知识点和三角形的相关内容；高中生的逻辑思维已初步形成，能用逻辑推理、归纳演绎的方式进行证明，使得本节课推导余弦定理有了更多的思路且过程更加简洁。

（2）学生达成教学目标所需要具备的认知基础。余弦定理是初中所学勾股定理的推广与延伸，为实现欧几里得面积法的证明，学生要有将问题转化到勾股定理中进行证明的意识，能够从动态的视角看待并分析问题；为完成向量法的证明，学生要对构造向量的数量积以及运算熟练掌握。

（3）学习新知识困难分析。学生思维还不严谨，在新知构建过程中会出现一定困难；学生对“数”与“形”关系的自主探索与建立不太熟悉；定理证明比较抽象，学生对探索及证明过程的掌握有一定难度。所以在教学中，应充分发挥动图的作用，帮助学生更好地理解余弦定理的证明思路，突破难点。

3. 教学策略分析

在本节课的教学过程中，有意识地引导学生会用数学眼光观察世界，会用数学思维思考世界，会用数学语言表达世界，应用启发探索式教学法以及小组合作，以问题为核心，以“观察”为手段，以“探究”为途径，以“发现”为目的。

（1）运用几何画板动态数学软件画出几何面积法动画演示，变抽象为直观，为学生的数学探究与数学思维提供支持。

（2）在整节课的教学过程中采用师生互动、生生互动、小组合作学习的方式，调动学生学习的积极性。

（3）始终坚持启发式教学原则，设计一系列问题串，以引导学生的数学思维活动。

4. 设计理念

（1）学生发展为本，立德树人，倡导自主探究、自主建构的教学方式。教师将教学内容设置为递进式系列问题，学生在问题解决中自主建构新知，并对学生进行德育教育。

（2）重视过程评价，突出素养，提高质量，通过提问、学生展示、教师追问等方式建立目标多元、方式多样的评价体系，帮助学生认识自我，以使课程内容符合学科特征和学生认知规律，发展学生数学核心素养。

（3）融合数学史与数学教育（HPM）的内容结合实际与数学多元表征学习理论，借助几何画板动态数学软件动态化、直观化、视觉化的媒介作用，完善动态余弦定理教学的基本模式，通过动态展示，引发学生的猜想，数形结合证明余弦定理，促进学生的创新意识、探究意识、思维提升，引导学生更好地理解知识的本质以及原理。

5. 教学目标

（1）能推导余弦定理及其推论，能运用余弦定理处理“已知两边及其夹角求第三边和其他两角”“已知三边求三个角”这两类解三角形问题，落实逻辑推理、数学抽象的数学核心素养。

（2）采用几何面积法和向量法推导余弦定理，提高学生对数形结合思想以及类比方法的认识，运用余弦定理来解三角形，提高学生分析问题和解决问题的能力。

（3）通过几何证明的探究，体验数学发现的快乐，介绍余弦定理的数学史，将德育融入课堂，学生感受科学家对科学的探究精神，激发学习热情，通过多种学习方式来感受到学习数学的乐趣和成功的体验。

6. 教学重难点

（1）教学重点：余弦定理的证明及其简单应用。

（2）教学难点：余弦定理的探索与证明的过程。

7. 教学方法

教法：问题驱动教学法、启发引导教学法。

学法：自主学习方法、合作探究法、归纳总结法、交流展示法。

8. 教学过程

教学流程设计框图如图 9–28 所示。

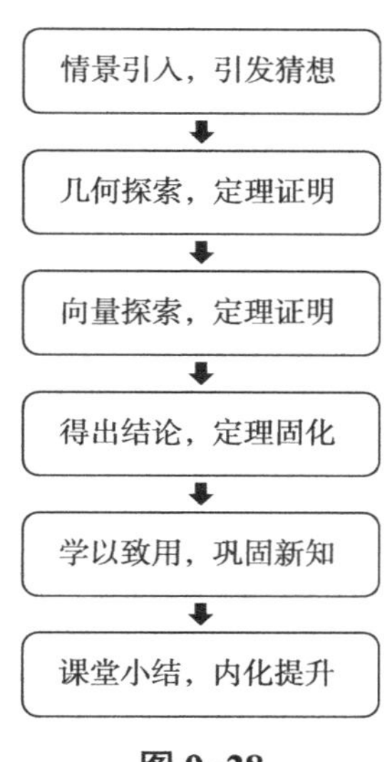

图 9–28

余弦定理教学过程如表 9–9 所示。

表 9–9　余弦定理教学过程

<table>
<tr><th>教学环节</th><th>教师活动</th><th>学生活动</th><th>设计意图</th></tr>
<tr><td>情景引入，引发猜想</td><td>在之前的学习中，相信三角形是大家最熟悉的几何图形之一，我们研究过很多三角形的有关问题，这节课，我们将以更明确的视角、更多样的思路探究三角形中一个重要的定理——余弦定理。
问题 1：涉及三角形有关的定理，大家最熟悉的是?
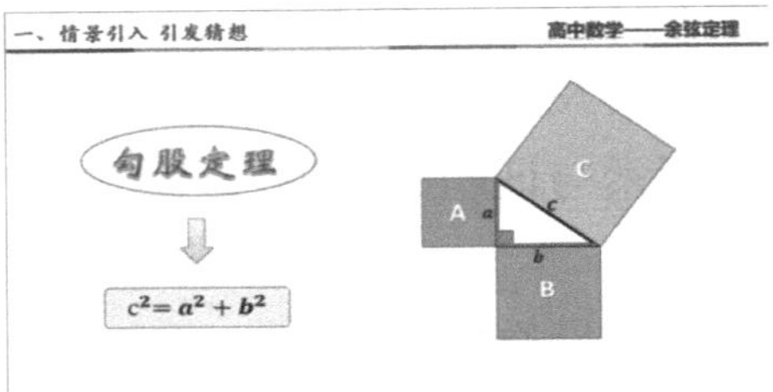
一、情景引入 引发猜想
高中数学——余弦定理
勾股定理
$c^2=a^2+b^2$
A
B
C
a
b
c
问题 2：当三角形为锐角或钝角三角形的时候，三边的平方又有什么联系呢？带着这个问题，请同学们仔细观察动画演示。
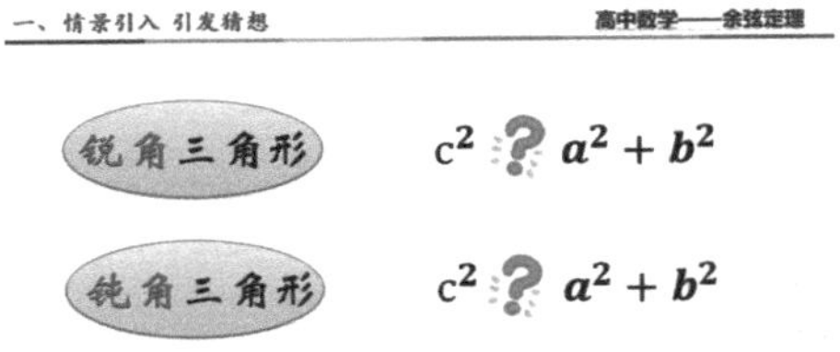
一、情景引入 引发猜想
高中数学——余弦定理
锐角三角形
c^2 ? a^2+b^2
钝角三角形
c^2 ? a^2+b^2
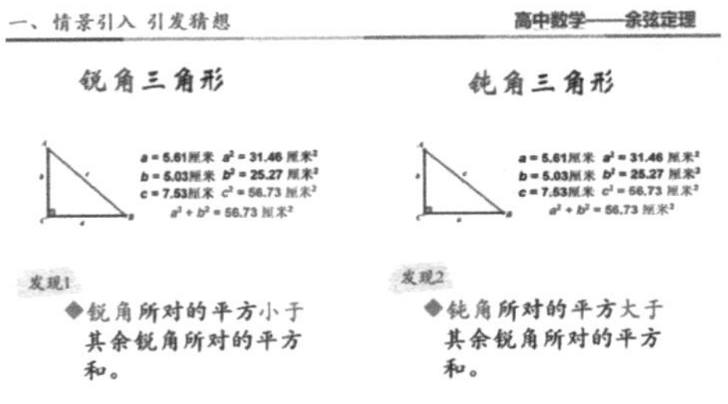
一、情景引入 引发猜想
高中数学——余弦定理
锐角三角形
钝角三角形
$a=5.61$厘米 $a^2=31.46$ 厘米^2
$b=5.03$厘米 $b^2=25.27$ 厘米^2
$c=7.53$厘米 $c^2=56.73$ 厘米^2
$a^2+b^2=56.73$ 厘米^2
$a=5.61$厘米 $a^2=31.46$ 厘米^2
$b=5.03$厘米 $b^2=25.27$ 厘米^2
$c=7.53$厘米 $c^2=56.73$ 厘米^2
$a^2+b^2=56.73$ 厘米^2
发现1
◆锐角所对的平方小于其余锐角所对的平方和。
发现2
◆钝角所对的平方大于其余锐角所对的平方和。
紧接着揭示学生观察动画演示所总结的发现是欧几里得《几何原本》中所记录的结论，并且通过动画演示也能很好地验证此结论</td><td>**问题 1**：学生齐声回答勾股定理，勾股定理是当一个角为 90° 时，三角形三边的平方关系。

问题 2：学生仔细观察动画演示，并总结锐角和钝角的情况下，三角形的三边关系。

学生 1：锐角所对的平方小于其余锐角所对的平方和。

学生 2：钝角所对的平方大于其余锐角所对的平方和</td><td>从学生最熟悉的勾股定理出发，建立学生思维的切入点，引发学生思考锐角三角形和钝角三角形的情形，并通过动画演示吸引学生的学习兴趣；揭示这一发现是欧几里得《几何原本》中的记载，融入数学史知识，激发学生的求知欲，利于学生对数学的理解，提高学生数学修养，满足学生的心理需求，使学生的人格成长受到启发</td></tr>
</table>

续表

教学环节	教师活动	学生活动	设计意图
情景引入，引发猜想	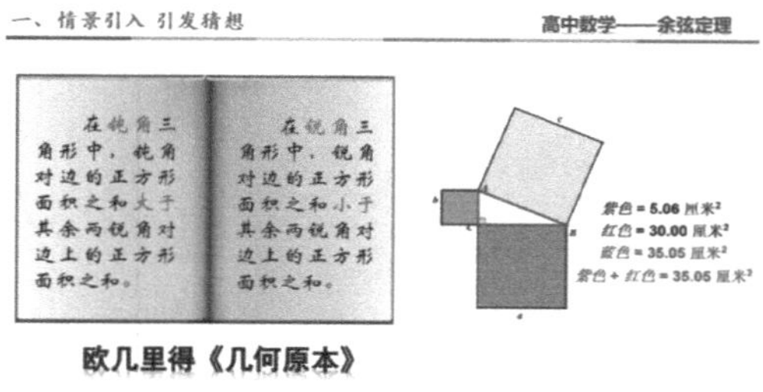 一、情景引入 引发猜想　高中数学——余弦定理 在锐角三角形中，锐角对边的正方形面积之和大于其余两锐角对边上的正方形面积之和。 在锐角三角形中，锐角对边的正方形面积之和小于其余两锐角对边上的正方形面积之和。 紫色 = 5.06 厘米² 红色 = 30.00 厘米² 蓝色 = 35.05 厘米² 紫色 + 红色 = 35.05 厘米² 欧几里得《几何原本》		
几何探索，定理证明	教师从欧几里得的面积法出发，将上面动画演示的模型稍作修改，得出几何面积证法的模型，并进行动画演示。 **问题 3**：同学们仔细观察图中紫色、黄色和蓝色的面积，在不断变化的过程中，它们之间有什么关系？ 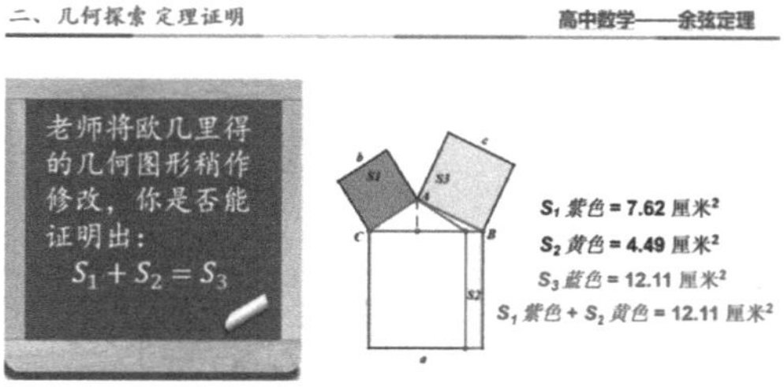 二、几何探索 定理证明　高中数学——余弦定理 老师将欧几里得的几何图形稍作修改，你是否能证明出：$S_1+S_2=S_3$ S_1 紫色 = 7.62 厘米² S_2 黄色 = 4.49 厘米² S_3 蓝色 = 12.11 厘米² S_1 紫色 + S_2 黄色 = 12.11 厘米² **问题 4**：引导学生观察三个涂有颜色的图形，思考它们的面积怎样计算？ 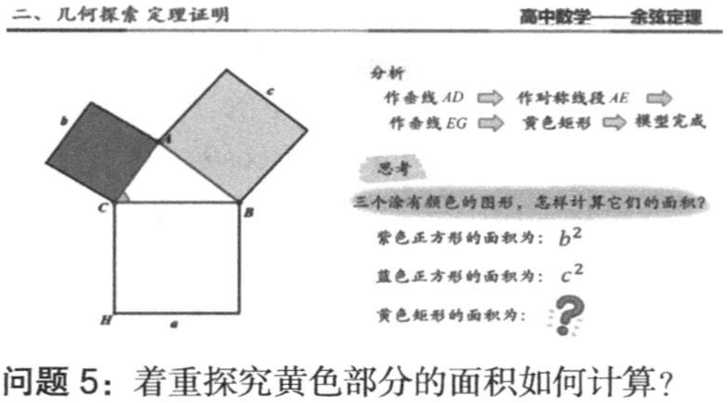 二、几何探索 定理证明　高中数学——余弦定理 分析 作垂线 AD ⇨ 作对称线段 AE ⇨ 作垂线 EG ⇨ 黄色矩形 ⇨ 模型完成 思考 三个涂有颜色的图形，怎样计算它们的面积？ 紫色正方形的面积为：b^2 蓝色正方形的面积为：c^2 黄色矩形的面积为：? **问题 5**：着重探究黄色部分的面积如何计算？ 教师带领学生先明白欧几里得的模型是如何构建的，然后再根据已知条件进行证明。 学生思考：紧接着，学生合作探究利用已知条件算出黄色部分的面积。	**问题 3**：学生通过动画演示的直观感受得出 $S_1+S_2=S_3$。 **问题 4**：学生直观地回答出紫色正方形的面积为 b^2，蓝色正方形的面积为 c^2，黄色正方形的面积学生不易很快得出。 **问题 5**：学生观察动画演示，明白模型的构建，引导学生把问题转化到已知条件和已知直角的情况中，转化到直角三角形中进行证明。此时，经过学生合作探究，已经算出了紫色、蓝色和黄色部分的面积。	通过动态地展示整个证明过程，学生深刻理解余弦定理的证明思路，注重逻辑推理、数学抽象的数学核心素养的落实。渗透数形结合思想和从特殊到一般的思想以及类比的方法

续表

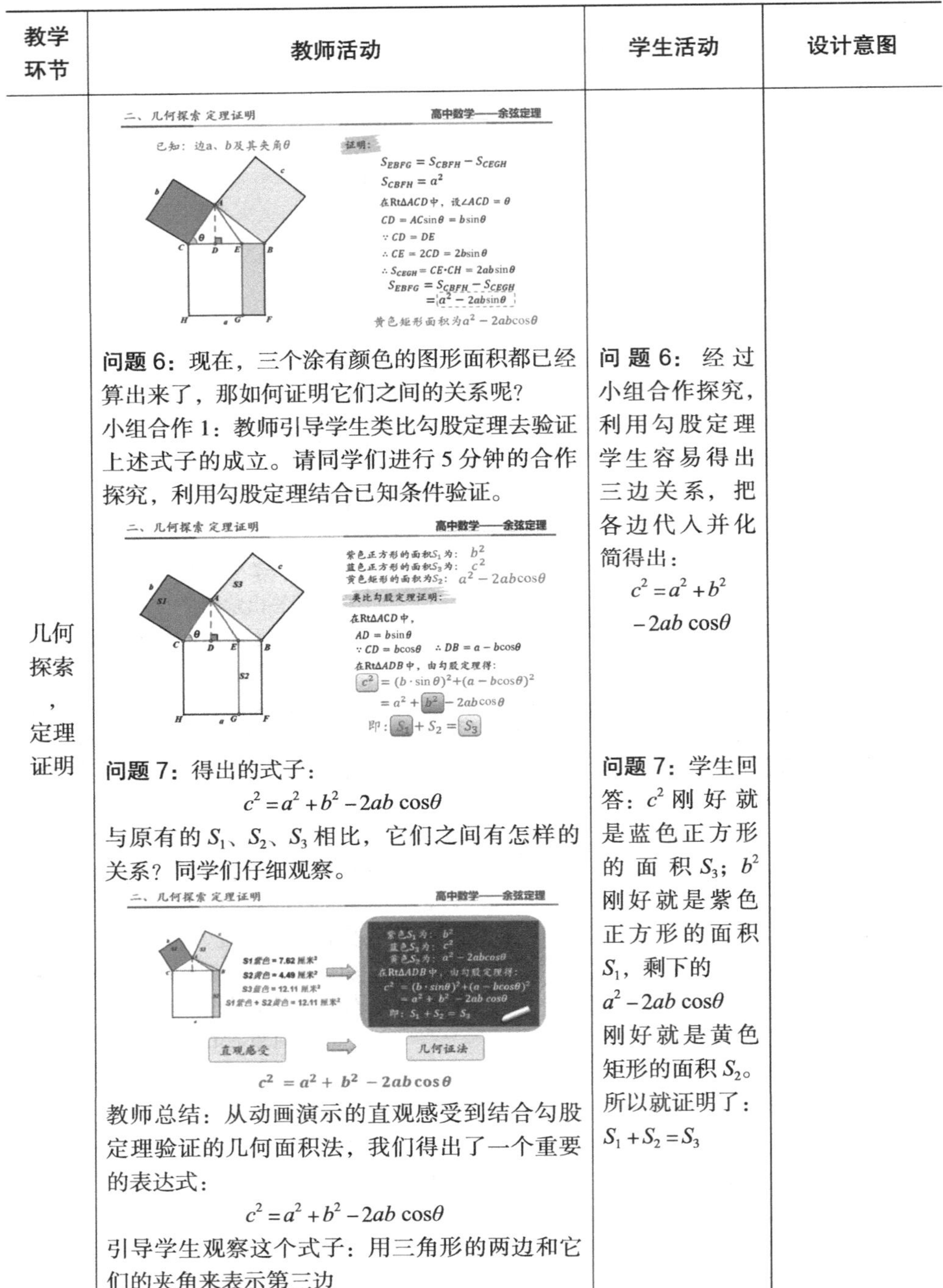

教学环节	教师活动	学生活动	设计意图
几何探索，定理证明	**问题 6**：现在，三个涂有颜色的图形面积都已经算出来了，那如何证明它们之间的关系呢？ 小组合作 1：教师引导学生类比勾股定理去验证上述式子的成立。请同学们进行 5 分钟的合作探究，利用勾股定理结合已知条件验证。 **问题 7**：得出的式子： $$c^2=a^2+b^2-2ab\cos\theta$$ 与原有的 S_1、S_2、S_3 相比，它们之间有怎样的关系？同学们仔细观察。 教师总结：从动画演示的直观感受到结合勾股定理验证的几何面积法，我们得出了一个重要的表达式： $$c^2=a^2+b^2-2ab\cos\theta$$ 引导学生观察这个式子：用三角形的两边和它们的夹角来表示第三边	**问题 6**：经过小组合作探究，利用勾股定理学生容易得出三边关系，把各边代入并化简得出： $c^2=a^2+b^2-2ab\cos\theta$ **问题 7**：学生回答：c^2 刚好就是蓝色正方形的面积 S_3；b^2 刚好就是紫色正方形的面积 S_1，剩下的 $a^2-2ab\cos\theta$ 刚好就是黄色矩形的面积 S_2。所以就证明了：$S_1+S_2=S_3$	

续表

教学环节	教师活动	学生活动	设计意图
向量探索，定理证明	**问题 8**：在我们之前学习过的知识中，哪些涉及了长度与角度的关系呢？ 小组合作 2：接下来请同学们用向量来进行探究，首先明白已知条件，也就是在 $\triangle ABC$ 中，已知 a，b 边及其夹角 C，如何用已知来表示边 c，请同学们进行 5 分钟的合作探究。 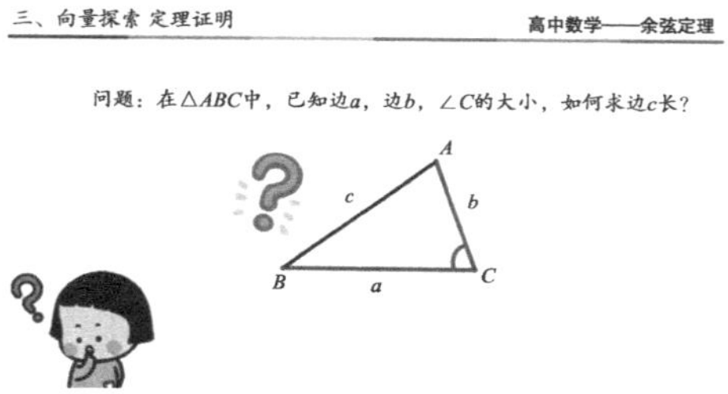 三、向量探索 定理证明　高中数学——余弦定理 问题：在△ABC中，已知边a，边b，∠C的大小，如何求边c长？ 经过小组合作探究，用多媒体展示学生答案，呈现向量法简洁的证明过程。教师针对学生呈现的证明过程进行讲解。 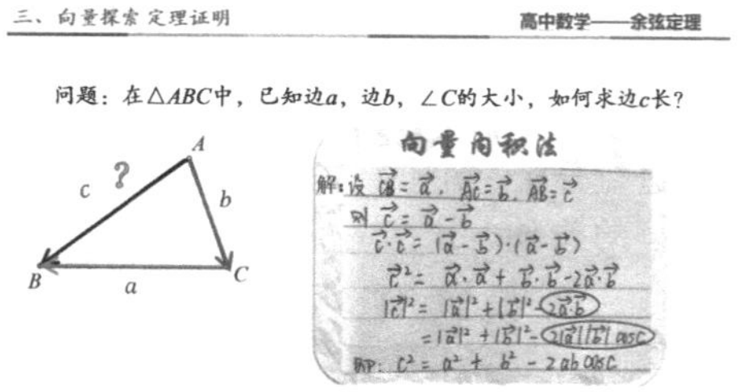 三、向量探索 定理证明　高中数学——余弦定理 问题：在△ABC中，已知边a，边b，∠C的大小，如何求边c长？ 向量内积法 **问题 9**：现在已知边 a、边 b 以及夹角 C 的情况，我们已经证明了。那如果是已知边 a、边 c 以及夹角 B 的情况呢？已知边 b、边 c 以及夹角 A 的情况呢？ 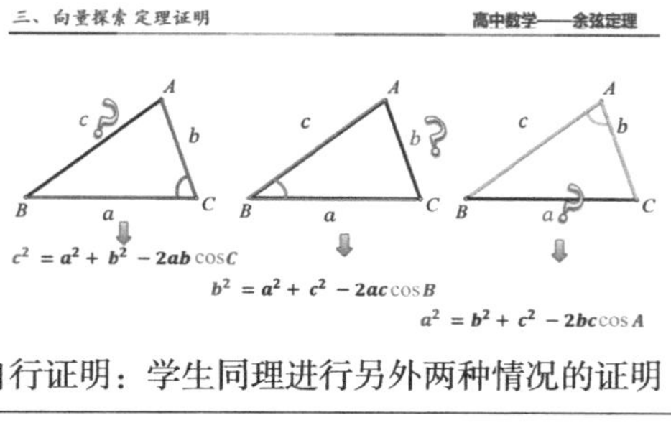 三、向量探索 定理证明　高中数学——余弦定理 $c^2=a^2+b^2-2ab\cos C$ $b^2=a^2+c^2-2ac\cos B$ $a^2=b^2+c^2-2bc\cos A$ 自行证明：学生同理进行另外两种情况的证明	**问题 8**：学生回答向量，向量具有数和形的双重属性。 **问题 9**：学生按照第一种情况的证明方法，同理可以得出第二种和第三种情况的证明结果，最后学生得出图中的三个式子	通过动态数学软件的演示，能够更清晰地演示本节课的重难点，帮助学生建立思维的桥梁；在引发学生猜想的同时，不直接给出标准答案，而是通过暴露学生思考的方式，引发学生继续探索的乐趣。不仅能在思路上给予学生点播，更能在探索的过程中获得新方法

续表

教学环节	教师活动	学生活动	设计意图
得出结论，定理固化	**问题 10**：通过面积法和向量法，我们都能得出以下的式子，大家仔细观察这三个式子，都含有什么？你能用你的语言描述一下吗？ 教师总结：学生回答之后，因为都含有一个，所以我们形象地称为余弦定理，这样就得出了余弦定理的文字语言和符号语言。 **问题 11**：学习完余弦定理需要对该定理进行特征分析，大家仔细观察，式子中共有几个量？分别是哪几个量？知几求几？ 教师继续引导，既然是知三求一，那如果是已知三边，如何求三个角呢？ 四、得出结论 定理固化　高中数学——余弦定理 余弦定理 文字语言 三角形任何一边的平方＝其他两边平方的和－这两边与它们夹角的余弦的积的两倍。 符号语言 $c^2=a^2+b^2-2ab\cos C \Rightarrow \cos C=\frac{a^2+b^2-c^2}{2ab}$ $a^2=b^2+c^2-2bc\cos A \Rightarrow \cos A=\frac{b^2+c^2-a^2}{2bc}$ $b^2=a^2+c^2-2ac\cos B \Rightarrow \cos B=\frac{a^2+c^2-b^2}{2ac}$ 推论 得出结论后，对余弦定理的式子进行分析，并引导学生思考余弦定理与勾股定理的关系，引导总结两者的区别与联系。 四、得出结论 定理固化　高中数学——余弦定理 余弦定理 特例↓ ↑推广 勾股定理 $a^2=b^2+c^2-2bc\cos A$ $b^2=a^2+c^2-2ac\cos B$ $c^2=a^2+b^2-2ab\cos C$ 夹角都为90° 这三项都是0 勾股定理 **问题 12**：同学们仔细观察，圈起来的部分很像什么？其实呢，以第一个式子为例，当 A 等于 90°时，$\cos A=$？所以后面这一项为？ 第二种和第三种情况也同理。 根据以上分析，结合这三个式子，你能总结出余弦定理与勾股定理的关系吗	**问题 10**：学生通过观察发现都含有一个 cos，并且是三角形任何一边等于另外两边平方的和减去这两边与它们夹角的余弦的积的两倍。 **问题 11**：学生回答共有四个量。 特征 1：三边一角，知三求一。 特征 2：若已知三边求另外三个角。学生自行计算，得出余弦定理的推论。 **问题 12**：勾股定理是余弦定理的特例，余弦定理是勾股定理在一般三角形下的推广	根据探究活动和定理证明的过程，学生归纳总结，自然而然地得出余弦定理，培养学生自行总结的意识，提高学生的抽象概括能力和数学表达能力

续表

教学环节	教师活动	学生活动	设计意图
学以致用，巩固新知	**例题 1:**“引汉济渭”工程通过凿穿秦岭山脉，将汉江水源引入渭河，以缓解水资源短缺的问题。现施工队为了开凿一条山地隧道，需要测量其长度，技术人员在地面上选适合的点 A，量出 AB 的距离为 12km，AC 的距离为 9km，利用测角仪测出点 A 到 B、C 的张角为 120°，该如何求隧道 BC 的长度呢？ 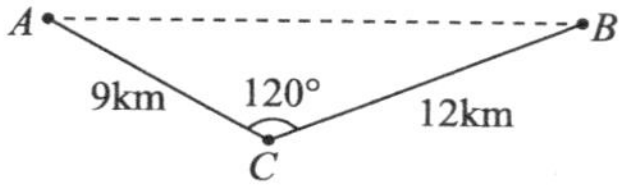 A　B　9km　120°　12km　C **例题 2:**（教材第 40 页例 6）在△ABC 中，已知 $a=7$，$b=8$，锐角 C 满足 $\sin C=\frac{3\sqrt{3}}{14}$，求 ∠$B$，精确到 1°）	学生根据题意选择合适的公式求解问题	通过例 1，学生学会分析问题、寻找问题的切入点，同时，感受公式与定理的应用。 通过例 2，学生感受在应用余弦定理时，要仔细观察，看角选公式，巩固余弦定理的推论，计算须准确
课堂小结，内化提升	（1）通过本节课的学习你有哪些收获？回顾一下，用了哪些方法证明余弦定理？ （2）在整节课中，我们用到了哪些数学思想方法？（学生在教师引导下完成整堂课的回顾，梳理知识，形成知识体系） 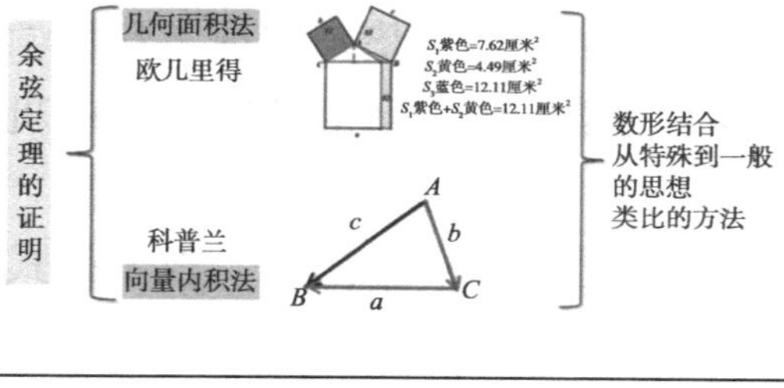 余弦定理的证明 几何面积法　欧几里得 S_1紫色=7.62厘米^2 S_2黄色=4.49厘米^2 S_3蓝色=12.11厘米^2 S_1紫色+S_2黄色=12.11厘米^2 科普兰　向量内积法 A　B　C　a　b　c 数形结合 从特殊到一般的思想 类比的方法	学生齐声回答：几何法和向量法；数形结合的思想、从特殊到一般的思想及类比的方法	通过课堂小结，学生形成知识体系，从更高的角度认识余弦定理的证明方法和其中蕴含的数学思想方法

9. 板书设计

板书设计如图 9–29 所示。

余弦定理		
余弦定理 一、定理内容 $c^2=a^2+b^2-2ab\cos C$ $b^2=a^2+c^2-2ac\cos B$ $a^2=b^2+c^2-2bc\cos A$ 二、特征分析 1. 三边一角、知三求一。 2. 知三边求另外三个角（推论） $\cos C=\dfrac{a^2+b^2-c^2}{2ab}$ $\cos A=\dfrac{b^2+c^2-a^2}{2bc}$ $\cos B=\dfrac{a^2+c^2-b^2}{2ac}$	多媒体展示	几何法：证明过程 向量法：证明过程 勾股定理与余弦定理的关系

图 9–29

9.5.7.2 案例分析

（1）本节的引入很有新意。教师没有直接教教材，而是对教材做了修改，通过几何画板创设学生熟悉的“勾股定理”情境引入新问题，激发学生学习的兴趣与积极性，增强学生的自信心，使学生纷纷自觉投入到学习活动中。同时，降低学生对新概念理解的难度，为学生初步领会新知识打下了良好的基础，做好了铺垫，体现了数学学习的发展是基于知识的累积，启发学生在学习中注意对“旧知”的巩固，以便进行“新知”探究。

（2）教师的设计思路清晰，采用“情境—问题”教学模式。沿着“设置情境—提出问题，解决问题—反思应用”这条主线，把从情境中探索和提出数学问题作为教学的出发点，以“问题”为红线组织教学，形成以提出问题与解决问题相辅相成的“情境—问题”学习链，使学生真正成为提出问题和解决问题的主体，成为知识的“发现者”和“创造者”，使教学过程成为学生主动获取知识、发展能力、体验数学的过程。

（3）精心备课，课件精美。用《几何画板》软件辅助数学教学，是教学过程形象化、动态化、整体化。《几何画板》是探索数学奥秘的强有力的工具，利用这个画板可以做出各种神奇的图形。比如制作动态正弦波、各种函数曲线和数据图表等。运用画板进行辅助教学将易于揭示其数学本质，有助于增强学生的数学应用能力。

作者姓名：朱瑾
专业：学科教学（数学），教育硕士
获奖类别：2022 年全国“田家炳杯”全日制教育硕士专业学位数学技能大赛（初赛）作品

余弦定理
朱瑾微课实录

9.5.8 案例　探究与发现：祖暅原理与几何体的体积

9.5.8.1 单元内容与解析

1. 单元内容

本单元的知识结构如图 9–30 所示。

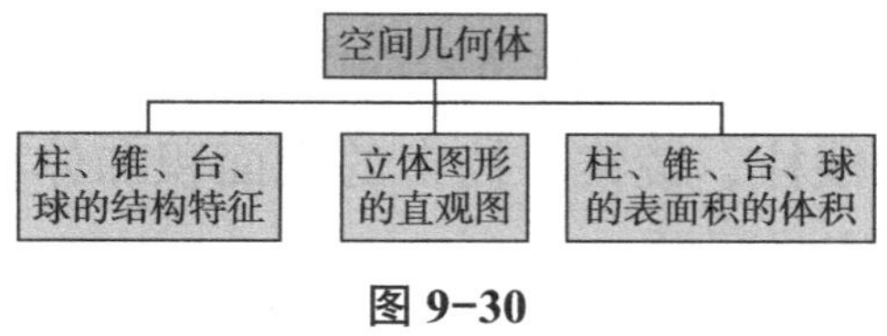

图 9–30

“空间几何体”是《普通高中教科书　数学　必修　第二册》（人教版 A 版）第八章第一节至第三节的内容。本单元包括柱、锥、台、球的结构特征，立体图形的直观图，柱、锥、台、球的表面积和体积三个部分；在立体图形的直观图的学习后加入了“画法几何与蒙日”的阅读材料；在柱、锥、台、球的表面积和体积的学习后加入了“祖暅原理与柱体、锥体的体积”的探究活动。本单元内容是研究立体几何的基础，是基于现实世界中物体的形状与大小展开学习的。

2. 内容解析

立体几何是研究现实世界中物体的形状、大小与位置关系的数学分支，本单元的学习体现了立体几何知识的发生发展过程，遵循从整体到局部、从具体到抽象的原则。

本单元以空间几何体的整体观察作为出发点，首先，通过对实物模型的直观感知和操作确认，从现实物体中抽象出柱、锥、台、球等基本立体图形，研究它们的组成元素、相互关系以及几何结构特征；接着，通过学习斜二测画法，利用操作确认、度量计算等方法掌握立体图形在平面上的直观图表示；最后，通过推理论证的方法探究柱、锥、台、球的表面积和体积公式。

学生在认识和探索空间图形的学习过程中，能够体会直观感知、操作确认、推理论证、度量计算等研究手段的重要性，逐步形成直观想象、逻辑推理、数学运算和数学抽象的核心素养，逐步建立空间观念。

3. 单元目标与解析

1）单元目标

（1）利用实物、计算机软件等观察空间图形，认识柱、锥、台、球及简单组合体的结构特征，能运用这些特征描述现实生活中简单物体的结构。

（2）能用斜二测画法画出简单空间图形的直观图。

（3）知道球、棱柱、棱锥、棱台的表面积和体积的计算公式，能用公式解决简单的实际问题。

2）目标解析

（1）能够通过直观想象、数学抽象，观察生活中常见的物品或建筑，得到立体几何研究对象，发现简单几何体的结构特征，挖掘简单几何体间的联系，学会用数学的眼光观察世界、用数学的语言表达世界。

（2）能够根据投影的原理将空间图形问题转化为平面图形问题，通过作图表征立体图形的直观图，训练动手操作能力，学会用数学的语言表达世界。

（3）能够通过类比、转化等数学方法探究空间柱、锥、台、球的表面积和体积公式，找到研究立体图形位置关系的思路，学会用数学的思维思考世界，提升直观想象、逻辑推理、数学抽象、数学运算等核心素养。

4. 单元教学问题诊断分析

1）学生已具备的认知基础

（1）在知识层面上，学生在小学阶段通过抽象出长方体、圆柱、圆锥、球等物体中具体的平面图形，以及辨析这些立体图形的相关特征，初步具备了直观辨认和动手操作的学习方法；在初中阶段进一步习得了平面图形的基本概念及性质，能够实现文字语言、符号语言和图形语言的转化，为学习立体几何的相关内容奠定了扎实的知识基础。

（2）在思维层面上，学生已经接触到了数形结合、特殊与一般的数学思想，以及类比、转化的数学方法，初步具备举一反三和合作交流的能力，形象思维也得到了初步的发展，具备学习立体几何的相关内容的能力。

2）学生达成教学目标需要具备的认知基础

（1）在认识并描述柱、锥、台、球的结构特征时，应该具备在熟悉的情境中抽象出实物的几何图形、建立简单图形与实物之间的联系的直观想象素养，以及从熟悉的现实情境中直接抽象出数学概念并用数学语言予以表征的数学抽象素养。

（2）在运用斜二测画法绘制立体图形直观图时，应该具备动手操作、度量计算的作图能力。

（3）在学习球、棱柱、棱锥、棱台的表面积和体积的计算公式时，应该具备在熟悉的情境中归纳、类比学过的知识的逻辑推理素养，以及能够正确运用公式进行运算并形成合适的解决问题的运算思路的数学运算素养。

3）学习新知识困难分析

一方面，学生的思维正处于从形象思维向抽象思维发展的阶段，思维的严密性和完备性有待加强，此时仍需依赖具体形象的经验材料来理解抽象的逻辑关系，具象情境和抽象知识的转化可能会使学生产生大量的认知负荷。另一方面，本单元内容涉及大量的命题和公式，学生在学习和运用的过程中可能会出现混淆或遗忘的情况，产生消极的学习态度。因此在教学过程中，教师应充分考虑学生的认知水平，激发学生的学习动机，培养学生的学习兴趣。

综上所述，确定本单元的教学难点为：柱体、锥体、台体、球体的表面积和体积的计算及应用、台体与柱体和锥体之间的转换等。

9.5.8.2 录制内容和内容解析

1. 教材分析

（1）教材的地位和作用。“祖暅原理与几何体的体积”是在学生习得柱体、锥体体积公式之后，对体积公式进一步的探究与发现活动。本节课的主要内容为：介绍中国古代数学家祖暅提出的祖暅原理，引导学生利用祖暅原理探究柱体、锥体的体积公式，感悟祖暅原理的文化价值。在介绍祖暅原理的过程中，激发学生的民族自豪感、培养学生的数学文化素养和爱国情怀；在探究体积的过程中，培养学生运用特殊到一般的数学思想和类比的数学方法分析和解决问题的能力，发展学生的直观想象、逻辑推理的核心素养，真正实现了德融课堂，落实了立德树人的根本任务。

（2）教材内容特点。本节内容既融入了数学史与数学文化，又加入了合作探究活动，充分体现了学生学习的自主性。本节内容在介绍中国古代数学伟大成就祖暅原理的基础上，结合了柱体、锥体的逻辑关系和学生的认知特点，构建了严谨的研究框架和严密的结构体系，帮助学生在类比学习和合作探究中培养数学文化素养，巩固空间观念。

2. 学生学情分析

学生已熟知柱体、锥体的体积公式，能运用这些公式解决简单的实际问题，但是并不清楚这些公式的来源及其中的逻辑关系；学生对简单几何体相关知识结构的建构不够牢固，思维仍处于片面的、不严谨的形象思维水平。

3. 教学策略分析

本节课结合信息技术手段和生活实物，有意识地引导学生用数学的眼光观察世界、用数学的思维思考世界、用数学的语言表达世界，应用启发探索式教学法及合作学习模式，以问题为核心、以观察为手段、以“探究”为途径、以“发现”为目的，开展教学。

（1）通过讨论一叠书摆放方式不同而体积不变的情况，回顾长方体的体积公式，讨论判定几何体体积相等的条件，引出祖暅原理，加强现实生活和数学知识的联系，激发学生的好奇心和求知欲。

（2）根据祖暅原理探究柱体和锥体的体积公式，从独立思考到小组合作，促进学生之间的交流和互动，实现多方面、多角度思维的碰撞。

（3）利用 Geogebra 软件充分感受祖暅原理在几何体体积中的应用，化抽象为直观，充分体现信息技术对探究数学活动和培养数学思维的支撑作用，提升学生的学习兴趣。

（4）本节课采用师生互动、生生互动、小组合作学习的方式，充分体现学生学习的主体地位和主观能动性，充分调动学生学习的积极性。

（5）本节课始终坚持启发式教学原则，设计一系列问题串，引导学生的数学思维活动。

4. 设计理念

（1）以学生发展为本，立德树人，提升素养。本节课注重学生主体地位，倡导自主探究、自主建构的教学模式，结合大单元理念，将知识间的联系“化隐为显”，引导学生分类讨论，促使学生在交流讨论中自主建构知识。同时，本节课不仅介绍祖暅原理的基本内容，还介绍了祖暅原理的实际应用，使学生感悟数学知识的文化价值，感受数学文化对现实生活的积极影响，实现德融课堂的理念。

（2）把握数学本质，启发思考，改进教学。本节课以发展学生数学文化、直观想象、逻辑推理等素养为导向，通过生活中的数学问题启发学生思考，渗透特殊到一般的数学思想和类比与转化的数学方法，引导学生把握数学内容的本质。通过独立思考、小组合作等多种学习方式，激发学生学习数学的兴趣，培养学生良好的学习习惯，促进学生实践能力和创新意识的发展。通过实现信息技术与数学课程的深度融合，提高教学的生动性和直观性，让学生感悟数学的科学价值、应用价值、审美价值与文化价值。

（3）重视过程评价，聚焦素养，提高质量。本节课将通过提问、展示、追问等方式，在课后设置小组互评、学生自评的环节，建立符合课时特征和学生认知规律的、目标多元的、方式多样的评价体系，帮助学生认识自我、增强自信。

5. 教学目标

（1）通过探究活动，让学生理解祖暅原理，掌握利用祖暅原理推导柱体、锥体体积公式的方法。

（2）掌握用割补法推导锥体的体积公式，感受柱体、锥体的联系以及体积公式之间的相互联系，培养学生的逻辑推理能力，体会化归与转化思想在解决问题中的作用。

（3）通过《皓骏动态数学软件》和 Geogebra 等动态数学软件，让学生体会信息技术在数学学习中的独特作用，帮助学生理解数学，树立数学学习的信心，提升直观想象素养。

（4）通过充分渗透数学历史文化，落实“立德树人”的根本任务，激发学生的学习兴趣，培养学生的爱国情感和民族自豪感。

6. 教学重难点

教学重点：祖暅原理的理解与应用；利用祖暅原理推导柱体、锥体的体积公式。

教学难点：祖暅原理的应用；利用祖暅原理推导锥体的体积公式。

7. 教法学法分析

教法：问题驱动法、启发引导法、演示法。

学法：合作探究法、讨论法。

8. 教学过程

教学过程如表 9–10 所示。

表 9-10　教学过程

教学环节	教学内容	师生互动	设计意图
创设情境，引入课题	小实验：改变一叠书的摆放方式，讨论空间几何体的体积关系。 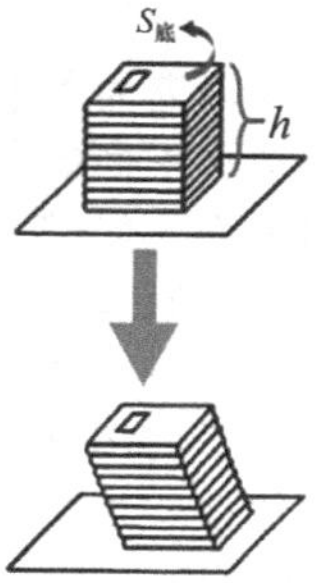 $S_{底}$　h **问题 1：**底面积和高相等，体积就一定相等吗？ **问题 2：**如果用平行于水平面的截面去截这一叠书，这些水平截面的面积有什么关系	改变书的摆放形状：①化直为斜；②用厚度相同而大小不同的一本书替换其中的一本书。 通过问题串，引导学生思考影响几何体体积的因素，鼓励学生从实验活动中归纳出判断几何体体积相等的命题	根据弗赖登塔尔的数学化原则，将摆书问题转化为研究体积的数学问题，激发学生的求知欲，使学生在抽象的过程中学会用数学的眼光观察世界、用数学的语言构建数学知识间的联系
介绍原理，夯实基础	介绍祖暅及祖暅原理： 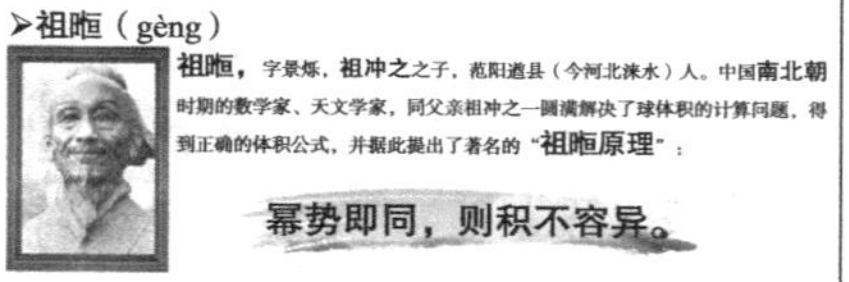 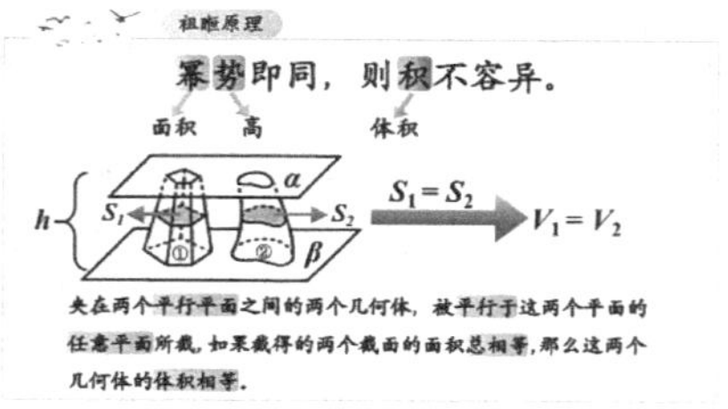 ➢祖暅（gèng） **祖暅，**字景烁，**祖冲之**之子，范阳遒县（今河北涞水）人。中国**南北朝**时期的数学家、天文学家，同父亲祖冲之一圆满解决了球体积的计算问题，得到正确的体积公式，并据此提出了著名的“**祖暅原理**”： **幂势即同，则积不容异。** 祖暅原理 幂势即同，则积不容异。 面积　高　体积 h　S_1　S_2　α　β　①　②　$S_1=S_2$　$V_1=V_2$ 夹在两个平行平面之间的两个几何体，被平行于这两个平面的任意平面所截，如果截得的两个截面的面积总相等，那么这两个几何体的体积相等。 为探究活动打下知识基础	介绍祖暅，师生结合图象语言和符号语言共同分析祖暅原理的含义	通过介绍原理让学生体会到数学的文化价值，诱发学生的认知内驱力，激发学生的学习兴趣，落实立德树人的根本任务。 通过分析原理让学生感受数学语言的凝练，提升表征能力

续表

教学环节	教学内容	师生互动	设计意图
合作探究，推导公式	**探究活动 1**：由祖暅原理推导柱体体积公式。 （1）展示等底等高的斜棱锥、圆柱和长方体。 （2）探究柱体底面积与截面积的关系。 （3）推导柱体体积公式。 （4）利用软件感悟原理的应用 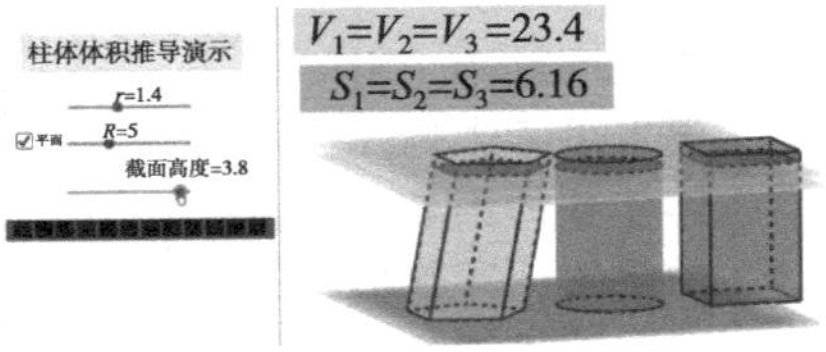	引导学生回顾柱体上下底面平行且全等的关系，进而判断平行于水平面的截面积关系，促进学生对祖暅原理的应用，推导出柱体体积公式；利用动态数学软件感悟祖暅原理的应用	根据建构主义理论搭建牢固的知识体系，提升学生的推理能力，加深学生对知识的印象；通过探究，体现学生学习的主体性。 通过 Geogebra 的动态演示，辅助学生提升空间想象能力，培养直观想象的素养
	探究活动 2：利用割补法探究棱锥体积公式。 （1）回忆棱锥体积公式。 （2）分割三棱柱成三棱锥。 （3）小组讨论棱锥的底面积和高之间的关系。 （4）推导锥体体积公式。 （5）利用动态数学软件验证结论 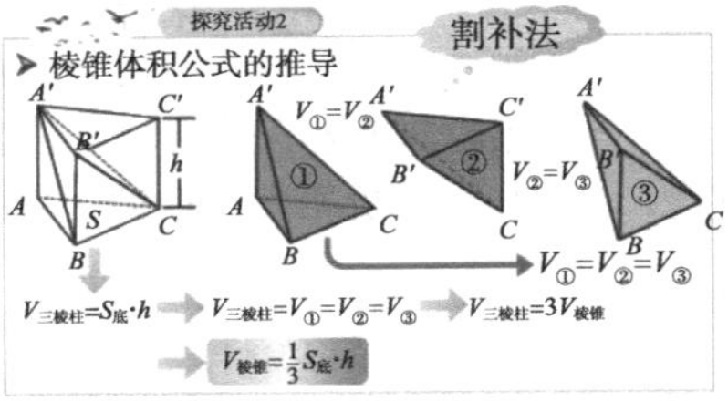 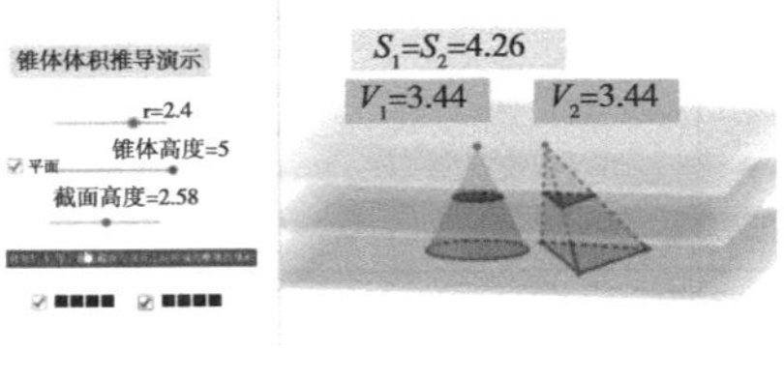	引导学生思考柱体与锥体之间的关系。小组讨论分割成的三棱锥的底面积和高的关系；结合比例的知识探究等底等高的三棱锥的截面积关系；类比柱体体积的探究，将结论推广到其他棱锥和圆锥，得到锥体的体积公式。 利用动态数学软件感悟祖暅原理的应用	通过探究三棱锥的体积公式，提升学生的实践能力、合作能力、协调能力以及直观想象能力。在上一探究活动的基础上融入比例的知识，增强新旧知识的联系，突出知识结构，使学生更能把握数学的本质，培养逻辑推理和数学运算的核心素养

续表

教学环节	教学内容	师生互动	设计意图
巩固小结，拓展延伸	感悟祖暅原理的文化价值 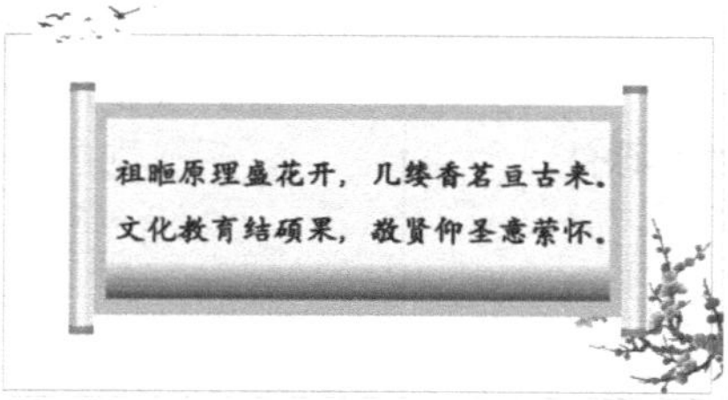 祖暅原理盛花开，几缕香茗亘古来。 文化教育结硕果，敬贤仰圣意萦怀。	凝练本节课的主旨，使学生认识数学知识的文化价值，感悟数学文化的实用价值	通过一首诗提高对数学的宏观认识，提升课堂的趣味性，感悟数学文化蕴含着的科学价值与人文精神，鼓励学生认真学习，传承文化，激励学生学习
	感悟数学文化的传承。 （1）介绍四角帐篷，引出中国古代数学家刘徽发明的“牟合方盖”和祖暅父子推导球体积公式的历史。 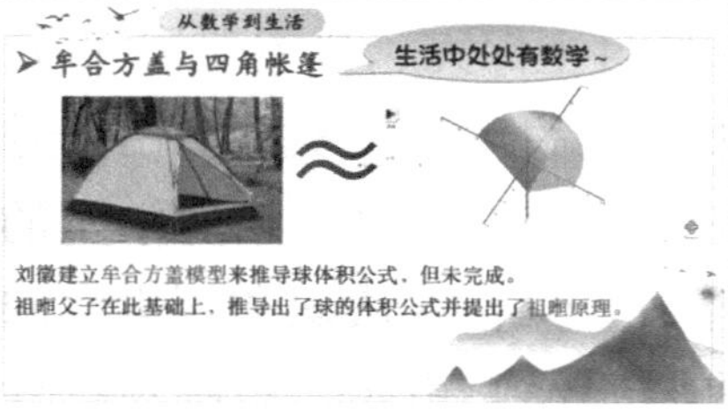 从数学到生活 ➢ 牟合方盖与四角帐篷 生活中处处有数学~ 刘徽建立牟合方盖模型来推导球体积公式，但未完成。 祖暅父子在此基础上，推导出了球的体积公式并提出了祖暅原理。 （2）介绍 2022 年北京冬奥会国家速滑馆的形状与构成。 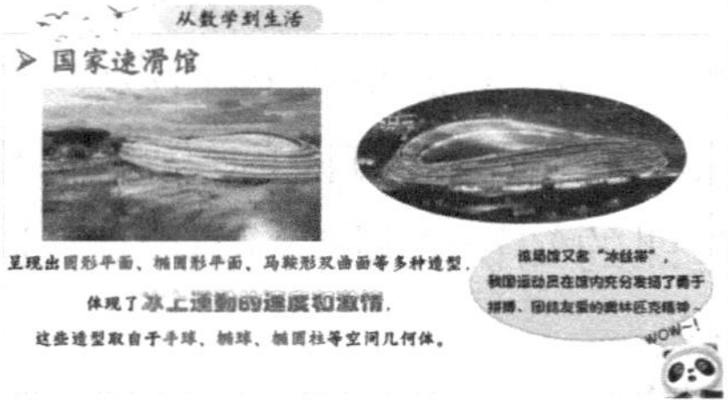 从数学到生活 ➢ 国家速滑馆 呈现出圆形平面、椭圆形平面、马鞍形双曲面等多种造型， 体现了冰上运动的速度和激情。 这些造型取自于半球、椭球、椭圆柱等空间几何体。 WOW~! （3）布置课后思考题：小组合作利用祖暅原理探究球体的体积公式	展示生活中的四角帐篷，结合古代数学家刘徽发明的牟合方盖，简要介绍祖氏父子推导球体积公式的过程，激励学生站在前人的肩膀上看问题。 教师介绍 2022 年北京冬奥会国家速滑馆的设计理念，感悟数学文化贯通古今的魅力	根据陶行知“生活即教育”的教学理念，拓展数学与生活的关系，体会数学知识的文化价值、审美价值和实用价值。通过我国古代数学家的伟大成就和非凡智慧以及现代科技成就，提升学生的民族自豪感，激励学生学习，落实“立德树人”的根本任务

9. 板书设计

板书设计如图 9–31 所示。

探究与发现 祖暅原理与几何体体积 一、祖暅原理 1. 夹在两平行平面之间→**势** 2. 平行于平行平面的 截面积相等→**幂** 二、几何体体积 1. 柱体：$V=S_{底}h$ 2. 锥体：$V=\frac{1}{3}S_{底}h$	多媒体课件	$\frac{S_1}{S}=\left(\frac{h_1}{h}\right)^2=\frac{S_2}{S}$ $\updownarrow$ $S_1=S_2$

图 9–31

9.5.8.3 案例分析

本节课注重学生主体地位，倡导自主探究、自主建构的教学模式，引导学生用数学问题看待世界。教学开头运用小实验引出问题让学生探究，把生活问题和几何体体积的知识结合起来，培养学生的分析问题能力、探究问题能力以及推理能力。学生在认识和探索空间图形的学习的过程中，发展了创新思想和数形结合思想。教师在推导柱体体积公式过程中通过 Geogebra 的动态演示，辅助学生更好地理解空间关系，培养学生的空间想象能力；在用割补法探究棱锥体积公式时，引导学生思考柱体与锥体之间的关系，培养了逻辑推理和数学运算的核心素养，培养了学生创新意识和探究思想。本节课的结尾处还展示了古代和现代的智慧结晶，结合本堂课的知识激励学生学习，引导学生感悟数学文化的魅力。

作者姓名：林瑶婧
专业：学科教学（数学），教育硕士
获奖类别：2022 年全国“田家炳杯”全日制教育硕士专业学位数学技能大赛（初赛）作品

祖暅原理与几何体的体积
林瑶婧上课实录

9.5.9　案例　“椭圆及其标准方程”教学设计

本节课来自《普通高中教科书　数学　选择性必修　第一册》（人教版 A 版）第三章第一节“椭圆及其标准方程”，是圆锥曲线的章起始课。椭圆是一个重要的数学模型，在科研、生活及生产中有着重要而广泛的应用。教材以“展示椭圆背景—构建椭圆概念—建立椭圆方程—研究椭圆性质”为主线，让学生经历从具体情境中抽象出椭圆的定义与性质，培养学生的数学化能力，提高学生的数学核心素养。

1. 教材分析

（1）课程标准对本节的要求：课程标准要求通过丰富的实例展开教学的理念，而且符合学生从具体到抽象的认知规律，有利于学生对概念的学习和理解。本节课将带领学生经历从具体情境中抽象出椭圆模型的过程，掌握椭圆定义及其标准方程。

（2）教材的地位和作用：椭圆在圆锥曲线的第一节，突出本节课的重要性；椭圆的教学具有承前启后的重要作用。首先，学生已经学习了“直线和圆的方程”，知道了坐标法研究几何问题的基本方法；其次，椭圆是三种圆锥曲线的一种，这三种曲线的研究思路基本一致，研究方法相似。若能够掌握好研究椭圆的基本方法，对双曲线和抛物线的学习就会得心应手。所以掌握好椭圆的学习内容对圆锥曲线的学习具有重要作用。

（3）教学内容特点以及对教材处理：教材以“展示椭圆背景—构建椭圆概念—建立椭圆方程—研究椭圆性质”为主线，以“如何建立椭圆的方程及怎样用椭圆的方程研究椭圆的性质”为重点。这样处理的优势是让学生经历从感性到理性的学习过程，符合学生的认知发展规律，符合用解析法研究几何问题的基本思想。

2. 学情分析

（1）学生已具备的认知基础：学生在上一章学习了直线与圆的方程，对解析法的运用有一定的了解，再一次体会到解析几何的基本思想的应用；学生也有了研究圆的方程的一些经历，有助于“椭圆及其标准方程”的进一步学习。

（2）学生达成教学目标所需要具备的认知基础：虽然学生见过一些椭圆的实例，但如何定性、定量地描述椭圆是学生重点关注的问题，也是学习的难点问题。学生在获得椭圆的概念时容易漏掉限制条件，且在不懂如何建立坐标系时获得的椭圆方程在化简时会遇到计算困难。

（3）学习新知识困难分析：在推导椭圆方程的过程中，化简的过程会出现困难，因为所列方程为两个无理式的和等于一个常数的形式，化简时要进行两次平方，方程中字母超过 3 个，且次数高、项数多。初中代数中没有做过这样的题，教学时，要注意说明这类方程化简的一般方法。此外，建立椭圆的方程后，通过方程研究椭圆的性质，并用性质解决一些简单的问题，也是学生特容易出错的地方。

基于以上原因，本单元的教学难点是椭圆概念的得出、标准方程的推导与化简、数形结合分析解决椭圆问题。

3. 设计理念

（1）以生为本、教师主导。本节课遵循以学生为主体、教师为主导的理念进行。教学不再仅仅以“知、读、写、算”为目的，而是更加关注知识技能的形成过程和学习方式的多样化。以问题为基础，通过总结椭圆在天文学和现实生活中的广泛应用，让学生体会研究椭圆的重要性和必要性，指导学生动手操作，小组合作，充分调动学生积极参与课堂，让学生成为真正的课堂主人，体现“以诱达思，启智悟道”的教学精髓。

（2）强化思想，突出主线。本节课遵循解析几何的基本思想理念进行。通过做实验以及信息化技术的证明归纳出椭圆的几何特性，类比圆的方程的研究方法巧妙建立直角坐标系，从而求解出椭圆的标准方程；几何直观观察以及代数的严格证明渗透了数形结合思想，数学思想的渗透促进学生思维的发展。突出“展示椭圆背景—构建椭圆概念—建立椭圆方程—研究椭圆性质”数学主线，凸显数学的内在逻辑和思想方法。

（3）模式改革，提升素养。本节课采用“体验、质疑、生成、拓展”模式进行教学，关注数学核心素养的形成和发展，注重从不同角度、不同层次上提高学生的数学素养。探究椭圆概念形成时，通过学生发现、提出、分析、解决问题以及信息技术使用，发展学生数学抽象、直观想象的核心素养；推导标准方程的两种形式时，提高运算化简能力，发展数学运算素养；运用标准方程研究椭圆的性质时，发展数学建模素养。

4. 教学目标

（1）通过用绳子作图和几何画板展示，让学生感受数学实验活动的乐趣；引导学生用数学语言描述椭圆的几何特征，经历从具体情境中抽象出椭圆的过程，掌握椭圆的定义，提高学生发现、提出、分析、解决问题的能力，发展学生数学抽象、直观想象的核心素养。

（2）经历椭圆标准方程的推导过程，掌握标准方程的两种形式，提高运算化简能力，发展数学运算素养，进一步体会坐标法的思想；能用代数语言描述椭圆特征，通过椭圆标准方程及图象感受数学的简洁、对称、概括、统一之美。

（3）通过拓展练习，学习分类讨论和数形结合的思想方法，明确椭圆标准方程中 a、b、c 的几何含义和它们之间的关系，知道怎样求 a、b、c；会根据条件求椭圆的标准方程，运用标准方程研究椭圆的性质，发展数学建模素养。

（4）结合椭圆教学能够体会“实际背景—动手作图—归纳概括—形成定义—标准方程—几何性质—实践应用”的研究圆锥曲线的一般思路，体会解析几何的思想方法。发展数学抽象素养和逻辑推理素养，通过数学史的渗透，培养钻研刻苦、勇于创新的精神，德融课堂。

5. 教学重难点

教学重点：椭圆的定义及椭圆的标准方程（两种形式）。

教学难点：椭圆的标准方程的建立和推导，以及运用标准方程解决相关问题。

6. 教学方法

（1）启发引导法。以问题为纽带，学生在问题的指引下亲身感受被启发的过程。利用几何画板信息技术观察动点的状态，帮助学生直观感知椭圆上的点所满足的几何特征，使教学更加直观化。

（2）合作探究法。以探究活动为载体，小组合作交流，让学生用细绳和纸板等自制教具亲自动手画图，通过实践、探索、体验、反思等探究活动层层展开、步步深入，亲身经历知识的产生过程。

（3）讲练结合法。通过类比圆的方程的研究方法，引导学生尝试推导，并通过相应的例题与习题练习巩固。

7. 教学环节

教学环节如图 9–32 所示。

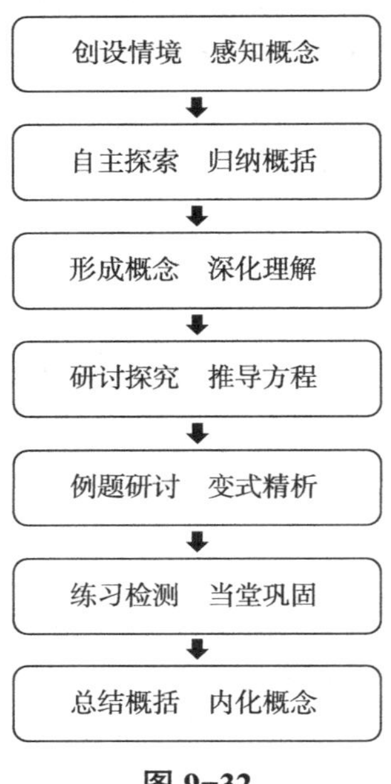

图 9–32

8. 教学过程

教学过程如表 9–11 所示。

表 9–11　教学过程

教学环节	教师活动	学生活动	设计意图 学科素养
创设情境，感知概念	1. 梳理本章节的学习内容 本节课是圆锥曲线的第一节 引言：我们本章节学习的内容是圆锥曲线，大家知道它是怎么被发现的吗？是古希腊一位数学家通过用平面截圆锥得到的，教师用模型展示：用一个垂直于圆锥的轴的平面截圆锥，截口曲线（截面与圆锥侧面的交线）是一个圆。如果改变圆锥的轴与截平面所成的角，那么会得到怎样的曲线呢？用一个不垂直于圆锥的轴的平面截圆锥，当圆锥的轴与截面所成的角不同时，可以得到不同的截口曲线，它们分别是椭圆、抛物线和双曲线。我们通常把椭圆、抛物线、双曲线统称为圆锥曲线。 那我们是怎么研究它的呢？ 2. 情境引入 播放“神州十二”的图片，随后播放生活中的椭圆图片 3. 提出问题 **问题 1**:“神州十二”的运行轨道是什么形状？ **问题 2**：你能找出生活中的椭圆吗？ **问题 3**：同学们是依据什么来判断它是椭圆形状的？椭圆究竟具备怎样的几何特征	学生听教师梳理本章节的学习内容。 观看模具和“神州十二”在太空运行图片。学生思考找出生活中的椭圆。 以问题的形式激发学生的学习兴趣以及求知欲	梳理本章节的学习内容，讲述了圆锥曲线的由来并介绍了圆锥曲线的研究方法。 “神州十二”的成功发射体现了国家的荣誉，以及民族的骄傲。从运行轨迹以及生活中的椭圆，让学生对椭圆有一个直观的印象，让学生深刻体会到椭圆在科研、生产、生活中具有广泛的应用，并培养学生的爱国情怀
自主探索，归纳概括	**动手画一画** 取一条长度一定的无弹性细绳，将绳子端点固定在桌面上两点，套上铅笔，拉紧绳子，移动笔尖，环行一周，这时笔尖（动点 M）画出的轨迹是什么？ 请认真观察形成的曲线轨迹。	小组之间按照教师的要求合作画图，并思考轨迹上的点具备什么特点。 让学生自己动手画图，共同完成任务。	给学生提供一个动手操作、合作学习的机会；让学生自己思考问题，由此培养自信心；引导学生用类比的思想，

续表

教学环节	教师活动	学生活动	设计意图 学科素养
自主探索，归纳概括	**问题 4：** 在实验过程中，笔尖满足什么条件？哪些量是不变的，什么量是变化的？ **追问：** 若绳子的长度等于两个固定点之间的距离，绘制的曲线是什么？ **追问：** 若绳子的长度小于两个固定点之间的距离，还能绘制出曲线吗？ 动态演示动点生成轨迹的全过程，印证猜想	小组 1：定长 $2a>\|F_1F_2\|$ 小组 2：定长 $2a=\|F_1F_2\|$ 小组 3：定长 $2a<\|F_1F_2\|$ 请各个小组展示成果，并描述轨迹是如何做出来的？ 展示学生成果。请学生代表本小组交流探究出结论。 学生通过课件观察变化情况，利用动画显示结果	通过已经学过的圆的知识猜想椭圆，开展后续教学。 发展学生数学抽象、直观想象的核心素养。 信息技术融入数学课堂
形成概念，深化理解	类比圆的定义，由学生归纳出椭圆的定义。将定义补充完整，严谨表达。 **定义：** 平面内与两个定点 F_1、F_2 距离的和等于常数（大于 $\|F_1F_2\|$）的点的轨迹叫椭圆。 圆的定点称为圆心，那椭圆的定点称为什么？ 教师指出：这两个定点叫椭圆的焦点，两焦点的距离叫椭圆的焦距。 **思考：** 焦点为 F_1, F_2 的椭圆上任一点 M，有什么性质？ 令椭圆上任一点 M，则有 $\|MF_1\|+\|MF_2\|=2a$（ $2a>2c=\|F_1F_2\|$ ） 补充：若 $2a=2c$ 时，轨迹是线段 F_1F_2；若 $2a=2c$ 时，无轨迹。 **思考：** 为何一定要强调平面内呢？ **思考：** 为何常数要有限制条件呢？ **思考：** 刚才在画图时，大家的绳长是一样的，但是画出的椭圆一样吗？椭圆的圆扁程度与什么有关？ F_1、F_2 位置越近椭圆越圆，F_1、F_2 位置越远椭圆越扁	提问学生，由学生归纳出椭圆定义。 学生给出经过修改的椭圆定义。 学生思考后回答	使学生经历椭圆概念的生成和完善过程，提高其归纳概括能力，加深对椭圆本质的认识，培养学生严谨的科学态度。 学生在回答问题过程中一步步地加深对定义的理解

续表

教学环节	教师活动	学生活动	设计意图 学科素养
研讨探究，推导方程	**问题 5：** 回顾我们过去研究圆的性质的经验，其中有什么方法可以用来研究曲线的性质？ **追问：** 解析几何研究曲线的基本思想是什么？求曲线方程的一般步骤是什么？ **问题 6：** 类比圆，根据椭圆的几何特征，你觉得如何建立坐标系会使椭圆的方程比较简单？ **问题 7：** 通过对比同学们求出椭圆各种形式的方程，你能发现什么规律？哪一种方程最简洁？ $M(x,y)$ 遵循简单和优化的原则，充分利用图形的对称性，所以我们可以选以通过两定点 F_1、F_2 的直线为 X 轴，线段 F_1F_2 的垂直平分线为 Y 轴，建立直角坐标系。 $M(x,y)$，$F_1(-c,0)$，$F_2(c,0)$，根据两点距离公式得： $\sqrt{(x+c)^2+y^2}+\sqrt{(x-c)^2+y^2}=2a.$　① 为了化简方程①，我们将其左边一个根式移到右边，得 $\sqrt{(x+c)^2+y^2}=2a-\sqrt{(x-c)^2+y^2}.$　② 对方程②两边平方，得 $(x+c)^2+y^2=4a^2-4a\sqrt{(x-c)^2+y^2}+(x-c)^2+y^2$ 整理，得 $a^2-cx=a\sqrt{(x-c)^2+y^2}$　③ 对方程③两边平方，得	学生通过回忆圆是方程的研究方法回答。 数学活动：同学们开展激烈的讨论，合作交流，并提出了自己的看法。 小组长归纳后主要有以下三种建系方案。 最后考虑到椭圆图形的美观性与对称性选择了方案 3。 **方案 1：** 以椭圆上的任意一点建立坐标系。 **方案 2：** 以经过椭圆两焦点 F_1、F_2 的直线为 x 轴，F_1 或 F_2 为坐标原点建立坐标系。 **方案 3：** 以经过椭圆两焦点 F_1、F_2 的直线为 x 轴，线段 F_1F_2 的垂直平分线为 y 轴建立坐标系。 化简方程学生来完成。	让学生明确思维的目的，才能调动学生思维的积极性。 让学生在思考议论中加强对这种优化原则的认识。 正确选取坐标系是数形结合解决的基本技巧之一，教学中应着重培养学生这方面的能力。 坐标法，即用代数的方法研究几何问题，因此熟练应用代数变形技巧是十分重要的。 在化简含根号的方程时，培养学生锲而不舍的探索精神和数学运算素养，同时感受数学的对称美、简洁美。

续表

教学环节	教师活动	学生活动	设计意图 学科素养
研讨探究，推导方程	$a^4-2a^2cx+c^2x^2=a^2x^2-2a^2cx+a^2c^2+a^2y^2$ 整理得 $(a^2-c^2)x^2+a^2y^2=a^2(a^2-c^2)$ ④ **追问：**你能把式子变得再简洁一点吗？ 将方程④两边同除以 $a^2(a^2-c^2)$，得 $\frac{x^2}{a^2}+\frac{y^2}{a^2-c^2}=1$ ⑤ 由椭圆的定义可知 $2a>2c>0$，即 $a>c>0$，所以 $a^2-c^2>0$。 方程 $\frac{x^2}{a^2}+\frac{y^2}{b^2}=1$（$a>b>0$）叫作椭圆的标准方程。它表示焦点在 x 轴上，焦点坐标为 $F_1(-c,0)$，$F_2(c,0)$，其中 $c^2=a^2-b^2$。 **思考：**如果椭圆是“竖放”的，标准方程有什么变化呢？ 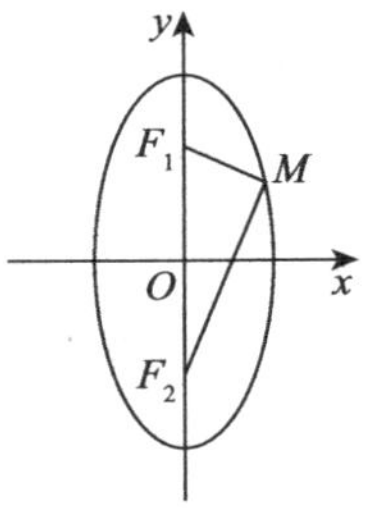	学生思考后主动发言回答，教师辅助。	推导椭圆标准方程的过程，是对椭圆概念的代数剖析过程。
	椭圆的焦点在y轴上，$\frac{x^2}{a^2}+\frac{y^2}{b^2}=1$（$a>b>0$），它也是椭圆的标准方程。焦点坐标为 $F_1(-c,0)$，$F_2(c,0)$，其中 $c^2=a^2-b^2$，我们可以发现，方案 3 是最好的。	学生通过类比，焦点在 y 轴的椭圆标准方程也自然推导而出了。	可以使学生真正弄清椭圆中 a、b、c 的几何意义，有利于学生理解方程，也利于学生体会数形结合思想的价值所在
	刚才我们说过，在直角三角形中有勾股定理 $b^2=a^2-c^2$，即 $a^2=b^2+c^2$ 那你能在下面的图中找出表示 a，b，c 的线段吗？	学生思考后回答： $MF_1=a$，$OF_1=c$ $OM=b$ 学生突然发现： $b^2=a^2-c^2$	

续表

教学环节	教师活动	学生活动	设计意图 学科素养
研讨探究，推导方程	**问题 8**：如何根据方程判断其焦点在 x 轴上还是在 y 轴上	椭圆 $\frac{x^2}{m}+\frac{y^2}{n}=1$（$m>0$，$n>0$，$m\neq n$）当 $m>n$ 时，表示焦点在 x 轴上的椭圆；当 $m<n$，表示焦点在 y 轴上的椭圆	
例题研讨，变式精析	**例 1**：已知椭圆的两个焦点坐标分别是（−2，0），（2，0），并且经过点 $\left(\frac{5}{2},-\frac{3}{2}\right)$，求它的标准方程。 【思路探究】 （1）先设椭圆的标准方程的形式。 （2）思考 c 与 a、b 的关系。 （3）待定系数法。 一题多解：请问你还能用其他方法求它的标准方程吗？试比较不同方法的特点。 用待定系数法求椭圆标准方程的一般步骤：①定位置；②设方程；③找关系；④得方程。	学生独立完成。 解：由于椭圆的焦点在 x 轴上，所以设它的标准方程为 $\frac{x^2}{a^2}+\frac{y^2}{b^2}=1$，（$a>b>0$）。 由椭圆的定义知，$c=2$，$2a=\sqrt{\left(\frac{5}{2}+2\right)^2+\left(-\frac{3}{2}\right)^2}+\sqrt{\left(\frac{5}{2}-2\right)^2+\left(-\frac{3}{2}\right)^2}=2\sqrt{10}$， 所以 $a=\sqrt{10}$， 所以 $b^2=a^2-c^2=10-4=6$， 所以椭圆的标准方程为 $\frac{x^2}{10^2}+\frac{y^2}{6^2}=1$。 小组讨论，注意方法多样，一题多解。	通过典型例题，掌握根据椭圆的定义求出其方程的基本方法，培养学生数学建模、数形结合及方程思想、发展学生逻辑推理、直观想象、数学抽象和数学运算的核心素养。培养学生一题多解的思维

续表

教学环节	教师活动	学生活动	设计意图 学科素养
例题研讨，变式精析	**例 2:**（1）已知 P 是椭圆 $\frac{x^2}{4}+\frac{y^2}{8}=1$ 上一动点，O 为坐标原点，则线段 OP 中点 Q 的轨迹方程为________________。 （2）如图所示，圆 $C:(x+1)^2+y^2=25$ 及点 $A(1,0)$，Q 为圆上一点，AQ 的垂直平分线交 CQ 于点 M，求点 M 的轨迹方程。 【思路探究】 （1）点 Q 为 OP 的中点 $\Rightarrow$ 点 Q 与点 P 的坐标关系 $\Rightarrow$ 代入法求解。 （2）由垂直平分线的性质和椭圆的定义进行求解	解:（1）$x^2+\frac{y^2}{2}=1$， 设 $Q(x,y)$，$P(x_0,y_0)$，由点 Q 是线段 OP 的中点 知 $x_0=2x$，$y_0=2y$， 又 $\frac{x_0^2}{4}+\frac{y_0^2}{8}=1$， 所以 $\frac{(2x)^2}{4}+\frac{(2y)^2}{8}=1$， 即 $x^2+\frac{y^2}{2}=1$。 （2）由垂直平分线的性质可知 $\|MQ\|=\|MA\|$， $\therefore$ $\|CM\|+\|MA\|=\|CM\|+\|MQ\|=\|CQ\|$， $\therefore$ $\|CM\|+\|MA\|=5$。 $\therefore$ 点 M 的轨迹为椭圆，其中 $2a=5$，焦点为 $C(-1,0)$，$A(1,0)$， $\therefore$ $a=\frac{5}{2}$， $c=1$， $\therefore$ $b^2=a^2-c^2=\frac{25}{4}-1=\frac{21}{4}$。 $\therefore$ 所求点 M 的轨迹 方程为 $\frac{4x^2}{\frac{25}{4}}+\frac{y^2}{\frac{21}{4}}=1$， 即 $\frac{4x^2}{25}+\frac{4y^2}{21}=1$	

续表

教学环节	教师活动	学生活动	设计意图 学科素养
练习检测，当堂巩固	1. 如果椭圆 $\frac{x^2}{100}+\frac{y^2}{36}=1$ 上一点 P 到焦点 F_1 距离是 6，则点 P 到另一个焦点 F_2 距离是__________。 2. 求适合下列条件的椭圆的标准方程 （1）两个焦点坐标分别是 $(0,2),(0,-2)$，椭圆经过点 $P\left(-\frac{3}{2},\frac{5}{2}\right)$。 （2）$a+b=10, c=2\sqrt{5}$	学生练习	检测学习成果
总结概括，内化概念	让学生用表格形式整理本节课学习的内容 知识结构图如下： 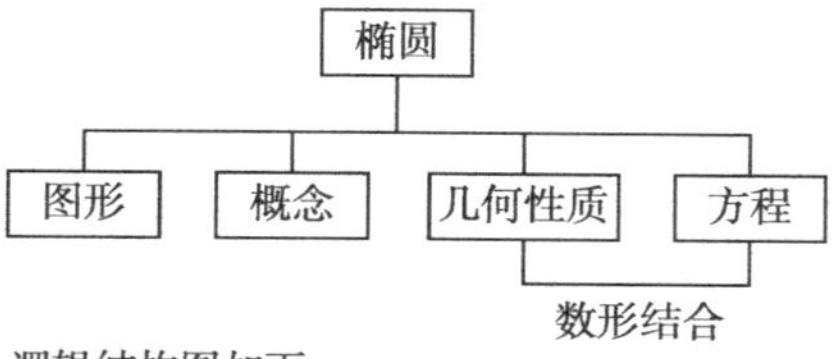 椭圆 图形　概念　几何性质　方程 数形结合 逻辑结构图如下： 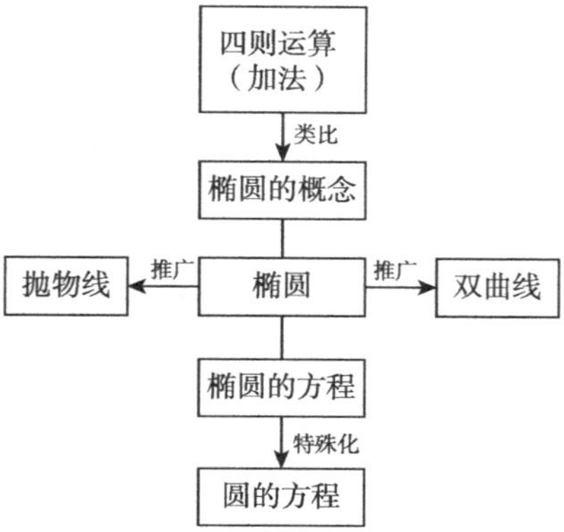 四则运算（加法） 类比 椭圆的概念 抛物线 ←推广— 椭圆 —推广→ 双曲线 椭圆的方程 特殊化 圆的方程 **布置作业** 层次 1：教材 115 页，第 1、2、3、4 题. 层次 2：课后利用百度搜索椭圆的相关知识进行了解	学生总结出在知识、数学思想等方面的收获	引导学生反思本节课的学习，加深对概念的理解，完善认知结构，增强情感体验。 梳理数学学习过程有助于升华学生的数学抽象、数学建模、逻辑推理三大素养。 层次 1 的目的是强化巩固本节内容； 层次 2 的目的是激发学生学习的兴趣，提高数学文化品位

9. 板书设计

板书设计如图 9–33 所示。

椭圆及其标准方程		
1. 椭圆的定义： 平面内与两个定点 F_1, F_2 距离的和等于常数（大于 $\lvert F_1F_2\rvert$）的点的轨迹叫椭圆。 2. 椭圆的标准方程： 焦点在 x 轴： $\frac{x^2}{a^2}+\frac{y^2}{b^2}=1$（$a>b>0$） 焦点在 y 轴： $\frac{y^2}{a^2}+\frac{x^2}{b^2}=1$（$a>b>0$）	椭圆标准方程的推导过程：	例 1： 详写 例 2： 关键步骤

图 9–33

10. 教学反思

（1）本节课通过切割圆锥，介绍圆锥曲线名称的由来，把学生带到科学情境中，引起学生学习的兴趣；通过生活中的椭圆的举例，让学生进一步体会到数学来自生活。

（2）利用几何画板及实物模型引入椭圆定义并直观形象地进行演示，让学生从感性认识逐步上升到理性认识，从而形成正确的椭圆概念。借助绳子及图钉等作为教具，学生通过亲自动手绘制椭圆，不仅能掌握椭圆绘制方法，而且能更深刻地理解椭圆定义中的条件（$2a>2c$），从而进一步理解椭圆定义的实质。

（3）推导椭圆的标准方程是本节课的一个难点。根据建系的原则——“尽量使更多的点落在坐标轴上；尽量使图形关于坐标轴对称”，学生会得到预设的两种建系方案，学生在化简的过程中，会遇到化简含有两个根式的方程。这是本节课的难点，教师应及时加以指导，与学生共同完成推导过程。

（4）本节课遵循“学生为主体，教师为主导”的教学原则。新旧知识有直接联系的，迁移类比，诱导学生学；学生难于理解或不易接受的，让学生动手操作，教师指导。总之，教师让课堂成为学生乐意参与的、智慧碰撞的舞台，让学生成为课堂的主人。

11. 案例分析

现代教学观认为，数学教学中必须重视数学知识的生成、发展和形成的过程，提供学生亲身感受、体验的机会。椭圆及其标准方程是圆锥曲线内容的第一节课，教师带领学生类比圆的学习过程，历经椭圆的推导过程，让学生自己探究并归纳椭圆的定义。这样的实践过程有利于发展学生的数学抽象素养和逻辑推理素养。同时本节课通过数学史的渗透，培养学生刻苦钻研、勇于创新的精神，德融课堂；关注学生数学核心素养的培育，达到了预期的教学目标。

作者姓名：黄诗君
专业：学科教学（数学）——教育硕士
获奖类别：2021 年全国“田家炳杯”全日制教育硕士专业学位数学技能大赛（初赛）作品

椭圆及其标准方程
黄诗君上课实录

9.5.10　案例　“抛物线及其标准方程”教学设计

1. 教材分析

“物线及其标准方程”是《普通高中教科书　数学　选择性必修　第一册》（人教版 A 版）第三章第三节第一课时的内容。抛物线的教学安排在初高中两个学段，高中学段的教学又分布于函数、几何与代数两条主线中。下面从以下几点进行分析。

（1）课程标准对本节课的要求。《普通高中数学课程标准（2017

年版）》指出“基于数学学科核心素养的教学活动应该把握数学的本质，创设合适的教学情境，提出合适的数学问题，引发学生思考与交流，形成和发展数学学科核心素养”。

（2）教材的地位和作用。在初中阶段，抛物线为学生学习二次函数提供直观的图象感觉；在高中阶段，它在一元二次不等式的解法、求最大（小）值等方面有着重要的作用。学习本节课时，学生已经学习了椭圆、双曲线的定义、方程和几何性质，对坐标法已有了初步认识，这为学习抛物线奠定了基础；同时，对抛物线定义、方程的学习能让学生进一步深化对坐标法的理解，也为以后学习抛物线的几何性质做好铺垫。

（3）教材内容特点。本章内容是解析几何“用方程研究曲线”这一基本思想的再次强化。本节内容对抛物线定义的研究，与初中阶段二次函数的图象遥相呼应，体现了数学的和谐之美。教材的这种安排，是为了分散难点，符合认知的渐进性原则。因此本节内容起到一个巩固旧知、熟练方法、拓展新知的承上启下的作用，是发展学生自主学习能力，提升学生数学核心素养的好素材。

（4）对教材的处理。抛物线在生产和科学技术中有广泛的应用，这就要求我们在教学中注意理论联系实际，培养学生应用数学的能力，学以致用。抛物线作为教材中学习的最后一种圆锥曲线，本节课把前面各种思想和方法统一起来，在抛物线定义的生成及标准方程的建立过程中，引导学生深刻体会运用类比和数形结合思想解决问题的基本策略，为利用代数方法研究抛物线的几何性质、直线与抛物线的位置关系的学习做好准备。

2. 学生学情分析

（1）学生已具备的认知基础。本节课的授课对象是高二年级的学生，他们有一定的空间想象力、抽象概括的能力和推理运算的技能，在学习本节内容前，学生已经学习了椭圆和双曲线的定义、标准方程、二次函数等，感受了用代数法研究几何问题的基本方法，对圆锥曲线的研究过程与方法有了一定的了解和认知，这对于抛物线及其标准方程的学习有借鉴、迁移作用。

（2）学生达成教学目标所需具备的认知基础。通过本节课的学习，学生形成了对圆锥曲线定义的统一认识，在学习中体验数学知识不是抽象的，而是来源于现实生活。为完成对抛物线本质特征的学习，学生要有二次函数的图象的认知；点线面知识认知；椭圆、双曲线、圆、中垂线等定义认知；类比思想、数形结合思想等认知。

（3）学习新知识困难分析。第一，与学习椭圆与双曲线不同，学生对抛物线图形已经非常熟悉，对于抛物线的函数解析式也具有比较深入的研究。一方面，这为后续学习提供了足够充分的知识储备；另一方面，初中是从函数的角度研究抛物线，而本节课是从解析几何的角度探讨抛物线的几何性质及方程，这在一定程度上会造成两种角度认知上的混淆。第二，通过先前椭圆与双曲线的学习，基本掌握了求曲线方程的一般推导步骤与思想方法，对于如何建立合适的坐标系使得方程结构更加简单具备了一定的经验，但对四种类型抛物线坐标系的建立以及标准方程的推导还是存在困难。

3. 设计理念

本节课的设计理念遵循以下原则。

（1）情境引入来源于生活。课程开始利用中学知识与现实生活的关联进行概念感知，在数学史方面以实物展示，体现了数学来源于生活而又服务于生活的生动性，让学生不知不觉地进入了数学的美妙环境，激发了学生的好奇心，也让学生感受到了数学既来源于生活又应用于生活。

（2）知识生成彰显学生主体。类比圆和垂线的定义，提出环环相扣的问题，学生敏锐观察、仔细思考、各抒己见，思想的火花在逐渐地迸发。抛出圆锥曲线的定义、二次函数，学生顿时活跃起来，纷纷提出定义、建系、求标准方程的不同方案。学生在亲自体验后找出最佳解决方案，学生自主实验探究发挥创造，小组合作推导抛物线的标准方程，等等，真正做到了以生为本，教师角色由解释者转换成推动者。

（3）四基四能直击核心素养。学生通过生活中的实例认识得到抛物线的基础知识、基本定义；通过发现探究，最终提出最优解决方案并得到抛物线的标准方程。这一学习过程体现了学生基础知识的建立、基本技能的掌握、基本思想的确立、基本活动经验的积累，提升了学生发现问题、提出问题、分析问题、解决问题的能力，更直接击中了核心素养。数学抽象、逻辑推理、数学建模、直观想象、运算与数据分析等数学无不一一体现。真正优化了课堂结构、把握住了数学本质、突出了学生主体，实现了立德树人、提升素养的基本理念。

（4）问题导向注重思想渗透。课程通过层层递进的问题串，启发学生参与到问题中进行思考探究，过程中涉及自主探究、合作交流、合作展示、个人展示等多种学习方式，激发学生对数学的兴趣，养成良好的学习习惯，促进学生实践能力和创新意识的发展。从生活实际到理论知识，再回到生活实际，应用图表、信息技术、绘图等多种方式使课程丰富多彩，突出数学主线，渗透解析几何的基本思想方法，让学生在思考的过程中体会用代数方法解决几何问题的方法与思想。

4. 教学目标

（1）学生经历从具体情境中抽象概括出抛物线的定义过程，掌握抛物线的定义，发展数学抽象素养。课程通过几何画板演示“抛物线定义的探究”和“简单几何性质”，提高学生的直观想象素养。

（2）学生会应用求曲线方程的方法，推导抛物线的标准方程，在建系推导抛物线的标准方程的过程中，进一步理解坐标法的基本思想方法，提升数学运算和逻辑推理素养；通过“四种标准方程的对比与分析”及“性质的探究”，学会反思与感悟，形成良好的数学观。

（3）学生通过例题了解抛物线及标准方程在实际生活中应用，感受圆锥曲线在刻画现实世界和解决实际问题中的作用，提升数学运算和数据分析核心素养。课程通过圆锥曲线数学史的介绍，培养学生刻苦钻研、勇于创新的精神，渗透思政教育。

5. 教学重点与难点

教学重点：抛物线概念的形成、抛物线标准方程的建立、标准方程与图形的对应关系。

教学难点：抛物线定义的形成、坐标系的建立以及标准方程的推导。

6. 教学方法

（1）教法：本节课主要采用启发引导法。在整个教学过程中，引导学生观察、分析和归纳，使学生思维紧紧围绕“问题”层层展开，体现以教师为主导、学生为主体的教学理念；同时，采用多媒体辅助教学，借助多媒体快捷、形象和生动的特点，突出知识的形成过程，符合学生的认识规律，增加课堂趣味。

（2）学法：本节课从引入课题开始，尽可能让学生参与知识的产生及形成过程，充分发挥学生的主体作用，使学生全方位地参与问题结论的得出，教师只起点拨作用。这样做不仅可以增加学生的参与机会，提高参与意识，而且教给学生获取知识的途径和思考问题的方法，使学生真正成为教学的主体。

7. 教学过程

教学流程设计框图如图 9–34 所示。

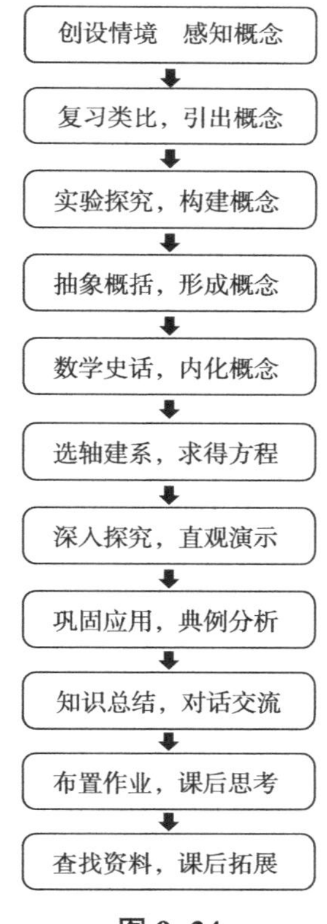

图 9–34

教学过程如表 9–12 所示。

表 9–12　教学过程

教学环节	情境设计和学习任务	学生活动	设计意图
创设情境，感知概念	学习了椭圆和双曲线，今天将学习另外一种圆锥曲线抛物线。 （1）抛物线知识对于我们并不陌生，在初中的时候我们学习过的抛物线就是一条开口向上或者向下的抛物线。 （2）数学源于生活，也应用于生活，生活中很多现象都与数学息息相关，请同学们观看生活中的图片。 提出问题：抛物线是如何形成的呢	观察、倾听、感受、回忆抛物线的相关知识	利用二次函数和生活实例引导学生去感知抛物线的几何图形，激发学生的学习兴趣，提升学生的数学抽象、直观想象素养
复习类比，引出概念	问题是数学的心脏，今天就从问题解决开始，探索本节课的知识。 **问题 1**：到定点的距离相等的点的轨迹是什么？ **问题 2**：那到两个定点的距离相等的点的轨迹又是什么？ **问题 3**：平面内，到一定直线和该直线外一定点的距离相等的点的轨迹是什么呢？ 类比圆和中垂线定义所形成的图象，探究问题 3 会形成怎样的轨迹图象	分析问题，并解决问题，类比圆和中垂线的定义，引发对问题 3 的思考	类比引入，层层递进，引导学生从旧知到新知的过渡，激发学生的好奇心，诱导学生进行实验探究，提升学生的逻辑推理素养
实验探究，构建概念	**实验 1**：拿出白纸和铅笔，在纸上画出任意一条直线 L 和直线外一点 F，作出到它们距离相等的点的轨迹，巡视课堂。 **问题 4**：怎么找到点的轨迹呢？ 引导学生归纳作图方法：取直线上任意点 M，过 M 作 L 的垂线 b，连接连接 MF，作 MF 的中垂线 a，则 a 与 b 的交点就是所要求的点。 **实验 2**：在作图完成后，随机展示同学们的作图。再利用几何画板来演示轨迹图象，让学生观察抛物线的形成过程。 **问题 5**：P 点形成的轨迹是什么？轨迹上的点与定直线 L、定点 F 又有怎样的关系？ 引导学生发现 P 点形成的轨迹正是一条抛物线，HM 线段等于 MF 线段，说明抛物线上的点到定直线 L 的距离和到定点 F 的距离相等	学生手动作图，思考作图方法，最后完成作图，并进行展示；引导学生观察轨迹图象规律，并分析回答问题	通过绘图的探究，激发学生思考，到点和直线相等的点如何求出？引导学生思考、绘图，体会抛物线的形成过程，提升学生的实践创新能力和独立思考能力；应用信息技术，能够吸引学生的注意力；几何画板十分形象直观，还能够给学生加深印象，提升学生的直观想象素养

续表

教学环节	情境设计和学习任务	学生活动	设计意图
抽象概括，形成概念	结合上述实验，思考问题6，小组讨论完成。 **问题 6：**请同学们用自己的话来描述一下抛物线的定义。 分组讨论一下抛物线的定义，然后请学生叙述抛物线的定义。注意：抛物线定点 F 的位置不能在定直线 L 上，可以借助几何画板来观察。 学生自主归纳，获取抛物线的定义：平面内到一定点 F 和到一条不过此点的定直线 L 的距离相等的点的轨迹叫作抛物线，其中定点 F 叫作抛物线的焦点，定直线 L 叫作抛物线的准线	学生分小组讨论，最后由学生归纳抛物线的定义	学生自主归纳定义体现以学生为主体的教学理念，同时学生的归纳过程就是学生获得知识的过程。自主生成的知识能让学生理解得更加深刻，有助于提升学生的数学建模素养
数学史话，内化概念	椭圆、抛物线、双曲线被统称为圆锥曲线，那圆锥曲线是怎么来的呢？ 公元前 4 世纪，古希腊数学家梅内克缪斯利用平面去截圆锥，发现了椭圆、双曲线、抛物线。 通过圆锥教具，给学生展示圆锥曲线的由来	学生仔细阅读关于圆锥曲线的来历，并通过教师手动展示观察圆锥曲线的来历	数学史的融入，是对新学知识的拓展，可增加课堂的趣味性、可学性、有效性和人文性，提升学生的道德思想素养。同时也通过讲述抛物线的标准方程式，引出探究内容
选轴建系，求得方程	类比椭圆和双曲线的学习，在学习抛物线的定义后应该学习抛物线的标准方程。 **问题 7：**求曲线方程的步骤是什么？ 回忆求曲线方程的步骤：建系，设点，列式，化简，证明。引导学生探究抛物线方程的建系。 **追问：**那如何建立恰当的坐标系，才能使所建立的抛物线的方程最简单？ 学生在学案上完成自主建系。教师巡视课堂，指导学生在学案上完成建系，完成后，教师收集学生的建系方案。 预设方案：	学生独立思考完成建系。完成建系后，分小组讨论并求出相应方程，上黑板展示。 学生展示结果预设如下。 方案一： 设 $F(p,0), P(x,y), S(0,y)$ 由 $\lvert SP\rvert=\lvert FP\rvert$，故 $\sqrt{(x-p)^2+(y-0)^2}=\lvert x\rvert$ 化简得 $y^2=2px-p^2$。	课堂以学生为主体，由学生自主完成建系的过程，引导学生去思考、创新。建系过程可以充分发挥学生的想象力，培养学生的创新意识；小组探究和自主展示，提高学生学习积极性，培养学生的合作交流能力，进一步渗透数学类比思想

续表

教学环节	情境设计和学习任务	学生活动	设计意图
选轴建系，求得方程	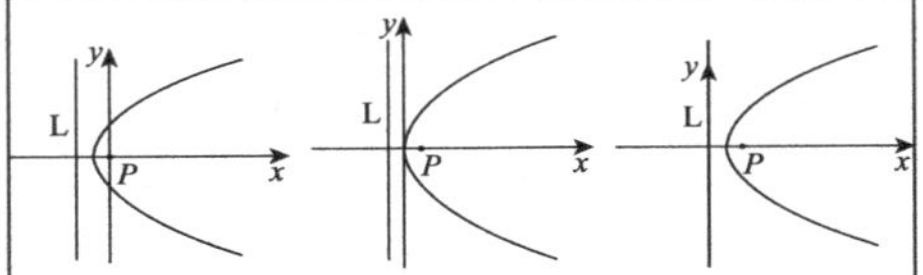 方案一　方案二　方案三 将学生分为多个小组，每组选定一个上面的方案，分别求出相应方程，最后由每个小组中的一个成员上黑板展示。 **追问：**同学们观察这三种不同的建系，最终哪一种建系方案得到的方程最简洁呢？ 学生发现方案三所得到的方程形式最简洁，也符合数学审美，随后对抛物线的标准方程进行归纳	方案二： 设 $F(0,0), P(x,y), S(-p,y)$ 由 $\|SP\|=\|FP\|$，故 $\sqrt{(x+p)^2+(y-y)^2}=\sqrt{y^2+x^2}$ 化简得 $y^2=2px+p^2$ 方案三： 设 $F\left(\frac{p}{2},0\right), P(x,y)$, $S\left(-\frac{p}{2},y\right)$ 由 $\|SP\|=\|FP\|$， 故 $\sqrt{\left(x+\frac{p}{2}\right)^2+(y-y)^2}$ $=\sqrt{\left(x-\frac{p}{2}\right)^2+y^2}$ 化简得 $y^2=2px$	
深入探究，直观演示	**问题 8：**类比椭圆的标准方程中参数的变化对椭圆的影响，抛物线的标准方程中只有一个参数，它是如何影响抛物线的？ 利用数学信息技术，直观观察图象，学生发现：P 的值从大变小，得到不同形状的抛物线，其开口也从大变小，$P=0$ 时轨迹是一条直线，不再是抛物线。 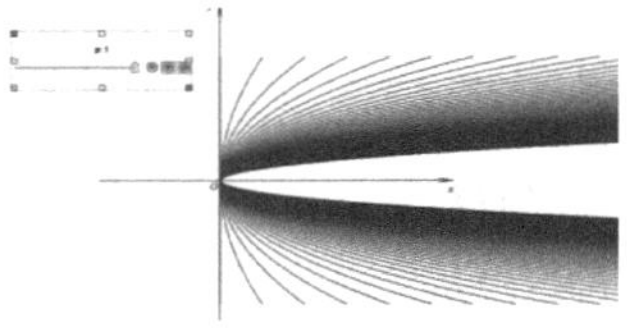	通过几何画板观察参数 P 对抛物线图象的影响，并用文字语言进行总结，讨论抛物线的方程形式，完成表格的填写，最后思考总结抛物线的焦点与抛物线的关系。	几何画板非常形象、直观，易于学生对于 P 的理解和认知，也能提高学习积极性，提升学生直观想象的素养；小组合作交流的方式，可加深学生对知识的理解；对知识进行归纳，绘制抛物线标准方程的图象，巩固学习成果

续表

<table>
<tr><th>教学环节</th><th>情境设计和学习任务</th><th>学生活动</th><th>设计意图</th></tr>
<tr><td>深入探究，直观演示</td><td>追问：抛物线的标准方程还有其他形式吗？请同学们根据抛物线的图形，尝试完成其他几种形式的抛物线的标准方程、焦点坐标和准线方程。
开口向左　开口向上　开口向下
追问：如何根据抛物线的标准方程，来确定其焦点位置？
学生进行分组讨论，然后由代表回答问题，最后教师进行补充总结：①一次定焦，正负定向；②一次项的变量如为 x（或 y），焦点就在 x 轴（或 y 轴）上；③一次项为正，焦点在正半轴，反之亦然</td><td>学生完成以下归纳预设。
抛物线的标准方程、焦点坐标、准线方程分别为：
① $y^2=2px$，$\left(\frac{p}{2},0\right)$，$x=-\frac{p}{2}$；
② $y^2=-2px$，$\left(-\frac{p}{2},0\right)$，$x=\frac{p}{2}$；
③ $x^2=2py$，$\left(0,\frac{p}{2}\right)$，$y=-\frac{p}{2}$；
④ $x^2=-2py$，$\left(0,-\frac{p}{2}\right)$，$y=\frac{p}{2}$</td><td></td></tr>
<tr><td>巩固应用，典例分析</td><td>毛泽东的学习观：理论联系实际
既然我们已经掌握了抛物线的理论知识，现在也来展开实践应用。
应用 1：引导学生进行抢答，依次说出其开口方向、标准方程、焦点坐标、准线方程。
<table><tr><th>开口方向</th><th>标准方程</th><th>焦点坐标</th><th>准线方程</th></tr><tr><td></td><td></td><td>$(-5,0)$</td><td></td></tr><tr><td></td><td>$y^2=24x$</td><td></td><td></td></tr><tr><td></td><td></td><td></td><td>$x=4$</td></tr></table>同学们自主完成抛物线方程的求解，并思考求抛物线标准方程的方式方法。
应用 2：求经过点 $M(-2,-3)$ 的抛物线的标准方程。
学生思考并解答问题。
思考：处理抛物线问题的基本方法是什么？
学生分小组讨论。引导学生总结“先定位，后定量”的原则</td><td>感受思想政治理论的深刻性、重要性，思考并解答问题；随后小组讨论。整理解决抛物线问题的方式方法</td><td>应用“理论与实践相结合理论”，提出要将知识进行灵活应用，才能够真正掌握知识，从而渗透爱国思想。

学生抢答，能够活跃课堂气氛；对抛物线新的知识的应用可加深学生的认识，引导学生得出求解抛物线的方法</td></tr>
</table>

续表

教学环节	情境设计和学习任务	学生活动	设计意图
知识总结，对话交流	学生和教师一起交流回顾本节课的知识内容，对知识进行总结。 ①抛物线的定义及其标准方程； ②数学思想：数形结合思想，分类讨论思想，类比思想； ③注意：定义的前提条件，p 的几何意义是焦点到准线的距离，求抛物线的标准方程、焦点坐标、准线方程应遵循“先定位，后定量”的原则	学生跟随教师一起回顾本堂课的知识	对本堂课的知识做简要的总结，加深学生的理解记忆。同时也是对整堂的内容梳理，帮助学生巩固本节内容
布置作业，课后思考	回忆在初中时所学的函数知识，知道二次函数的图象是抛物线，引导学生课后思考。 **课后练习题** 1、2、3、4。 **思考**：二次函数的标准方程的焦点坐标以及准线方程	学生在课后完成练习题， 学生在课后思考	课后作业是对知识巩固，是课堂之后的必要环节。思考题既是对旧知的回顾，也是对本节课的前后呼应
查找资料，课后拓展	除了生活中存在的抛物线，其实抛物线还有着广泛的应用。例如：太阳能灶、射电望远镜、雷达等，而这些应用与抛物线光学性质有关，同学们可查找相关资料进行了解  	学生观看浏览，感兴趣可以查阅相关资料进行了解	本节的课后拓展是展示，既表明数学源于生活、服务于生活，也引导学生去热爱生活，应用知识创新实践。探索抛物线所具有的光学性质，为学习圆锥曲线的光学性质埋下伏笔

板书设计如图 9–35 所示。

<table>
<tr><th colspan="2">3.3　抛物线及其标准方程</th></tr>
<tr><td>一、抛物线的定义：
平面内到一定点 F 和到一定直线 L（F 不能在 L 上）
距离
相等的点的轨迹
并称 F 为抛物线的焦点，L 为抛物线的准线
二、抛物线的标准方程：
1. $y^2=2px$
2. P 的认识和方程形式拓展</td><td>三、巩固应用
1. 题
2. 题
四、课堂小结
五、课后思考
$y=ax^2+bx+c$ 的焦点坐标以及准线方程</td></tr>
</table>

图 9-35

8. 教学反思

（1）以学生为主体，探究知识的发生过程。新课程改革倡导学生进行探究式学习、合作学习。本节课中，探究抛物线的标准方程是教学的难点，在此之前，学生已经掌握了求曲线方程的方法，那么如何建立适当的坐标系就成了学生探究的关键所在。在学生得出抛物线的标准方程后，再让学生类比椭圆及双曲线的标准方程，再探究得出抛物线的其他标准方程，至此概念的建构顺利完成。这一探究过程是从学生已有的知识——椭圆及双曲线的标准方程出发，探究出抛物线的标准方程，让学生积极主动地参与到教学活动中，在活动过程中生成和建构概念的过程。课堂体现了以学生为中心，符合新课标要求和创新发展要求。

（2）以问题串探究新知，强化学生数学素养培养。新课标倡导教师要运用适当的问题串帮助学生探究新知，突破学习障碍。本节课设置探究性问题串，给学生搭设理解问题的桥梁，调动学生的数学思维，提升学生数学核心素养。通过类比研究椭圆、双曲线的方法推导抛物线的标准方程，学生推导抛物线的四种形式的标准方程，掌握推理的基本形式，表述论证的过程，逐步形成讲求论据、有条理、逻辑严谨的思维品质。学生能够在数学建模这个核心素养的形成过程中根据抛物线的各种形状、位置建立相应的方程，积累用数学解决实际问题的经验；在验证抛物线的几何特征、推导抛物线的标准方程的过程中提高运算求解能力。

（3）以几何画板为工具，促进数与形完美结合。建构抛物线的概念是本节课教学的难点。抛物线上的点是“静态”的，而曲线的方程是代数形式，其几何形式是动点的轨迹，是“动态”的。因此，利用几何画板对“静态”的点进行追踪，让它动起来，可使抛物线的定义更加直观化、形象化，有助于学生深刻理解抛物线的定义，有助于教师化解教学难点，进而促进“数”与“形”的完美结合。教学方法的多样化，使整堂课学生学习的效率大大提高，学生始终保持积极活跃的课堂氛围，不但促进了学生对数学知识的掌握，也提升了学生的兴趣。

9. 案例分析

本节课主要内容是通过对抛物线的逐步探究最终得出抛物线方程及其特点。教学开头的情境应用把学生在生活中发现的抛物线和数学联系了起来，激发学生的学习兴趣，提升学生的数学抽象、直观想象素养；在探究抛物线形成的过程中，发展了学生探究问题和解决问题的能力；几何画板的运用使得学生更加直观地感受抛物线形成的过程，有利于学生创新能力和探究能力的发展，提升学生直观想象的素养；教师引导学生对抛物线标准方程的推导的过程，并类比椭圆方程的定义，培养了学生动手操作和模仿学习的能力。本节课的教学设计内容充实，教学过程循序渐进，对学生的发展来说，既注重知识的获得，又注重能力的培养，还注重信息素养、协作精神、创新意识等个性品质的培养；不仅关注当前的学习，更重视学生可持续发展，培养学生成为终身学习者。

作者姓名：张浩
专业：学科教学（数学）——教育硕士
获奖类别：2021 年全国“田家炳杯”全日制教育硕士专业学位数学技能大赛（初赛）作品

抛物线及其标准方程
张浩上课实录

9.5.11　案例　“圆锥曲线的光学设计”微课教学设计

1. 微课类型

□概念理解　□概念应用　☑ 性质理解　□性质应用　□公式发现　□公式理解　□公式应用　☑ 定理发现　□定理理解　□定理应用　□解题训练　□单元复习

2. 设计理念

融合 HPM 的内容结合实际与数学多元表征学习理论，借助《皓骏动态数学软件》动态化、直观化、视觉化的媒介作用，完善动态圆锥曲线教学的基本模式，通过动态展示，验证圆锥曲线的光学性质的本质，引发学生的猜想，促进学生的创新意识、探究意识和思维提升，引导学生更好地了解知识的本质以及原理。

3. 知识分析

知识名称：圆锥曲线的光学性质。

教学重点：①圆锥曲线光学性质；②抛物线光学性质的证明与应用。

教学难点：①圆锥曲线光学性质本质理解；②抛物线光学性质的证明。

4. 学情分析

高中学生具有很强的好奇心，积极性、主动性、参与意识与接受能力较强，对贴近生活、理论联系实际的学习内容，以及有动手操作的探究有较强的学习兴趣。同时他们也希望通过观察有趣的动态现象，经历思考来理解现象产生的原因，并总结出其中规律。

学生之前已经了解导数的知识、光的反射知识，基本掌握用解析法解决解析几何问题的思想、方法。由于圆锥曲线上光的反射内容与知识比较抽象，学生对圆锥曲线光学性质本质理解及其证明过程的掌握有一定难度。

在教学中，教师除对光的反射进行复习整理外，还要充分发挥动图的作用，帮助学生更好地理解圆锥曲线上光的反射本质和证明思路，突破难点。

5. 目标设计

（1）通过故事引导，激发学生学习热情，提出问题。

（2）通过反射的原理解析，挖掘光学性质的本质，应用数学软件让学生更直观地去理解圆锥曲线的光学性质，归纳提出猜想。

（3）通过代数证明的讲解，落实逻辑推理、数学抽象的数学核心素养，体悟证明过程中将空间问题转化为平面问题的化归思想、类比思想和数形结合思想。

（4）通过历史相似性问题的介绍，将德育融入课堂，让学生感受科学家的探索精神和科学态度，激发学习热情。

（5）通过知识在现实中应用例子的展示，让学生感受数学来源于生活又应用于生活，培养数学兴趣。

6. 微课设计过程

微课设计过程如表 9–13 所示。

表 9–13　微课设计过程

基本环节	问题与活动	依据与意图	时间 / 秒
片　头	欢迎同学们来到数学“课栈”。你知道“焦点”的由来吗？	故事导入 激发兴趣 提出问题	45
旧知回顾	（1）复习光的反射原理，帮助学生回顾所学知识与学习的方法。 （2）引导学生特别关注圆锥曲线光的反射问题，引出新课的学习	通过复习旧知，引导学生猜想，让学生从本质出发，逐渐向性质的知识过渡	55

续表

基本环节	问题与活动	依据与意图	时间/秒
新知探索	回顾旧知引发的思考问题，开始对新知的探究，让学生快速接受新知识的冲击，产生恍然大悟的感受，同时引导学生发现探索规律 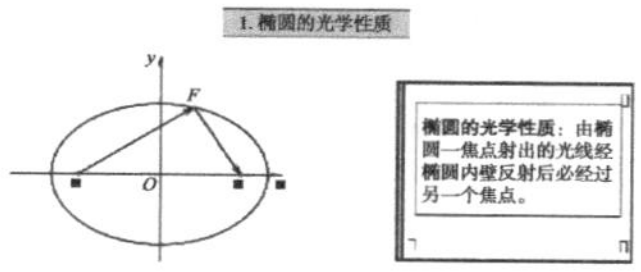 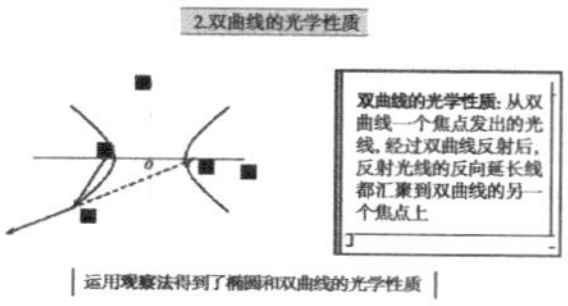 1. 椭圆的光学性质 椭圆的光学性质：由椭圆一焦点射出的光线经椭圆内壁反射后必经过另一个焦点。 2.双曲线的光学性质 双曲线的光学性质：从双曲线一个焦点发出的光线，经过双曲线反射后，反射光线的反向延长线都汇聚到双曲线的另一个焦点上 运用观察法得到了椭圆和双曲线的光学性质	通过图形的展示，激发学生的学习兴趣，并且能够清晰地揭示了学习新知的必要性。不仅帮助学生养成探究学习的习惯，更能提升学生对问题思考与探究的能力	110
观察猜想	顺着归纳出的规律，引导学生自行探索和猜想抛物线的光学性质，同时帮助学生完善思考上的不足之处，完善对性质的探究 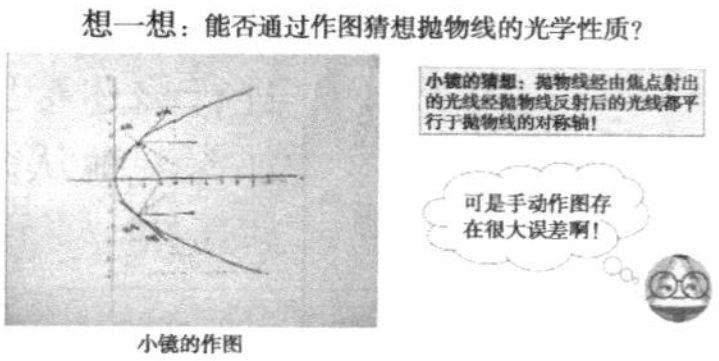 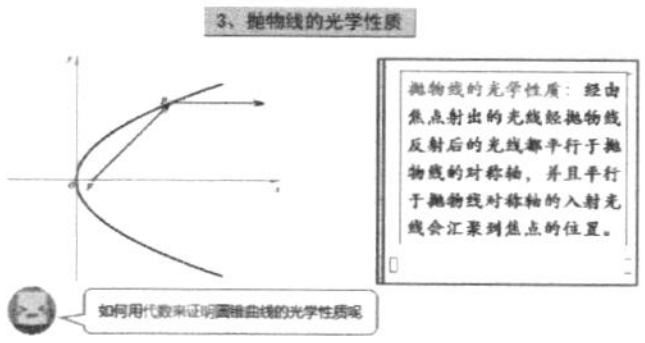 想一想：能否通过作图猜想抛物线的光学性质？ 小镜的猜想：抛物线经由焦点射出的光线经抛物线反射后的光线都平行于抛物线的对称轴！ 可是手动作图存在很大误差啊！ 小镜的作图 3、抛物线的光学性质 抛物线的光学性质：经由焦点射出的光线经抛物线反射后的光线都平行于抛物线的对称轴，并且平行于抛物线对称轴的入射光线会汇聚到焦点的位置。 如何用代数来证明圆锥曲线的光学性质呢	通过动态数学软件的演示，能够更清晰地演示本节课的重难点，帮助学生建立思维的桥梁，在引发学生猜想的同时，不直接给出标准答案，而是通过暴露学生思考的方式，引发学生继续探索的乐趣。这样不仅能在思路上给予学生点拨，更能让学生在探索的过程中获得新方法	65
代数证明	通过观察法，得出光学性质，再通过代数证明，完善圆锥曲线光学性质的理解掌握，同时抛出一个课后作业，引发学生思考，培养学生的自主学习和思考探究能力 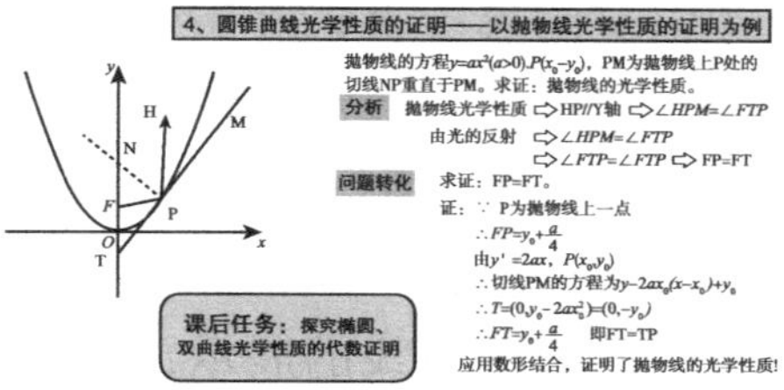 4、圆锥曲线光学性质的证明——以抛物线光学性质的证明为例 抛物线的方程$y=ax^2(a>0)$，$P(x_0,y_0)$，PM为抛物线上P处的切线NP垂直于PM。求证：抛物线的光学性质。 分析　抛物线光学性质 ⇨ HP//Y轴 ⇨ $\angle HPM=\angle FTP$ 由光的反射 ⇨ $\angle HPM=\angle FTP$ ⇨ $\angle FTP=\angle FTP$ ⇨ FP=FT 问题转化　求证：FP=FT。 证：∵ P为抛物线上一点 $\therefore FP=y_0+\frac{a}{4}$ 由$y'=2ax$，$P(x_0,y_0)$ ∴切线PM的方程为$y=2ax_0(x-x_0)+y_0$ $\therefore T=(0,y_0-2ax_0^2)=(0,-y_0)$ $\therefore FT=y_0+\frac{a}{4}$　即FT=TP 应用数形结合，证明了抛物线的光学性质！ 课后任务：探究椭圆、双曲线光学性质的代数证明	通过动态展示整个证明过程，让学生深刻理解抛物线的证明思路，注重逻辑推理、数学抽象的数学核心素养的落实，提升学生分析问题、解决问题的能力	60

续表

基本环节	问题与活动	依据与意图	时间/秒
历史再现	展示圆锥曲线在历史上的应用，以及科学巨人利用圆锥曲线的光学性质取得的巨大成就 开普勒 发现“行星动动三大定律” 哈雷 预测“哈雷慧星”的存在 伽利略 发明了天文望远镜	通过对历史相似性问题的介绍和德育元素的融入，能够激发学生的数学兴趣，完善学生对数学的理解，提高数学修养，满足学生的心理需求，使学生的人格成长受到启发	22
现代应用	引导学生观察另外两个生活实例的模拟动态图形。让学生加深光学性质的理解，同时也激发学生去观察周围生活中的事物，透过现实去理解数学知识 用椭圆镜面设计出的车灯 太阳灶用抛物镜面作为反射镜面	通过现实应用，学生能够在不断探索中建构自己的知识网络体系。在对定理性质的理解中，采用了图形观察、代数证明、现实应用三种数学语言进行描述帮助学生更加深刻地从多角度理解新知	15
结　尾	常见物品照相机、手电筒等都涉及圆锥曲线的光学性质，你能在课后利用光学性质创造设计一些作品吗	结束学习 同时引导学生创新意识	10

7. 案例分析

本节课的内容是证明圆锥曲线的光学性质。教学目标清楚、具体，重点突出。首先，教学开头创设情境，介绍了“焦点”的由来，激发学生的兴趣；然后，复习光的反射原理，以旧引新，引导学生关注圆锥曲线光的反射问题，在旧知引发的思考下，开始探究新知，能够培养学生探究学习的习惯；其次，通过动态数学软件展示，让学生完善探究的不足，帮助学生建立知识桥梁，并通过动态展示整个证明过程，让学生深刻理解抛物线的证明思路，落实了逻辑推理、数学抽象的数学核心素养；最后，通过历史上的圆锥曲线的展示，激发了学生的数学兴趣，又展示生活实例，让学生透过现实去理解数学知识。本节课教学设计过程完整，步骤紧凑，通过多媒体教学给予学生充分的从事学习活动的时间和空间，使学生能够自主探索、亲身实践既培养了学生的动手能力，也培养了学生思考问题和解决问题的能力。

作者姓名：张浩
专业：学科教学（数学）——教育硕士
获奖类别：2021 年全国“华文杯”竞赛一等奖

圆锥曲线的光学性质
张浩微课视频

9.5.12 案例 “阿氏圆问题及其简单应用”微课教学设计

1. 微课类型

□概念理解 □概念应用 □性质理解 □性质应用 □公式发现 □公式理解 □公式应用 □定理发现 □定理理解 □定理应用 ☑解题训练 □单元复习

2. 设计理念

中考数学中“$PA+k\cdot PB$”型最小值模型问题涉及动点与最值问题的结合，很多学生难以理解动起来的过程以及最值的确定。本节微课在《Hawgent 皓骏动态数学软件》的支持下，使动点动起来，利用由果索因的方法分析题目，逐步降低阿氏圆问题的解题难度，使学生爱上解题，并体会信息技术在数学教学中的独特魅力。

3. 知识分析

知识名称：阿氏圆问题及其简单应用。

教学重点："美人鱼"型相似的构造方法；阿氏圆问题的解题步骤。

教学难点："美人鱼"型相似的灵活构造。

4. 学情分析

（1）知识与经验。学生在之前的学习中已经掌握了"两点之间线段最短"，并学习了"双系数均为 1"的最值问题的解法，即"将军饮马"模型，还学习了"胡不归"模型，知道了"单系数不为 1"最值问题的解法关键在于转化为"双系数均为 1"的问题。

（2）思维与能力。从解题方法来说，多数学生不能做到由结果分析问题，仍依赖于分析"从条件可以知道什么"这种正向的思维，但他们喜欢探究发现，具备一定的将知识系统化的能力。

（3）情感与态度。对于中考数学中的"$PA+k\cdot PB$"型最小值模型问题，学生常常因为难度较高而产生恐惧心理，对于动点问题也抱着排斥的态度，从而无法突破此类题型。

5. 目标设计

（1）学生理解阿氏圆的定义，学会构造"美人鱼"型相似三角形，掌握求解阿氏圆问题的答题步骤。

（2）学生通过分析、探究、观察等方式，经历阿氏圆问题的求解过程，逐步培养"由果索因"的解题思维。

（3）利用动态数学软件降低阿氏圆问题的解题难度，帮助学生树立解决此类题目的信心。

6. 策略设计

教学流程：阿氏圆简介→阿氏圆模型在初中阶段的应用→解法剖析→解法小结→知识应用→"$PA+k\cdot PB$"型最小值模型总结。

教学方法：演示法、讲授法。

7. 创课设计过程

创课设计过程如表 9–14 所示。

表 9-14　创课设计过程

基本环节	问题与活动	依据与意图	时间 / 秒
片　头	大家好，欢迎来到数学“课栈”！今天我们学习的是阿氏圆问题及其简单应用	开门见山，直奔主题，清晰表明本节课的知识点	9
阿氏圆简介	简单介绍阿氏圆，以动态的形式展现阿氏圆的定义，帮助学生加深理解阿氏圆代表的是一类动点的轨迹，并给出其文字定义。 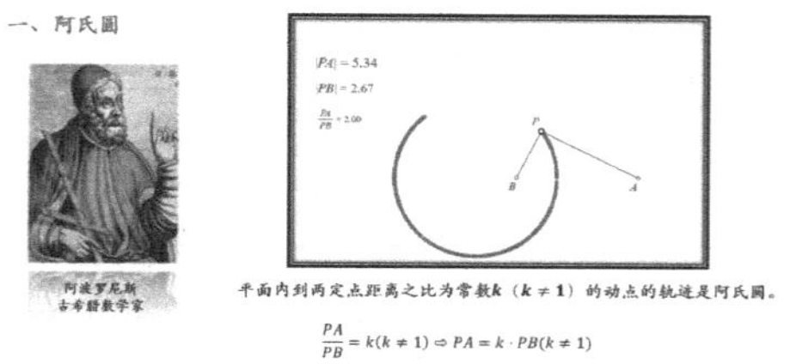 一、阿氏圆 阿波罗尼斯 古希腊数学家 $\lvert PA\rvert = 5.34$　$\lvert PB\rvert = 2.67$　$\frac{PA}{PB} = 2.00$ 平面内到两定点距离之比为常数k（$k \neq 1$）的动点的轨迹是阿氏圆。 $\frac{PA}{PB} = k(k \neq 1) \Rightarrow PA = k \cdot PB(k \neq 1)$ 针对“轨迹为什么为圆”这一问题设计证明题，利用严格的证明过程说明了点 P 的运动轨迹，并在接下来利用动态数学软件演示，追踪点 P 的运动轨迹，直观展现了轨迹为一个圆，利用测量值的变化说明了点 M、N 均为定点 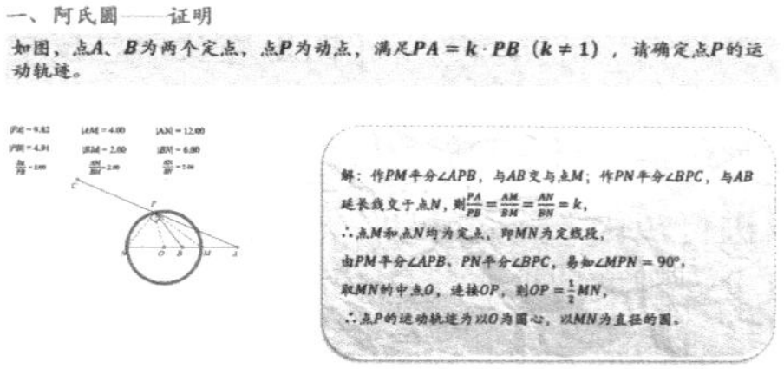 一、阿氏圆——证明 如图，点A、B为两个定点，点P为动点，满足$PA = k \cdot PB$（$k \neq 1$），请确定点P的运动轨迹。 解：作PM平分$\angle APB$，与AB交与点M；作PN平分$\angle BPC$，与AB延长线交于点N，则$\frac{PA}{PB} = \frac{AM}{BM} = \frac{AN}{BN} = k$， ∴点$M$和点$N$均为定点，即$MN$为定线段， 由$PM$平分$\angle APB$、$PN$平分$\angle BPC$，易知$\angle MPN = 90^\circ$， 取$MN$的中点$O$，连接$OP$，则$OP = \frac{1}{2}MN$， ∴点$P$的运动轨迹为以$O$为圆心，以$MN$为直径的圆。 引出阿氏圆中的一对相似三角形，并证明其成立，介绍“共角共边”的相似三角形也称为“美人鱼”型相似，利用相似得出两个结论，为接下来的解题做铺垫 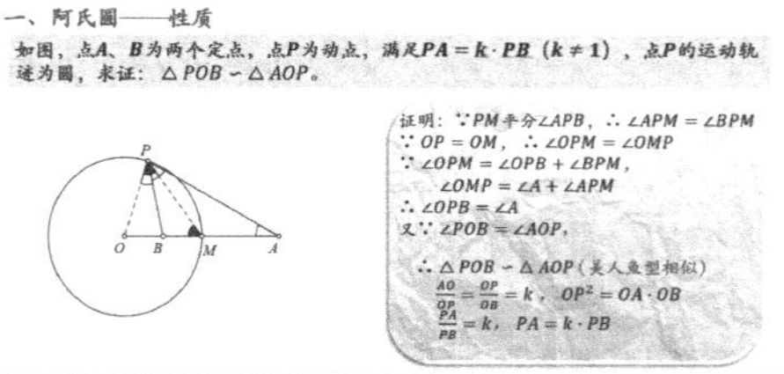 一、阿氏圆——性质 如图，点A、B为两个定点，点P为动点，满足$PA = k \cdot PB$（$k \neq 1$），点P的运动轨迹为圆，求证：$\triangle POB \sim \triangle AOP$。 证明：∵$PM$平分$\angle APB$，∴$\angle APM = \angle BPM$ ∵$OP = OM$，∴$\angle OPM = \angle OMP$ ∵$\angle OPM = \angle OPB + \angle BPM$， $\angle OMP = \angle A + \angle APM$ ∴$\angle OPB = \angle A$ 又∵$\angle POB = \angle AOP$， ∴$\triangle POB \sim \triangle AOP$（美人鱼型相似） $\frac{AO}{OP} = \frac{OP}{OB} = k$，$OP^2 = OA \cdot OB$ $\frac{PA}{PB} = k$，$PA = k \cdot PB$	介绍阿氏圆，并针对其轨迹设计“数”“形”两种证明思路，体现了数形结合的思想方法，利用动态数学软件让学生感受到现代教育技术与古代数学知识的融合，激发学生的学习兴趣。 从中抽象出本节课所需的知识点，为接下来的解题作铺垫	180

续表

基本环节	问题与活动	依据与意图	时间 / 秒
阿氏圆模型在初中阶段的应用	给出初中阶段阿氏圆模型应用的题目，引导学生找出已知及未知信息，并由结论入手分析题目，弄清题意的同时明确本题的解题思路 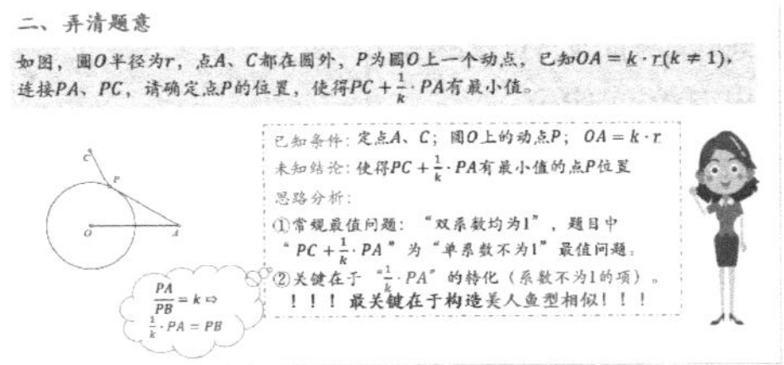 二、弄清题意 如图，圆O半径为r，点A、C都在圆外，P为圆O上一个动点，已知$OA=k\cdot r(k\neq 1)$，连接PA、PC，请确定点P的位置，使得$PC+\frac{1}{k}\cdot PA$有最小值。 已知条件：定点A、C；圆O上的动点P；$OA=k\cdot r$ 未知结论：使得$PC+\frac{1}{k}\cdot PA$有最小值的点P位置 思路分析： ①常规最值问题："双系数均为1"，题目中"$PC+\frac{1}{k}\cdot PA$"为"单系数不为1"最值问题。 ②关键在于"$\frac{1}{k}\cdot PA$"的转化（系数不为1的项）。 ！！！最关键在于构造美人鱼型相似！！！ $\frac{PA}{PB}=k\Rightarrow\frac{1}{k}\cdot PA=PB$	引导学生独立分析题目，弄清题意，并从结论入手一步一步进行推理，由果索因，培养学生良好的思维习惯	93
解法剖析	首先，针对小圆同学的疑惑，说明构造“美人鱼”型相似的三个步骤，并在这里利用了相关结论。说明在解题过程中利用了“反推”，即先假设相似，利用其性质求出点B的位置，再证明其相似。 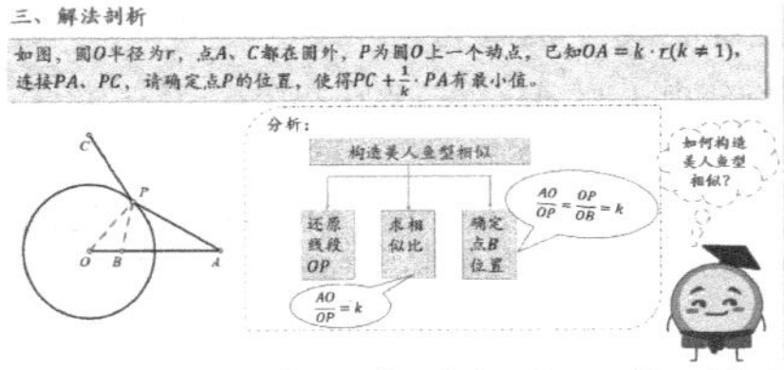 三、解法剖析 如图，圆O半径为r，点A、C都在圆外，P为圆O上一个动点，已知$OA=k\cdot r(k\neq 1)$，连接PA、PC，请确定点P的位置，使得$PC+\frac{1}{k}\cdot PA$有最小值。 分析：构造美人鱼型相似 还原线段OP　求相似比　确定点B位置 $\frac{AO}{OP}=k$　$\frac{AO}{OP}=\frac{OP}{OB}=k$ 如何构造美人鱼型相似？ 然后，构造出相似三角形之后，强调利用其性质，对题目中的所求进行转化，并同时动态演示，引导学生观察发现所求最小值就是线段BC的长度，展示了动态数学技术在解动点问题时的灵活性及直观性。 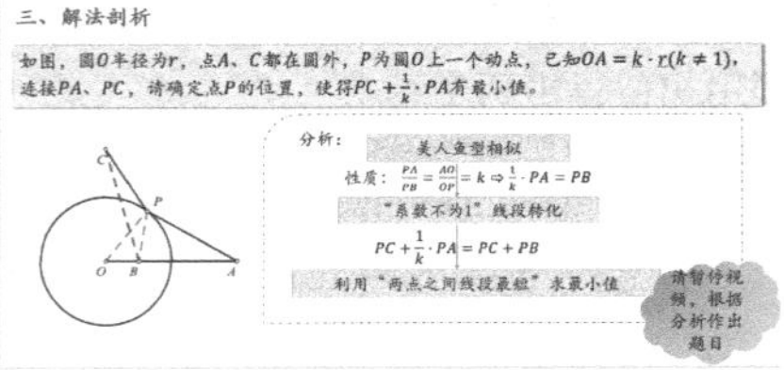 三、解法剖析 如图，圆O半径为r，点A、C都在圆外，P为圆O上一个动点，已知$OA=k\cdot r(k\neq 1)$，连接PA、PC，请确定点P的位置，使得$PC+\frac{1}{k}\cdot PA$有最小值。 分析：美人鱼型相似 性质：$\frac{PA}{PB}=\frac{AO}{OP}=k\Rightarrow\frac{1}{k}\cdot PA=PB$ "系数不为1"线段转化 $PC+\frac{1}{k}\cdot PA=PC+PB$ 利用"两点之间线段最短"求最小值 请暂停视频，根据分析作出题目 最后，在动态展现小圆同学的解题过程的同时，利用动态数学软件来模拟，并对解题过程的正误作出评价	针对具体题目，通过思路分析，一步步将解题过程展示出来，并在其中利用信息技术手段引导学生的思维，降低题目的求解难度，展现数学解题的乐趣及信息技术的优势。 信息技术的融入使得动点问题的解答过程变得轻松愉快，将学生难以理解的知识动态化，更有利于学生体验和感悟解题思路及其中蕴含的所学思维，培养学生善于观察的数学学习习惯，打破学生对于难题的恐惧态度，使他们爱上数学	155

续表

<table>
<tr><th>基本环节</th><th>问题与活动</th><th>依据与意图</th><th>时间 / 秒</th></tr>
<tr><td>解法小结</td><td> 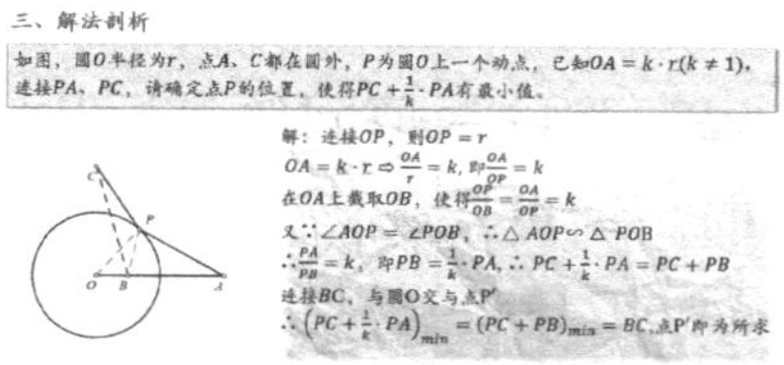三、解法剖析
如图，圆O半径为r，点A、C都在圆外，P为圆O上一个动点，已知$OA=k\cdot r(k\neq 1)$，连接PA、PC，请确定点P的位置，使得$PC+\frac{1}{k}\cdot PA$有最小值。
解：连接OP，则$OP=r$
$OA=k\cdot r\Rightarrow\frac{OA}{r}=k$，即$\frac{OA}{OP}=k$
在OA上截取OB，使得$\frac{OP}{OB}=\frac{OA}{OP}=k$
又∵$\angle AOP=\angle POB$，∴$\triangle AOP\backsim\triangle POB$
∴$\frac{PA}{PB}=k$，即$PB=\frac{1}{k}\cdot PA$，∴$PC+\frac{1}{k}\cdot PA=PC+PB$
连接BC，与圆O交与点P'
∴$\left(PC+\frac{1}{k}\cdot PA\right)_{min}=(PC+PB)_{min}=BC$，点$P'$即为所求
先让小方同学总结出什么样的问题是阿氏圆问题，接着对阿氏圆模型的解法简单总结 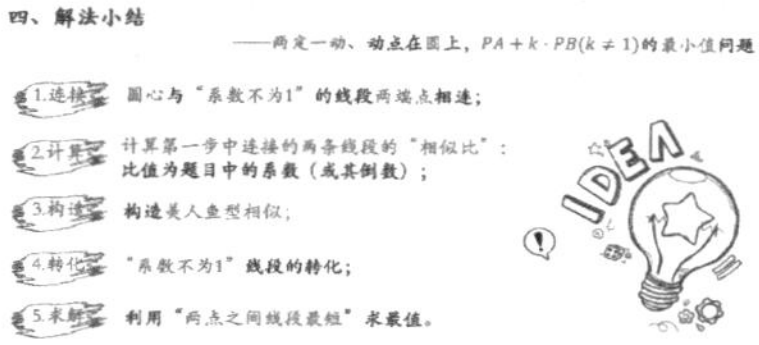
四、解法小结
——两定一动、动点在圆上，$PA+k\cdot PB(k\neq 1)$的最小值问题
1.连接　圆心与“系数不为1”的线段两端点相连；
2.计算　计算第一步中连接的两条线段的“相似比”：比值为题目中的系数（或其倒数）；
3.构造　构造美人鱼型相似；
4.转化　“系数不为1”线段的转化；
5.求解　利用“两点之间线段最短”求最值。
IDEA</td><td>总结模型的特点及具体解题方法，整理学生所学知识，形成体系，方便其理解与应用，降低此类题目的难度</td><td>63</td></tr>
<tr><td>知识应用</td><td>在介绍了阿氏圆问题解法之后，利用小镜同学的解题过程加深对于解题方法的理解 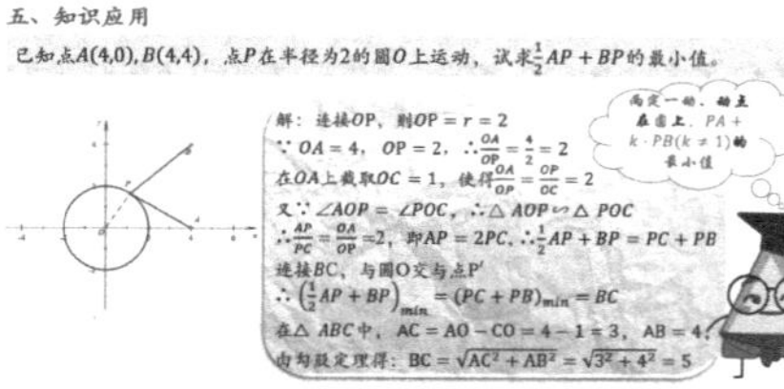
五、知识应用
已知点$A(4,0)$，$B(4,4)$，点P在半径为2的圆O上运动，试求$\frac{1}{2}AP+BP$的最小值。
解：连接OP，则$OP=r=2$
∵$OA=4$，$OP=2$，∴$\frac{OA}{OP}=\frac{4}{2}=2$
在OA上截取$OC=1$，使得$\frac{OA}{OP}=\frac{OP}{OC}=2$
又∵$\angle AOP=\angle POC$，∴$\triangle AOP\backsim\triangle POC$
∴$\frac{AP}{PC}=\frac{OA}{OP}=2$，即$AP=2PC$，∴$\frac{1}{2}AP+BP=PC+PB$
连接BC，与圆O交与点P'
∴$\left(\frac{1}{2}AP+BP\right)_{min}=(PC+PB)_{min}=BC$
在$\triangle ABC$中，$AC=AO-CO=4-1=3$，$AB=4$
由勾股定理得：$BC=\sqrt{AC^2+AB^2}=\sqrt{3^2+4^2}=5$
两定一动、动点在圆上，$PA+k\cdot PB(k\neq 1)$的最小值</td><td>让学生自己分析题目，利用总结的步骤解决相似问题，从而加深对于解题方法的理解，有助于更快地掌握本节课的知识要点</td><td>46</td></tr>
<tr><td>“$PA+k\cdot PB$”型最小值模型总结</td><td>借助表格总结“$PA+k\cdot PB$”型最小值模型，展现其相同点与不同点，让学生明确每一个模型的应用背景，在头脑中形成知识体系，并利用动态数学软件直观清晰地展示不同模型的求解过程 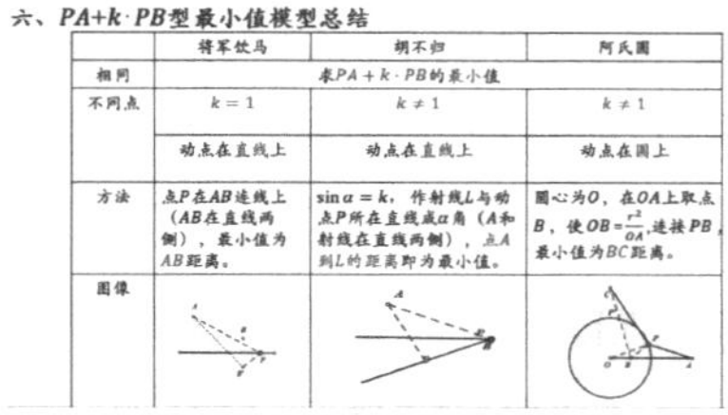
六、$PA+k\cdot PB$型最小值模型总结<table><tr><td></td><td>将军饮马</td><td>胡不归</td><td>阿氏圆</td></tr><tr><td>相同</td><td colspan="3">求$PA+k\cdot PB$的最小值</td></tr><tr><td rowspan="2">不同点</td><td>$k=1$</td><td>$k\neq 1$</td><td>$k\neq 1$</td></tr><tr><td>动点在直线上</td><td>动点在直线上</td><td>动点在圆上</td></tr><tr><td>方法</td><td>点P在AB连线上（AB在直线两侧），最小值为AB距离。</td><td>$\sin\alpha=k$，作射线L与动点P所在直线成α角（A和射线在直线两侧），点A到L的距离即为最小值。</td><td>圆心为O，在OA上取点B，使$OB=\frac{r^2}{OA}$，连接PB，最小值为BC距离。</td></tr><tr><td>图像</td><td></td><td></td><td></td></tr></table></td><td>充分利用表格的形式，将知识系统化，让学生在头脑中形成新的知识体系，理清知识脉络，方便题目的解答</td><td>10</td></tr>
<tr><td>结　尾</td><td>本节微课到此结束，我们下节课再见</td><td>结束学习</td><td>4</td></tr>
</table>

8. 案例分析

本微课主要分为三个层次展开。

1）模型名称由来

（1）模型背景。“$PA+k\cdot PB$”型的最值问题是近几年中考考查的热点，更是难点。当 k 值为 1 时，即可转化为“$PA+PB$”之和最短问题，就可用我们常见的“将军饮马”问题模型来处理，即可以转化为轴对称问题来处理。而当 k 取不为 1 的正数时，若再以常规的轴对称思想来解决问题，则无法进行，因此必须转换思路。此类问题的处理通常以动点 P 所在图象的不同来分类，一般为 2 类研究，即点 P 在直线上运动和点 P 在圆上运动。其中点 P 在直线上运动的类型称为胡不归问题；点 P 在圆周上运动的类型称为阿氏圆问题。

（2）模型由来。阿氏圆又称阿波罗尼斯圆，已知平面上两点 A、B，则所有满足 $PA=k\cdot PB$（$k\neq1$）的点的轨迹是一个圆，这个轨迹最早由古希腊数学家阿波罗尼斯发现，故称阿氏圆。

作者利用动态数学软件多感官地介绍了阿氏圆的由来，能够较好地激发学生的兴趣。

2）模型建立

在此阶段给出初中阶段阿氏圆模型应用的题目，引导学生找出已知及未知信息，并由结论入手分析题目，弄清题意的同时明确本题的解题思路，并从结论入手一步一步进行推理，由果索因，培养学生良好的思维习惯。

3）阿氏圆模型破解策略

第一，针对小圆同学的疑惑，说明构造“美人鱼”型相似的三个步骤，强调利用其性质对题目中的所求进行转化，并通过动态演示引导学生观察发现所求最小值就是线段的长度，展示了动态数学技术在解动点问题时的灵活性及直观性。第二，从微课中可以看出，作者精准地把握了教学重难点，通过实例分析如何利用阿氏圆模型快速解决最值问题，其中构造相似是关键。第三，对阿氏圆模型的解法和“$PA+k\cdot PB$”型最小值模型进行了总结。

从整体上看，本节课的内容完整，思路清晰，较好地体现了数学建模和数形结合的数学思想方法。教学设计将信息技术很好地与数学学科相结合，提高了教学效率。

作者姓名：闫雪
专业：学科教学（数学）——教育硕士
获奖类别：2021 年全国“华文杯”竞赛一等奖

阿氏圆问题及其简单应用
闫雪微课实录

附：试讲案例实录赏析

正弦函数、余弦函数的性质
黄诗君说课实录

正弦函数、余弦函数的性质
黄诗君模拟授课实录

圆柱、圆锥、圆台的
侧面展开与面积

不同函数的增长差异
林怡静模拟授课实录

正弦定理
梁祯模拟说课实录

说明：本章所提供的二维码，可用微信“扫一扫”进行观看。

参考文献

[1] 刘禹. 初中数学函数建模活动的教学设计 [J]. 科教文汇（上旬刊），2020（4）：121–123.

[2] 李薇. 基于 APOS 理论的高中数学概念教学研究与实践 [D]. 济南：济南大学，2022.

[3] 郭慧清，曾劲松. “函数的概念及其表示”教学设计、教学反思与点评 [J]. 中学数学教学参考，2019（28）：25–35.

[4] 林艳歌. 数学核心素养视角下的课程内容整体性把握：基于王尚志教授讲座中对函数主线的分析 [J]. 数学通讯，2021（19）：1–3.

[5] 唐永. 为学生创设更大的自主探究空间——“不同函数增长的差异”教学设计案例反思 [J]. 中国数学教育，2021（12）：49–53.

[6] 罗增儒. “角的概念的推广”课例现场研修 [J]. 中学数学教学参考，2023（4）：6–9，13.

[7] 唐俊涛. 章节起始抓主线，串联知识引素养：三角函数起始课（任意角）的教学案例和思考 [J]. 教学考试，2021（11）：63–65.

[8] 崔姣姣. 基于大概念的高中数学单元教学设计研究 [D]. 洛阳：洛阳师范学院，2024.

[9] 张莉娜. 基于核心素养下的“双曲线的简单几何性质——渐近线”的教学突破 [J]. 数学教学研究，2021，40（5）：12–16.

[10] 沈秀兰. 积累数学基本活动经验的教学实践：以“抛物线及其标准方程”教学设计为例 [J]. 韶关学院学报，2020，41（9）：98–103.

[11] 孙晓红. “悲伤双曲线”：“双曲线的几何性质”说课稿 [J]. 数学教学通讯，2021（24）：8–10.

[12] 欧阳子良. 谈高中化学实验的趣味性开展 [J]. 青少年日记（教育教学研究），2019（6）：161.

[13] 张昭君，姜广浩. 结构性问题下借助数学实验的概念教学设计：以“弧度制”概念教学为例 [J]. 数学教学通讯，2024（18）：28–30.

[14] 崔宝蕊. “余弦定理、正弦定理”教学设计与反思 [J]. 中小学数学

（高中版），2021（6）：21–25.
[15] 韩东. 优化教学过程培养核心素养：以“余弦定理”教学设计为例[J]. 中学数学教学参考，2022（6）：28–30.
[16] 李伟. 指向数学核心素养的单元教学设计：以“平面向量及其应用”单元为例[J]. 中小学数学（高中版），2021（10）：10–14.
[17] 刘玉环. “椭圆”单元设计和“椭圆及标准方程”课时设计[J]. 中小学数学（高中版），2020（10）：5–9.
[18] 张国梅. 基于学生核心素养培养的高中数学概念教学策略研究：从“椭圆及其标准方程”例谈概念教学策略[J]. 创新创业理论研究与实践，2019，2（8）：54–55.
[19] 周先华. 核心素养下教学情境的新认识[J]. 中学数学研究（华南师范大学版），2019（10）：8–11.
[20] 杨青. 课堂教学因精心设计而精彩：抛物线及其标准方程[J]. 数学教学通讯，2020（30）：13–16.
[21] 丁春年.《抛物线及其标准方程》的教学与反思[J]. 中学教学参考，2019（5）：11–12.